工程机械市场营销

主　编　徐金明　胡江学　杨　磊
副主编　王　静　游先仁　彭玲玉　刘济播
参　编　赵红梅　曾宏波　陆佳婕　张友利
　　　　洪振峰　邓佚晨　黎　姣

北京理工大学出版社
BEIJING INSTITUTE OF TECHNOLOGY PRESS

内 容 简 介

随着工程机械行业的快速发展和市场竞争的日益激烈，国内工程机械行业对工程机械市场营销人才的需求也日益迫切。为了满足这一需求，编写这本教材，旨在为相关专业的学生提供系统、全面的市场营销知识和技能。

本教材主要对接工程机械领域的市场营销岗位工作，旨在培养学生掌握市场营销的基本理论、方法和技能，同时注重提升学生的实践能力和职业素养。本教材主要包括工程机械营销入门、分析工程机械营销环境、工程机械客户购买行为分析与调研、制定市场竞争战略规划、制定营销策略：产品与价格等任务内容。这些内容涵盖了工程机械市场营销的各个方面，为学生提供了全面的知识体系。

版权专有　侵权必究

图书在版编目（CIP）数据

工程机械市场营销／徐金明，胡江学，杨磊主编
． --北京：北京理工大学出版社，2024.3
　　ISBN 978-7-5763-4012-9

Ⅰ.①工⋯　Ⅱ.①徐⋯ ②胡⋯ ③杨⋯　Ⅲ.①工程机械-市场营销学　Ⅳ.①F764.4

中国国家版本馆 CIP 数据核字（2024）第 100040 号

责任编辑：多海鹏		文案编辑：多海鹏	
责任校对：周瑞红		责任印制：李志强	

出版发行　／　北京理工大学出版社有限责任公司
社　　址　／　北京市丰台区四合庄路 6 号
邮　　编　／　100070
电　　话　／　（010）68914026（教材售后服务热线）
　　　　　　　（010）68944437（课件资源服务热线）
网　　址　／　http://www.bitpress.com.cn
版 印 次　／　2024 年 3 月第 1 版第 1 次印刷
印　　刷　／　河北盛世彩捷印刷有限公司
开　　本　／　787 mm×1092 mm　1/16
印　　张　／　14
字　　数　／　345 千字
定　　价　／　79.00 元

图书出现印装质量问题，请拨打售后服务热线，负责调换

前　言

为贯彻落实党的二十大精神，深入推进科技强国战略，我国对于高素质、复合型、创新型技术技能人才的需求日益迫切。为了响应这一国家战略需求，贯彻并提高职业院校的人才培养质量，必须对传统教学模式进行革新。在这一背景下，《国家职业教育改革实施方案》的出台，为我们指明了改革的方向，其中"教师、教材、教法"三教改革的系统性要求，更是成为我们进行教育改革的纲领性文件。为了落实科技强国战略和教育部的这一政策要求，我们从教材改革入手，力求打破传统，创新教育模式，以培养更多符合新时代要求的技术技能人才。

在教材的编写过程中，我们严格遵循了《国家职业教育改革实施方案》的指导思想，以学生为中心，以学习成果为导向，致力于促进学生的自主学习。

在教材的特点方面，注重将理论与实践紧密结合，每个项目任务都围绕一个或多个实际工作任务展开，让学生在完成任务的过程中掌握知识、提升技能。同时，我们还将"以德树人、课程思政"的理念有机融合到教材中，旨在培养学生的职业道德和社会责任感。此外，本教材还提供了丰富、适用且具有引领创新作用的多种类型的立体化课程资源，以帮助学生更好地理解和掌握所学知识。

为了确保教材内容的时效性和实用性，我们紧密对接工程机械行业产业，深入企业调研，充分吸纳了企业人员的专业意见。在教材编写过程中，我们始终坚持"校企合作、工学结合"的人才培养模式，力求使教材内容更加贴近行业实际，更具职业性、专业性和技能性。我们相信，通过这样的教材改革，能够更好地培养出既具备扎实理论基础，又拥有丰富实践经验的优秀营销人才。我们鼓励学生在学习的过程中勇于尝试新的市场营销策略和方法，通过不断的实践来提升自己的专业技能和创新能力。

随着全球化进程的不断推进和市场竞争的日益激烈，工程机械行业的市场营销显得愈发重要。教材中大量任务贴合工程机械行业国际化的趋势编制，且在编写过程中，特别注重将市场营销理论与工程机械行业的实际情况相结合，通过大量真实的案例分析和实战演练，帮助学生更好地理解和掌握市场营销的精髓。同时，也希望学生能够通过本教材的学习，培养起对市场营销工作的热爱和敬业精神，为将来的职业生涯奠定坚实的基础。

本书由徐金明、胡江学、杨磊担任主编，由王静、游先仁、彭玲玉、刘济播担任副主编，由赵红梅、曾宏波、陆佳婕、张友利、洪振峰、邓佚晨、黎姣担任参编。在编写本教材的过程中得到了众多企业与专家的支持和帮助，为本教材的编写提供了宝贵的行业经验和实战案例，使教材内容更加贴近实际、更具指导意义。在此，对所有为本教材做出贡献的企业和专家表示衷心的感谢。

本教材的编写目的是帮助学生更好地理解和掌握工程机械市场营销的知识和技能，期待每一位读者都能从本教材中获益匪浅。

在编写过程中虽然已经尽力做到了严谨和细致，但书中难免还会存在一些疏漏和不足之处。因此，在此恳请广大读者能够给予批评指正，以便不断完善教材内容，更好地满足大家的学习需求。

编 者

目 录

项目一 工程机械市场营销入门 ... 1
- 任务一 市场营销概念分析 ... 2
- 任务二 工程机械市场营销辨析 ... 6
- 任务三 了解工程机械市场营销发展历程 ... 11

项目二 分析工程机械市场营销环境 ... 23
- 任务一 了解市场营销环境的概念及特点 ... 24
- 任务二 认识工程机械营销的宏观环境 ... 26
- 任务三 认识工程机械营销的微观环境 ... 30
- 任务四 掌握工程机械营销环境分析方法 ... 33

项目三 工程机械客户购买行为分析与调研 ... 41
- 任务一 认识工程机械市场与产品购买角色 ... 42
- 任务二 理解工程机械产品购买决策过程 ... 46
- 任务三 进行工程机械市场调研 ... 52

项目四 制定市场竞争战略规划 ... 65
- 任务一 认识工程机械市场竞争战略 ... 66
- 任务二 认识工程机械国际化经营战略 ... 72

项目五 营销策略的制定：产品与价格 ... 85
- 任务一 制定工程机械产品策略 ... 86
- 任务二 制定工程机械定价策略 ... 91

项目六 制定营销策略：渠道与促销 ... 101
- 任务一 了解工程机械分销渠道的模式和作用 ... 102

任务二　认识工程机械分销渠道的构建……………………………… 106
　　任务三　管理工程机械分销渠道和分销渠道变革…………………… 110
　　任务四　掌握工程机械的促销………………………………………… 115

项目七　实施工程机械销售管理 ……………………………………… 125

　　任务一　工程机械销售人员职业素养………………………………… 126
　　任务二　掌握工程机械销售技巧……………………………………… 131
　　任务三　管理工程机械销售团队……………………………………… 136

项目八　工程机械客户关系管理 ………………………………………… 146

　　任务一　理解客户关系管理内涵……………………………………… 147
　　任务二　了解客户满意与忠诚………………………………………… 152
　　任务三　处理客户投诉………………………………………………… 158

项目九　走进互联网+工程机械营销 …………………………………… 167

　　任务一　运用全民营销策略…………………………………………… 168
　　任务二　运用电子商务营销…………………………………………… 174
　　任务三　实施短视频营销……………………………………………… 180
　　任务四　实施直播营销………………………………………………… 190

项目十　熟悉工程机械国际化营销 ……………………………………… 202

　　任务一　了解国际化的概念与内容…………………………………… 203
　　任务二　熟悉国际营销人才的素质要求……………………………… 206
　　项目三　掌握国际营销的业务流程…………………………………… 211

项目一　工程机械市场营销入门

学习目标

【知识目标】
1. 了解市场营销的基本概念。
2. 掌握工程机械营销的基本概念和发展趋势。
3. 熟悉工程机械产品的特点、分类和应用领域。

【技能目标】
1. 能够运用市场营销理念分析工程机械市场营销活动。
2. 根据工程机械市场营销的特点，理解行业发展趋势，树立正确的营销观念。

【素养目标】
1. 具备良好的沟通能力和团队合作能力。
2. 具备市场洞察力和创新能力。
3. 具备持续学习和自我提升的意识。

知识全景图

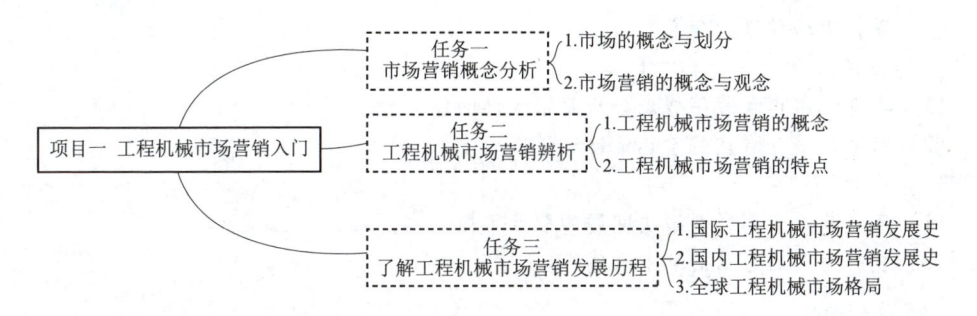

项目一 工程机械市场营销入门
- 任务一 市场营销概念分析
  1. 市场的概念与划分
  2. 市场营销的概念与观念
- 任务二 工程机械市场营销辨析
  1. 工程机械市场营销的概念
  2. 工程机械市场营销的特点
- 任务三 了解工程机械市场营销发展历程
  1. 国际工程机械市场营销发展史
  2. 国内工程机械市场营销发展史
  3. 全球工程机械市场格局

项目描述

三一挖掘机成为世界销冠的历程

2003年，三一重机有限公司成立，在质疑声中，三一的挖掘机之路已经踏上了征程。

2004年年底，经过艰苦的自主研发，三一挖掘机上市。

2005年，三一挖掘机销售突破500台。

2006年销量800台，三一重机事业部整体搬迁昆山，进入行业产业链的中心。

三一挖掘机成为世界销冠的历程

2007年销量1 600台，跨过了"盈亏线"，当年下半年完成了营销改制工作，由直销改成代理商模式，激发市场无限活力。

2008年销量3 219台，调研客户需求，根据需求研发出中国第一台"200吨级液压履带式挖掘机"和中国第一台"正流量液压挖掘机"，填补国内空白。

2009年销量6 000台，在国内市场一举超越全球最大的工程机械制造商，让中国企业意识到战胜外资品牌不是"妄想"。

2010年销量12 000台，首届"服务万里行"启程，第一时间解决客户售后问题，"服务第一品牌"的金字招牌开始树立。

2011年销量20 614台，国内市场占有率达到12.3%，超越所有外资品牌，成为全国第一。

2012—2017年销量2.8万台，国内市场份额达到20.1%，超行业第二、第三名之和；在国内进一步拉开与外资品牌差距的同时，海外出口超过了2 000台，打响了国际化第一枪！

2019年，三一挖掘机销售6.2万台，全球第二。

2021年5月31日，根据全球权威调研机构Off-Highway Research数据，三一共销售98 705台挖掘机，占据全球挖掘机市场15%的份额，首夺全球销冠！

项目要求：请以小组为单位，通过查询资料、交流研讨，结合工程机械市场的特点，写出三一挖掘机成功登顶全球销冠的原因。

任务一　市场营销概念分析

学习目标

1. 知识目标
（1）了解市场的含义。
（2）掌握市场营销的含义。
2. 能力目标
（1）具备运用市场营销概念分析营销活动的能力。
（2）有意识培养自己的营销活动感悟能力。
3. 素养目标
（1）养成善于查阅资料解决问题的职业习惯。
（2）提升对市场营销的职业敏感性。

任务描述

李小明是今年刚毕业的大学生，在通过校招之后，成功进入一家国内头部工程机械制造公司。通过职业定位，人力资源部在了解其个人意愿后，安排他加入了营销部，岗位为市场营销专员。李小明入职后首先需要了解市场营销的相关概念与知识。

任务要求：通过市场营销4P理论简要分析挖掘机市场，并以WORD文档的方式呈现分析报告，字数不少于300字。

任务实施

1. 任务准备

通过互联网、书籍、视频等渠道搜集信息。

2. 任务操作

（1）熟知挖掘机的产品特性、功能、品质等，了解产品的市场现实需求和潜在需求，以及目标客户群体。

（2）了解挖掘机的成本、市场需求、竞争情况等因素，制定一个合理的价格策略。

（3）选择挖掘机销售渠道，包括线上和线下渠道，以及如何将产品送达目标客户。

（4）列出合适的挖掘机促销策略，包括广告宣传、促销活动、口碑营销等。

（5）根据市场营销 4P 理论，即产品（Product）、价格（Price）、渠道（Place）、促销（Promotion）编写简要的分析报告。

3. 任务提示

（1）通过多渠道，全面搜集资料，需要持续关注市场信息的变化。

（2）文档内容具体、翔实、条理清晰，具有逻辑关系。

知识链接

1. 市场的概念与划分

1）市场的概念

市场是社会分工和商品生产的产物，哪里有社会分工和商品交换，哪里就有市场。市场的概念有以下多种定义：

市场是商品交换的场所，某种商品需求的总和，是买主、卖主力量的集合，是交换关系的总和。

市场是各方参与交换的多种系统、机构、程序、法律强化和基础设施之一。尽管各方可以通过易货交换货物和服务，但大多数市场依赖卖方提供货物或服务（包括劳力）来换取买方的钱。可以说，市场是商品和服务价格建立的过程。

市场是买卖双方就某一特定产品和品类进行交易的地方。

综上所述，市场是一切营销活动的起点和终点，全面分析市场是制定企业营销策略的前提。从营销学角度看，市场是指有购买力和购买欲望，并通过交易完成商品交换，使商品或劳务发生转移的人或组织。

2）市场的要素

市场是社会分工和商品生产的产物，哪里有社会分工和商品交换，哪里就有市场。决定市场规模和容量的三要素是：人口、购买欲望、购买力。

人口：人口是构成市场的基本因素之一，人口的多少直接决定市场的潜在容量。

购买欲望：人们对休闲、教育和娱乐有强烈的需要，这些需要指向可以满足的特定目标就成为欲望。

购买力：指一个个体或一个群体在某个时间段内，在特定市场环境中购买商品或服务的能力，它反映了消费者在经济条件下能够购买的数量和质量。

3）市场的划分

（1）消费者市场。

消费者市场是指由个人和家庭组成的市场，他们购买商品和服务以满足自己的消费需求。在消费者市场中，消费者是主导力量，企业需要根据消费者的需求和偏好来制定营销策略。消费者市场的特点是购买力分散、需求多样化、竞争激烈和信息透明等。

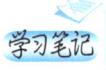

（2）企业市场。

企业市场是指所有购买商品或服务的组织，包括政府机构和企业。企业市场的规模通常比消费者市场要大，企业需要通过专业的营销策略来吸引潜在客户并扩大市场份额。企业市场的特点是购买力集中、需求稳定、竞争激烈和信息透明等。

（3）政府市场。

政府市场是指由政府机构组成的市场，他们购买商品与服务以满足公共需求和实现公共利益。政府市场的特点是购买力强大、需求稳定、竞争激烈和信息透明等。例如政府采购、公共工程等项目的招标过程就是政府市场的典型例子。

2. 市场营销的概念与观念

1）市场营销的定义

市场营销学大师菲利普科特勒对市场营销的定义如下：市场营销是企业的一种活动，旨在识别目前尚未满足的需求和欲望，估量和确定需求量的大小，选择和决定本企业能最好地为其服务的目标市场，并决定适当的产品、服务和计划，以便为目标市场服务。

2）市场营销的价值

市场营销的目的就是去很好地了解和理解顾客，让产品适合顾客，并实现自我销售。理想情况下，市场营销让顾客产生购买意愿，随后就是提供足够多的产品和服务。在没有足够支撑公司盈利的产品和服务需求的情况下，财务、运营、会计和其他的职能即使运作的再好，也是枉然。换句话说，有营销才会有利润，财务上的成功往往取决于营销，营销可以帮助引进新的或者能方便人们生活的产品。成功营销为产品和服务建立需求，这些需求反过来会创造工作机会。

3）市场营销理论发展

市场营销自19世纪末创立以来，经历了初创阶段、应用阶段、繁荣阶段以及演化创新阶段，已发展成为一门综合了经济学、管理学、社会学、心理学和行为科学等学科的原理，但又与这些学科有着不同的研究对象和研究内容的、具有独立体系的应用科学，是一门富有启发性和社会导向性学科。市场营销产生与发展的过程中，人们对营销理论的研究经过了不断的实践、认知、分析、修正与升华，从狭窄的商品推销术研究，到宽领域的研究，尤其是到20世纪80年代中期，世界营销权威菲利普·科特勒"大市场营销"理论创立。

（1）市场营销4P理论。

①产品（Product）：指企业提供给目标市场的货物、服务的集合，包括产品的效用、质量、外观、式样、品牌、包装和规格，此外，还包括服务和保证等因素。

②价格（Price）：是指企业出售产品所追求的经济回报，涉及基本价格、折扣价格、付款时间、借贷条件等内容。

③渠道（Place）：是指企业为使其产品进入和达到目标市场所组织、实施的各种活动，包括途径、环节、场所、仓储和运输等。

④促销（Promotion）：包括广告、人员推销、营业推广与公共关系等。

（2）市场营销8P理论。

其是在4P理论基础上，增加人员、流程、方案和绩效。

①人员（People）：反映了内部营销和雇员对市场成功很关键的事实，市场的好坏由组织内部的人员决定。

②流程（Processes）：反映了营销活动过程中的创造力、纪律和结构。营销人员必须避

市场营销4P理论

免仅仅适用于某种单一情形的规划和决策，并确保最先进的营销理念和概念在所有方面发挥适当的作用。

③方案（Programs）：反映了企业使所有消费者导向的活动。无论是线上活动还是线下，这些活动都必须被很好地整合，以使整体大于部分之和。

④绩效（Performance）：为覆盖可能产生财务和非财务的影响力，以及超越公司本身影响的全部衡量指标，将绩效的定义包含在全方位营销。

4）市场营销观念发展

市场营销观念在发展过程中经历了传统营销观念和现代营销观念两大类，前者主要包括生产观念、产品观念和推销观念，后者主要包括市场营销观念和全方位营销观念。

（1）生产观念。

不是从消费者的需求出发，而是从企业生产出发，以企业为导向，主要表现在"我生产什么，就卖什么"。

（2）产品观念。

消费者青睐质量好、性能好且具有创新特征的产品，认为只要企业生产这些产品就会销量大增，并未注意消费者的真正需求及其需求的变化。

（3）推销观念。

消费者和企业在没有外力推动的情况下，不会购买足够的组织产品。推销观念在非渴望产品（即产品购买者通常情况下并不会想到去购买的产品）上表现的最明显。

（4）市场营销观念。

以客户为中心，先感应，再有相应的理念出现，营销观念不仅是为产品寻找合适的用户，还要为用户打造合适的产品。

（5）全方位营销观念。

企业的任务是确定各个目标市场的需要、欲望和利益，并以保护或提高消费者和社会福利的方式，比竞争者更有效、更有利地向目标市场提供所期待的满足物。营销者必须不断平衡和评判公司利润、消费者需要的满足及公共利益三者的矛盾。

任务评价

1. 根据任务的内容，对任务进行评分。

序号	考核要点		所占分值	评价标准	得分
1	素养层面	对待学习的态度和积极性	10分	推迟提交，按推迟天数扣分	
2		沟通与表达能力	10分	对文档进行流畅的演讲	
3	能力层面	报告架构能力	20分	文档完整性高	
4		报告撰写能力	30分	任务内容图文并茂	
5		报告呈现能力	10分	WORD格式规范程度高	
6	知识层面	基础概念的识记与理解程度	20分	能够熟知市场营销的各种主要概念	
总分					

项目一　工程机械市场营销入门　5

2. 掌握技能与知识。

_____

3. 新的体会及感悟。

_____

4. 其他收获。

_____

任务二　工程机械市场营销辨析

学习目标

1. 知识目标
（1）了解工程机械的种类、型号和用途。
（2）理解工程机械市场营销的基本概念和内涵。
（3）掌握工程机械市场的特点。
2. 能力目标
（1）具备工程机械产品识别能力。
（2）理解工程机械营销的概念，提高对市场的敏感度及问题解决能力。
3. 素养目标
（1）养成善于沟通表达的职业习惯。
（2）提升对工程机械市场营销的职业敏锐性和热爱。

任务描述

李小明在学习了一段时间之后，逐渐了解到市场营销的概念，接下来半个月，他继续学习工程机械相关知识，以便日后更好地开展工程机械市场营销活动，学习的内容包括工程机械产品种类、型号、用途，以及工程机械市场营销特点方面的知识。

任务要求：查询泵车产品信息，并把产品资料进行整理，以 WORD 文档的方式呈现，字数不少于200字。

任务实施

1. 任务准备

通过搜索引擎、官方网站、视频等渠道查阅泵车的产品资料。

2. 任务操作

（1）查询工程机械产品的种类，访问相关生产企业的官网，整理产品资料、技术参数、使用说明等信息。
（2）在搜索引擎中输入相关的关键词，找到大量的相关产品资料和信息。
（3）将收集到的资料进行整理和分类，使其更有条理，便于后续的介绍和使用。
（4）根据收集到的资料，编写产品介绍文档，包括产品名称、用途、性能特点、使用场景、优缺点等方面的内容。

3. 任务提示

（1）任务完成过程中，通过多渠道，全面搜集资料。

（2）文档内容要求图文并茂，完整介绍产品。

> **知识链接**

1. 工程机械市场营销的概念

1）工程机械的定义

工程机械是装备工业的重要组成部分。概括地说，凡土石方施工工程、路面建设与养护、流动式起重装卸作业和各种建筑工程所需的综合性机械化施工工程所必需的机械装备，均称为工程机械。它主要用于国防建设、交通运输建设、能源工业建设和生产、矿山等原材料工业建设和生产、农林水利建设、工业与民用建筑、城市建设、环境保护等领域。

工程机械目前已发展为包括混凝土机械、起重机械、挖掘机械、铲运机械、路面机械、土方机械、物料输送机械、环卫机械以及其他机械在内的18大类、288个系列、约430个规格的产品。

（1）混凝土机械。

混凝土机械包括：混凝土拖泵、车载式混凝土泵、混凝土搅拌站、混凝土搅拌运输车、沥青混凝土搅拌站、沥青砂浆车等，如图1-1所示。

图1-1 混凝土机械

（2）起重机械。

起重机械包括：汽车起重机、全地面起重机、越野起重机、随车吊、履带起重机、塔吊、正面吊、堆高机、岸边集装箱起重机等，如图1-2所示。

图1-2 起重机械

（3）土方机械。

土方机械包括：反铲挖掘机、多斗挖掘机、挖掘机装载机、履带正铲挖掘机、盾构机等，如图1-3所示。

项目一 工程机械市场营销入门 7

图 1-3　土方机械

(4) 筑路机械。

筑路机械包括：单钢轮振动压路机、轮胎压路机、液压式平地机、机械式平地机、摊铺机、铣刨机等，如图 1-4 所示。

图 1-4　筑路机械

(5) 煤炭机械。

煤炭机械包括：掘锚机、联合采煤机组、自行式液压支架、岩巷掘进机、刨煤机、采煤机等，如图 1-5 所示。

图 1-5　煤炭机械

(6) 桩工机械。

桩工机械包括：履带式旋挖机、水平定向钻机、多功能电液履带桩机、管端气举反循环钻、连续墙抓斗成槽机、潜孔钻机等，如图 1-6 所示。

图 1-6　桩工机械

（7）港口机械。

港口机械包括：正面吊、堆高机、抓料机、重叉、轮胎吊、集装箱牵引车、岸桥、场桥等，如图 1-7 所示。

图 1-7　港口机械

（8）风电设备。

风电设备包括：风力发电机组等，如图 1-8 所示。

图 1-8　风电设备

2）工程机械市场营销的概念

工程机械市场营销是指工程机械企业中某种与市场紧密联系的经济活动或经营活动，是用来指导工程机械生产企业研究市场变化规律、创造市场需求和生产用户满意的工程机械产品的科学。它涵盖了市场调研、目标市场的选择、产品定位、定价策略、销售渠道的建立和管理、促销活动、客户关系管理等方面的内容。

2. 工程机械市场营销的特点

1）工程衍生需求

工程衍生需求是指顾客购买工程机械并非出于自身直接需要，而是为了满足完成特定工作任务的需求。例如，工程承包商购买筑路设备，其需求是由公路工程的具体要求衍生出来的，包括设备类型、数量及购买时间等，均受工程需求的直接影响。

2）配套连带需求

在工程机械领域，配套连带需求是指与工程机械使用密切相关的其他产品和服务的需求。这些产品和服务在工程机械的使用过程中起到补充、支持和增强作用，以提高工程机械的效能和使用体验。通常在购买工程机械之后，也会随之带来配套连带需求。例如：承建路面工程的承包商购买压路机时，必然要考虑买摊铺机及拌和设备与之配套。

3）社会保有需求

工程机械是其所有者的固定资产，应予以逐年折旧与更新。但它又是以社会保有的状态存在着，倘若该单位较长时间甚至永远不再使用它，就会以租赁或转让的形式发生使用权或所有权的转移。所以，在预估某一种工程机械的当年销售量时，不得不考虑到它已有的社会保有量与现有工程的施工需求。

4）投资带动需求

工程机械是投资带动型产品，其社会总需求量在很大程度上受制于政府的投资计划。工程基建项目的投资带动了工程机械的使用和市场需求的增长，在工程项目中使用工程机械，可提高工程项目的效率和质量，这将进一步推动工程机械的市场需求，促进行业的发展。当政府对工程机械领域进行投资时，会带动该领域内相关企业和产业链的发展。

5）购买投资额大

通常购买工程机械的投资额都很大，即工程机械交易涉及的金额较大，对双方的契约要求较高，同时交易风险和交易关注度也较高。工程机械设备售价区间从十几万到几百万元，有的甚至上千万元，顾客要求供货商能够提供良好的技术服务和经济担保，有的甚至要求采取分期付款、租售结合或共同协商资金的筹措方式。一些企业都设有金融服务机构，可以为客户提供信贷或者协助代理商筹集发货资金。

6）行业周期性强

工程机械周期指的是整个工程机械行业的周期性运动，也称为工程机械市场周期。工程机械的营销活动受行业周期性的影响。工程机械周期是由多种因素如经济发展、市场需求、政策环境等综合影响形成的，不同的周期阶段对企业所带来的影响也不同，企业需要根据市场变动调整自身营销策略。

7）集约性的决策

工程机械采购属于组织采购，其采购方式通常采取团体决策的形式，在采购决策过程中，营销人员需要与多个部门沟通，并需考虑对方不同职能人员在采购流程中承担的角色和作用。采购设备的选型与评价往往由领导、专家和操作人员共同协调，甚至有可能组成一个临时的采购决策班子，这些不同层次的人员将从不同的角度去影响采购目标。

任务评价

1. 根据任务的内容，对任务进行评分。

序号	考核要点		所占分值	评价标准	得分
1	素养层面	对待学习的态度和积极性	10 分	推迟提交，按推迟天数扣分	
2		沟通与表达能力	10 分	对文档进行流畅地演讲	
3	能力层面	报告架构能力	20 分	文档完整性高	
4		报告撰写能力	30 分	任务内容图文并茂	
5		报告呈现能力	10 分	WORD 格式规范程度高	
6	知识层面	基础概念的识记与理解程度	20 分	能够熟知工程机械市场营销的概念及内容	
	总分				

2. 掌握技能与知识。

3. 新的体会及感悟。

4. 其他收获。

任务三　了解工程机械市场营销发展历程

学习目标

1. 知识目标

（1）了解国际、国内工程机械市场营销发展史。

（2）熟悉国际、国内工程机械知名企业。

（3）熟悉全球工程机械市场格局。

2. 能力目标

（1）通过对国际、国内工程机械市场营销历史的了解，具备分析不同阶段市场环境、消费者需求、竞争态势等因素的能力。

（2）熟知全球工程机械市场格局，初步具备为当前或未来可能遇到的问题提供解决方案的能力。

3. 素养目标

（1）加深对工程机械行业的认知，包括行业的起源、成长、成熟和未来趋势。

（2）培养对市场的敏锐感知和深入洞察能力。

项目一　工程机械市场营销入门　11

学习笔记

任务描述

李小明通过对挖掘机设备、起重机设备、风电设备等工程机械产品的学习和操作，对工程机械产品有了深入的了解。在营销工作中，知己知彼才能有的放矢，上级安排李小明学习工程机械的发展历程、市场格局、国际国内各大工程机械品牌的知识，以便对工程机械市场有宏观的了解。

任务要求：查询国内工程机械品牌的资料信息，并把介绍资料进行整理，以 PPT 的方式呈现，字数不少于 200 字。

任务实施

1. 任务准备

通过搜索引擎、浏览官网、查阅书籍等渠道整理资料。

2. 任务操作

（1）查询工程机械品牌信息，并访问相关工程机械制造商的官方网站。
（2）在搜索引擎中输入品牌的相关关键词，找到大量的企业介绍。
（3）将收集到的资料进行整理和分类，使其更有条理，便于后续的介绍和使用。
（4）根据收集到的资料，编写公司介绍文档，包括公司发展历程、主要产品、企业文化等方面的内容。

3. 任务提示

（1）任务完成过程中，通过多渠道，全面搜集资料。
（2）文档内容要求图文并茂，并完整介绍产品。

知识链接

1. 国际工程机械市场营销发展史

国际工程机械市场营销发展史可以追溯到 20 世纪初，当时主要以产品推销为主，营销策略和手段相对较少。随着工业化和城市化的推进，工程机械行业逐渐成为一个重要的产业。

1）初期阶段（1930—1960 年）

国际工程机械营销主要以产品推销为主，营销策略和手段相对较少，企业主要通过向客户展示高质量、高性能的产品来吸引客户。此时，国际工程机械企业开始积极开展对外贸易，向海外市场推广销售其产品。这一阶段主要依靠国外代理商或分销商来销售产品，建立了国际营销网络。

2）拓展阶段（1960—1980 年）

20 世纪中叶，随着全球化的加速和市场需求的增加，国际工程机械企业开始积极拓展海外市场。他们主动出击，寻找更多的销售机会，建立了更多的销售渠道，并加强了品牌推广。同时，一些企业开始在海外设立分支机构和售后服务中心，以提供更好的客户支持。

3）技术升级阶段（1980—2000 年）

随着科技的进步和市场竞争的加剧，国际工程机械企业开始注重产品的技术升级和创新。他们不仅致力于提高产品的性能和质量，还积极开发适应不同国际市场需求的产品。在营销方面，他们通过提供更全面的解决方案和优质的售后服务来提升竞争力。在这个时期，工程机械行业迎来了技术革命，例如智能化、自动化和环保等。同时，新兴市场的崛起，如中国、印度和巴西等，为工程机械行业带来了巨大的市场机遇。

4）区域化和全球化阶段（2000—2020年）

随着全球市场的不断融合和竞争的加剧，国际工程机械企业开始更加注重区域化和全球化的发展。他们通过在不同国家与地区建立生产基地和销售网络，以更好地满足当地市场需求，并实现更高效的供应链管理。同时，他们还加强了国际合作与交流，通过技术转让和合资合作等方式，进一步扩大市场份额和提升竞争力。

5）数字化和智能化阶段（2020年至今）

近年来，随着数字化和智能化技术的快速发展，国际工程机械企业开始将其应用于营销领域。他们利用大数据分析和人工智能等技术，深入挖掘市场和客户数据，提升市场预测和决策能力。同时，他们也通过互联网和社交媒体等渠道，与客户建立更紧密的联系，并实施个性化的营销策略。

● 知识拓展

国外知名企业

1. 卡特彼勒

卡特彼勒于1925年成立于美国，总部位于美国伊利诺伊州，是世界上最大的工程机械和矿山设备生产厂家，是矿用设备、柴油和天然气发动机、工业用燃气轮机以及电传动内燃机车领域的全球领先企业。卡特彼勒于20世纪70年代进入中国，在国内已拥有约20家制造工厂、3个研发中心及2个物流和零部件中心。

2. 株式会社小松制作所

株式会社小松制作所成立于1921年，迄今已有102年历史，一直从事工程机械为主的产品创新、开发、制造及销售活动，是全球最大的工程机械及矿山机械制造企业之一，公司总部位于日本东京。小松集团在中国、美国、欧洲、亚洲和日本设有5个地区总部，主要产品有挖掘机、推土机、装载机、自卸卡车等工程机械。

3. 利勃海尔

利勃海尔创建于1949年，总部位于德国，是全球知名的工程机械制造商，设有140家分公司，主要产品涵盖起重机、挖掘机、装载机以及混凝土搅拌站等。利勃海尔不仅是世界建筑机械的领先制造商之一，还是其他许多领域技术创新用户导向产品与服务的客户认可供应商。其于2002年进入中国市场，致力于建筑设备制造商，提供各类型号的工程机械产品以及后市场服务。

4. 斗山工程机械

斗山工程机械是一家总部位于韩国的工程机械制造商，成立于 1943 年，全球知名综合工程机械制造商之一。斗山工程机械产品包括各种工程机械，如挖掘机、装载机、推土机、卡车等。斗山工程机械在产品研发和技术创新方面取得了重要成果，并荣获全球最具竞争力的企业等多项荣誉。斗山工程机械在全球范围内设有分支机构和技术研发中心，为全球客户提供及时、周到的服务和支持。

5. 沃尔沃建筑设备公司

沃尔沃建筑设备公司作为沃尔沃集团成员之一，是全球知名的建筑设备制造商，主要生产不同型号的挖掘机、轮式装载机、自行式平地机、铰接式卡车等产品，涵盖几乎所有工程机械领域——通用设备、路面机械和小型设备等，在许多国家设有生产基地，业务遍及 150 多个国家。

6. 约翰迪尔

1837 年，迪尔公司的创始人约翰·迪尔创立了迪尔公司，经过 100 多年，目前已发展成为业务遍及全球并拥有 50 000 多名员工的企业。约翰迪尔是农业和林业领域产品和服务供应商，是主要的建筑、草坪和场地养护、景观工程和灌溉领域产品及服务供应商。约翰迪尔也在全球提供金融服务，制造、销售重型设备发动机，并在中国主产拖拉机和联合收割机。

2. 国内工程机械市场营销发展史

工程机械行业作为一个国家的基础支柱产业，在国民经济中占有重要的地位。我国工程机械行业经过近 60 年的发展，已从"基础产业"上升到"战略产业"，从中华人民共和国成立到现在，我国工程机械产业的发展经历了六个阶段。

1）萌芽阶段（从中华人民共和国成立到20世纪60年代）

当时仅有几个作坊式的生产企业和修理厂，主要分布在我国的沿海地区和北方地区，大多属于各地分散的农机企业兼产一部分简易的小型工程机械产品，尚未形成独立的门类和行业。

2）起步阶段（从20世纪60年代到70年代后期）

国家在原机械工业部内组建了工程机械局，负责管理和发展全国的工程机械，随后成立了工程机械研究所和建筑机械研究所。当初归口的企业达到50余家，后发展到380多家专业和兼业工程机械企业，多采取大而全、小而全的生产组织模式。

3）快速发展阶段（从20世纪70年代后期到20世纪末期）

改革开放以后，生产厂家快速增加，工程机械产业内部出现了主机生产和配套零部件生产的专业化分工。改革开放以来，我国实行"走出去"战略，鼓励本土企业实行全球布局，使得我国工程机械行业与世界工程机械行业的联系越来越紧密，中国开始在世界工程机械市场上崭露头角。

4）高速发展阶段（2000—2011年）

随着我国加入WTO和受西部大开发、南水北调、西气东输、城镇化建设等扩大内需的基础性建设项目的投资拉动，工程机械行业又掀起了新一轮投资热潮。2008年年底，国家实行4万亿元投资计划，以刺激经济增长，其中重大基础设施建设占比达45%，大量工程项目开始实施，工程机械市场出现了井喷式的增长。在立足国内市场的同时，行业中一大批有实力的企业对于开发国际市场持有高涨的积极性，以项目投标、寻求代理、兼并以及新建等各种方式向海外扩张，积极参与国际竞争，使我国工程机械行业呈现出前所未有的高速发展态势。

5）行业调整阶段（2012—2020年）

2012年之后，工程机械行业出现行业周期性下行的阶段，国内各大工程机械制造商积极应对改变，应对危机。2015年3月，国家发展改革委、外交部、商务部联合发布了《推动共建丝绸之路经济带和21世纪海上丝绸之路的愿景与行动》，标志着"一带一路"倡议进入到实质推进期，为工程机械行业迎来不同程度的发展机遇。"十三五"以来，我国进行大规模基础设施建设、发展国家新兴产业等，直接带动了工程机械市场的快速发展。

6）全球化发展阶段（2020年至今）

2020年以后，国内房地产行业饱和，行业处于下行周期，而全球市场潜力巨大。国内工程机械企业（三一集团、徐工集团、中联重科等）加快国际化步伐，通过出口销售、海外投资、国际合作、企业并购等方式进入全球市场，在全球范围内建立了广泛的销售网络和渠道，提供产品和服务，国内企业可以获得更多的销售机会和市场份额，以减轻对国内市场的依赖，降低市场风险。

目前，国内工程机械企业在国际化进程中已取得了一定的成就，从中国工程机械行业的崛起可以看出，行业发展与国家"一带一路"倡议、新基建等国家战略紧密相连。目前工程机械产业已经成为重工机械制造业中十分重要的产业。在2022全球工程机械制造商50强榜单中，徐工集团、三一重工、中联重科、柳工集团等10家中国企业上榜。目前，我国已超越美国、日本、欧洲成为全球最大的工程机械市场。此外，我国已形成22大类工程机械产品，成为产品类别和品种最齐全的国家之一。

项目一　工程机械市场营销入门

• **知识拓展**

国内知名企业

1. 三一集团

三一集团有限公司始创于1989年。自成立以来，三一集团秉持"创建一流企业，造就一流人才，做出一流贡献"的企业宗旨，业务全面涉及混凝土机械、挖掘机械、起重机械、筑路机械、桩工机械、风电设备、港口机械、石油装备、煤炭装备、装配式建筑PC等，旗下拥有三一重工、三一国际、三一重能三家上市公司。通过三一重工，集团还全资控股全球混凝土机械知名品牌德国普茨迈斯特、持股全球随车起重机巨头奥地利帕尔菲格。三一集团在中国长沙、北京、上海、沈阳、昆山、珠海、乌鲁木齐等地建有产业园，在印度、美国、德国、巴西建有研发制造中心，业务覆盖全球150多个国家和地区。

2. 徐工集团

徐工集团是一家中国工程机械制造商，成立于1969年，公司总部位于江苏徐州，是中国最大的工程机械制造商之一。徐工集团致力于为全球客户提供高品质、高性能的工程机械产品，产品线涵盖各种工程机械，包括挖掘机、装载机、塔吊机、汽车起重机等，广泛应用于国内外construction领域，具有较高的市场占有率和品牌影响力。徐工集团秉承"创新驱动、高质量发展"的理念，不断推进技术创新和产品升级，以满足客户需求并提高市场竞争力。

3. 中联重科

中联重科股份有限公司，始于1992年，起重机知名品牌，工程机械知名品牌，国内企业500强，福布斯全球较具创新力企业之一，主要从事工程机械、农业机械等高新技术装备的研发制造，主导产品涵盖18大类别、106个产品系列、660个品种，是业内首家A+H股上市公司，是全球增长较快的工程机械企业。

4. 柳工集团

广西柳工机械股份有限公司，装载机—挖掘机知名品牌，知名工程机械品牌，高新技术企业，中国工程机械行业排头兵，国内挖掘机行业最具代表性的民族品牌，中国龙工控股有限公司，位列"全球工程机械50强"，是工程机械行业领军企业之一。

5. 龙工控股

龙工自1993年创立，主要从事装载机、挖掘机、叉车、滑移装载机、压路机等产品的研发、生产和销售。龙工控股拥有福建、上海、江西三大生产基地，占地4 000多亩的生产厂房，产品覆盖广泛，公司四大类主机产品——装载机、挖掘机、叉车、压路机和滑移装载机齐头并进，核心关键零部件联动发展，一直以品质可靠的产品和良好的经营信誉深受广大用户信赖。

6. 山河智能

山河智能装备集团创始于1999年，以长沙为总部，分别在长沙、无锡、淮北、天津、欧洲建立了多家子公司，逐步形成了一个以工程机械为核心、拥有自主知识产权、在国内外具有一定影响力的国际性企业集团，2011年成功跻身于全球工程机械制造商50强，先后获得"国家认定企业技术中心""国家创新型企业""国际科技合作基地""国家863成果产业化基地""国家工程机械动员中心""中国优秀民营科技企业"等称号。

3. 全球工程机械市场格局

工程机械产业与经济密切相关，也是全球宏观经济运行的重要风向标之一。在多年的发展过程中，不断有新兴市场拔地而起。近年来，俄罗斯、印度、中东、东南亚和巴西等地工程机械市场发展很快，工程机械需求量大，市场潜力不可小觑。但国际工程机械市场的格局没有发生根本性的改变，全球工程机械制造业主要集中在北美、欧洲、日韩和中国四个地区。

1）北美地区

美国是工程机械生产大国，也是工程机械消费大国，有知名的工程机械厂商，如卡特彼勒、约翰迪尔、特雷克斯、帕尔默，这些企业在技术研发、产品线丰富度、市场份额方面具有显著优势，在全球范围内都拥有广泛的市场份额和品牌影响力。

2）日韩地区

日本是亚洲工程机械产量居前位的国家，知名企业包括小松、日立建机、久保田，除知名企业外，日本还有许多其他工程机械制造商，如三菱、竹内、加藤等，日本企业通过技术创新和业务拓展在国内外市场取得良好业绩。20世纪80年代，韩国工程机械行业崛起，成为东亚另一个工程机械生产基地，诞生了现代重工、斗山这样的知名企业。韩国工程机械发展的起点高，呈规模化，产品销售也以国际市场为主。

3）欧洲地区

欧洲是工程机械的主要生产基地和消费区之一，生产总量仅次于美国。其中德国是西欧工程机械的主要生产国，在国际市场上，其工程起重机、路面机、混凝土机械、工业搬运车辆及其他大型工程机械产品的知名度很高，而且德国在国际市场上输出设计、制造技术，日本、中国、韩国都曾引进过德国的多种产品技术。此外，欧洲的英国、意大利两国的工程机械产值也很高，在世界工程机械行业中占有重要的地位。

4）中国地区

中国工程机械企业在国际的影响力逐渐增强，市场份额进一步扩大，行业集中度不断提升，诞生了一批国际级的行业巨头，如三一集团、徐工集团、中联重科、柳工集团等，行业产业链已经达到一定规模，主要包括整机研发及部件生产、组装和销售等。

随着海外市场的融入与扎根，以及国内基础设施建设需求的提升，中国工程机械市场前景广阔，市场规模还将持续扩大。

总体而言，在2022全球工程机械制造商50强榜单上榜企业中，亚洲企业占据绝对优势，销售收入占比达到50.2%；其次为欧洲地区，销售收入占比达到26.3%；北美地区占比23.2%。中国在工程机械行业市场销售收入占比超越美国，达到24.2%，领跑全球工程机械行业；美国市场占比为22.9%，世界排名第二；日本市场占比为21.2%。目前，国际工程机械企业正在不断适应和调整其营销策略，以满足不同国际市场的需求，并实现可持续的发展。

任务评价

1. 根据任务的内容，对任务进行评分。

序号	考核要点		所占分值	评价标准	得分
1	素养层面	对待学习的态度和积极性	10分	推迟提交，按推迟天数扣分	
2		沟通与表达能力	10分	对文档进行流畅地演讲	
3	能力层面	报告架构能力	20分	文档完整性高	
4		报告撰写能力	30分	任务内容图文并茂	
5		报告呈现能力	10分	WORD格式规范程度高	
6	知识层面	基础概念的识记与理解程度	20分	了解工程机械市场营销发展史	
		总分			

2. 掌握技能与知识。
　　_____

3. 新的体会及感悟。
　　_____

4. 其他收获。
　　_____

项目实施

<table>
<tr><td colspan="4" align="center">工程机械市场营销入门项目工作单</td></tr>
<tr><td colspan="4">姓名：_____　班级：_____　学号：_____</td></tr>
<tr><td colspan="4" align="center">所查阅资料情况</td></tr>
<tr><td>序号</td><td>资料内容</td><td>资料来源</td><td>备注</td></tr>
<tr><td></td><td></td><td></td><td></td></tr>
<tr><td></td><td></td><td></td><td></td></tr>
<tr><td></td><td></td><td></td><td></td></tr>
<tr><td></td><td></td><td></td><td></td></tr>
<tr><td></td><td></td><td></td><td></td></tr>
<tr><td colspan="4" align="center">三一挖掘机在世界销售第一的主要营销方式</td></tr>
<tr><td>序号</td><td>主要营销方式</td><td>所起到的作用</td><td>备注</td></tr>
<tr><td></td><td></td><td></td><td></td></tr>
<tr><td></td><td></td><td></td><td></td></tr>
<tr><td></td><td></td><td></td><td></td></tr>
<tr><td></td><td></td><td></td><td></td></tr>
<tr><td colspan="2">项目过程中出现问题</td><td colspan="2">解决办法</td></tr>
<tr><td colspan="2"></td><td colspan="2"></td></tr>
</table>

项目评价

序号	考核要点		所占分值	评价标准	得分
1	素养层面	团队合作与沟通表达	10 分	良好的沟通能力和团队合作能力	
2		创新意识	10 分	市场洞察力和创新能力	
3		勤奋与进取精神	10 分	持续学习和自我提升的意识	
4	能力层面	能够开展市场营销活动	20 分	能够运用市场营销理念分析工程机械市场营销活动	
5		营销策划能力	20 分	具备正确的品牌与营销策划能力	
6	知识层面	基础概念的识记与理解程度	10 分	了解市场营销的基本概念	
7			10 分	掌握工程机械营销的基本概念和发展趋势	
8			10 分	熟悉工程机械产品的特点、分类和应用领域	
		总分			

拓展项目

一、任务描述

选择自己感兴趣的国内工程机械品牌，通过互联网、书籍、请教专业人士等多渠道去搜集营销案例资料，并制作介绍 PPT，在课程中间介绍其品牌

二、任务实施

1. 组建小组，3~5 人为一小组，选出组长。
2. 围绕工程机械品牌介绍这一主题，学生查找资料，整理分析，提交任务单。
3. 各小组编写 PPT，选出 2 个代表进行汇报

三、任务成果

1. 介绍该品牌的 PPT，内容包括品牌介绍、产品介绍、品牌发展、营销案例、总结部分。
2. 以演讲的方式进行呈现，呈现时间每组不少于 8 min

四、任务评价

序号	考核指标	所占分值	评价标准	得分
1	上交情况	10 分	推迟 1 天提交扣 3 分	
2	完整度	20 分	文档完整程度，少一部分扣 5 分	
3	内容丰满度	30 分	PPT 不少于 10 张，图文并茂	
4	PPT 精美程度	10 分	PPT 美观程度，大方美观	
5	演讲呈现	30 分	完整地对 PPT 进行演讲	
	总分			

续表

五、指导老师评语

日期： 年 月 日

项目训练

1. 单项选择题

（1）市场的要素包括人口、购买欲望和（ ）。

A. 购买力 B. 购买需求
C. 目标人群 D. 市场细分

（2）企业市场指所有购买商品或服务的组织，包括（ ）和企业。

A. 公益组织 B. 政府机构
C. 个体消费者 D. 协会组织

（3）工程机械是（ ），其社会总需求量在很大程度上受制于政府的投资计划。

A. 消费拉动型产品 B. 投资带动型产品
C. 策略型产品 D. 内容型产品

（4）下列哪个是国内工程机械品牌。（ ）

A. 卡特彼勒 B. 日立建机
C. 小松 D. 三一集团

（5）下列哪个是国际工程机械品牌。（ ）

A. 徐工集团 B. 中联重科
C. 约翰迪尔 D. 三一集团

2. 多项选择题

（1）工程机械市场营销的特点包括（ ）。

A. 工程衍生需求 B. 配套连带需求
C. 社会保有需求 D. 投资带动需求
E. 购买投资额大

（2）营销4P理论，包括（ ）。

A. 产品（Product） B. 人口（People）
C. 渠道（Place） D. 促销（Promotion）
E. 价格（Price）

（3）我国工程机械产业的发展包括（ ）、（ ）、（ ）、（ ）、（ ）、全球化阶段。

A. 萌芽阶段 B. 起步阶段
C. 快速发展阶段 D. 高速发展阶段
E. 行业调整阶段

（4）市场营销观念在发展过程中经历了传统营销观念和现代营销观念两大类，前者主要包括生产观念、产品观念和推销观念，后者包括（　　）和（　　）。

　　A. 生产观念　　　　　　　　　B. 产品观念
　　C. 推销观念　　　　　　　　　D. 市场营销观念
　　E. 社会营销观念

（5）全球工程机械制造业主要集中在（　　）、（　　）、（　　）和（　　）四个地区。

　　A. 北美　　　　　　　　　　　B. 南美
　　C. 欧洲　　　　　　　　　　　D. 中国
　　E. 日韩

3. 判断题

（1）推销与营销的概念基本相似。　　　　　　　　　　　　　　　　　（　　）
（2）工程机械行业并不是周期性的行业。　　　　　　　　　　　　　　（　　）
（3）生产观念表现为"客户需要什么，我就生产什么"。　　　　　　　　（　　）
（4）政府市场的特点是购买力强大、需求稳定、竞争激烈、信息透明等。（　　）
（5）全球工程机械制造业主要集中在北美、欧洲、日韩和中国四个地区。（　　）

4. 案例分析题

　　2009年，国家向大基建投资，广袤的农村市场成了工程机械新的蓝海，三一重工为抢占市场，主要分析自身优势，调研市场态势，总结出三一重工的几个领先领域，策划一句脍炙人口的广告语。其对于每一位购买挖掘机的农村客户都拍下照片，与产品宣传册一起做成挂历，送给客户。与此同时，广告语也印在挂历海报上，这些海报被带回到全国各地的农村，被挂在家中最显眼的墙上。在那个邻里串门的年代，每副挂历都成了精准的农村市场营销。

　　另外在三一重工的网页上设置了有奖问答，使答题人记住三一是处于行业领先。三一重工凭借市场营销策略，突出重围，让三一挖掘机成为全国销量第一，销售额突破100亿元。

　　思考题：（1）三一重工挖掘机的发展处于国内工程机械发展的哪个阶段？
　　　　　　（2）三一重工的案例体现出工程机械营销的哪些特点？

项目二　分析工程机械市场营销环境

学习目标

【知识目标】
1. 理解工程机械市场营销环境的内容与特征。
2. 理解工程机械市场营销的宏观环境和微观环境的概念及内容。
3. 掌握工程机械市场营销环境的分析模型。

【技能目标】
1. 具备分析工程机械营销环境特征的能力。
2. 能够正确地运用工程机械市场营销环境的分析模型。
3. 具备分析挖掘机工程机械营销环境的能力。

【素养目标】
培养全局性思维，养成独立思考和战略规划的职业素养。

知识全景图

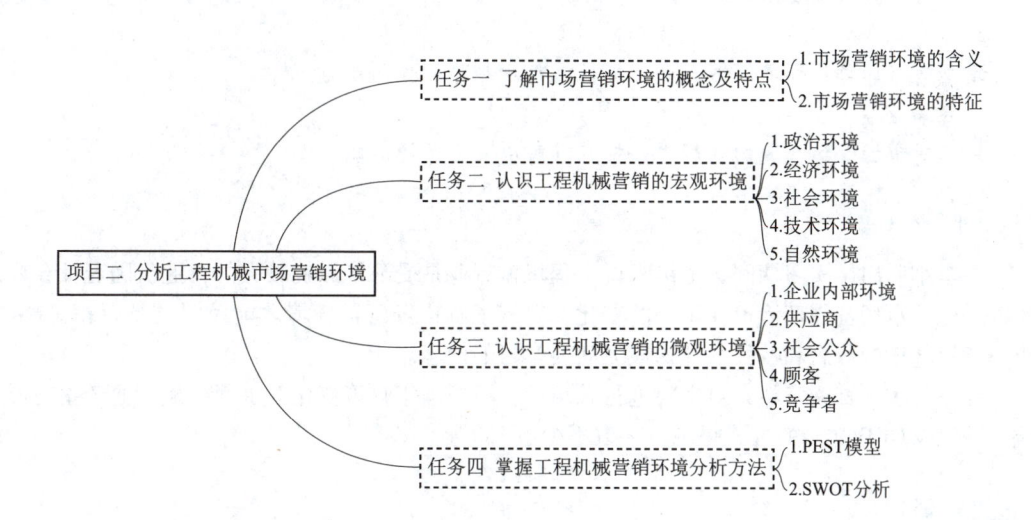

项目二 分析工程机械市场营销环境
- 任务一　了解市场营销环境的概念及特点
  1. 市场营销环境的含义
  2. 市场营销环境的特征
- 任务二　认识工程机械营销的宏观环境
  1. 政治环境
  2. 经济环境
  3. 社会环境
  4. 技术环境
  5. 自然环境
- 任务三　认识工程机械营销的微观环境
  1. 企业内部环境
  2. 供应商
  3. 社会公众
  4. 顾客
  5. 竞争者
- 任务四　掌握工程机械营销环境分析方法
  1. PEST模型
  2. SWOT分析

项目描述

数智化转型已经成为工程机械行业发展的必然趋势。三一集团董事长梁稳根先生讲过："中国现在是制造大国，正处在两个重大战略机遇的交汇点上，一个是中华民族伟大复兴的中国梦，第二个是新技术浪潮，也有人说是第四次工业革命，如果能够抓住这两者交汇的这么一个旷世的机会，更快更好地完成数字化和智能化的转型，那么中国肯定会从制造大国变成制造强国"。在数智化的推动下，工程机械行业正在从传统制造向智能制造转变，各种智能化设备和技术的应用，使得产品的设计、生产、销售、服务等环节更加高效。

三一重工：在数智化转型方面做得比较领先，引入云计算、大数据、人工智能等先进技术，对生产、销售、服务等多个环节进行了优化。例如：利用大数据技术对挖掘机的工作状态、性能参数等信息进行实时采集和分析，从而为客户提供更加精准的维护和保养服务。

中联重科：引入智能制造技术和大数据分析技术，对产品设计和生产过程进行了优化。他们利用大数据技术对市场销售数据、用户反馈数据等信息进行深入分析，从而更好地了解客户需求和产品优缺点，为产品设计和改进提供了有力支持。

徐工机械：在数智化转型方面也取得了一些成果。他们通过引入物联网技术和大数据技术，实现了设备的远程监控和智能控制。同时，他们还利用大数据技术对产品生命周期管理、故障预测和维护保养等方面进行了优化，提高了设备的可靠性和使用效率。

项目要求：请以小组为单位，通过查询资料、交流研讨，分析数智化转型对工程机械行业产生的巨大影响。

任务一　了解市场营销环境的概念及特点

学习目标

1. 知识目标
（1）掌握市场营销环境的概念。
（2）了解市场营销环境的特征。
2. 能力目标
增强对市场营销环境的敏感度，提升对市场趋势的预测能力。
3. 素养目标
培养对市场营销环境的理解力，提升其解决实际问题的能力。

任务描述

在李小明岗位实习期间，上级常说工程机械行业是受环境影响较大的行业。随着社会环境的变化，市场营销环境也在不停的变化，只有了解市场营销环境才能及时调整营销策略。市场营销环境的概念和特征是他这段时间要学习的内容。

任务要求：查阅资料，对资料进行总结后，写下国家政策变化对工程机械行业产生的影响，并以WORD文档的方式呈现，字数不少于300字。

任务实施

1. 任务准备

学习理论知识，通过互联网、书籍、视频等渠道查阅2008年金融危机之后，国家政策调整对中国工程机械行业影响的资料。

2. 任务操作

（1）收集金融危机发生后，国家层面政策、法规的变化情况。

（2）罗列国家整体对工程机械行业制定的政策。
（3）对政策信息进行分析，确定对工程机械行业产生影响的政策。
（4）根据对工程机械行业产生影响的政策，分析其对工程机械行业产生的影响。

3. 任务提示

（1）搜集资料要全面而翔实。
（2）文档内容条理清晰，具有逻辑关系。

任何企业总是生存于一定的环境之中，企业的营销活动不可能脱离周围环境而孤立地进行。企业可以了解和预测环境因素，主动地适应和利用环境，而且可通过营销努力去影响外部环境，使环境有利于企业的生存和发展，有利于提高企业营销活动的有效性。因此，在企业营销活动中研究市场营销环境及其变化十分必要。

知识链接

1. 市场营销环境的含义

市场营销环境是企业营销职能外部的不可控制的因素和力量，这些因素和力量是影响企业营销活动及其目标实现的外部条件。

市场营销环境包括微观环境和宏观环境。微观环境是指与企业紧密相连，直接影响企业营销能力的各种参与者，包括企业本身、市场营销渠道企业、顾客、竞争者以及社会公众等。宏观环境是指影响微观环境的一系列巨大的社会力量，如人口、经济、政治法律、科学技术、社会文化及自然生态等因素。微观环境直接影响与制约企业的营销活动，多半与企业具有或多或少的经济联系，也称直接营销环境。宏观环境一般以微观环境为媒介去影响和制约企业的营销活动，在特定场合，也可直接影响企业的营销活动。宏观环境被称为间接营销环境。宏观环境因素与微观环境因素共同构成多因素、多层次、多变的企业市场营销环境的综合体。

2. 市场营销环境的特征

1）客观性

环境作为营销部门外在的不以营销者意志为转移的因素，对企业营销活动的影响具有强制性和不可控性的特点。一般说来，营销部门无法摆脱和控制营销环境，特别是宏观环境，企业难以按自身的要求和意愿随意改变它，如企业不能改变人口因素、政治法律因素、社会文化因素等。但企业可以主动适应环境的变化和要求，制定并不断调整市场营销策略。事物发展与环境变化的关系是适者生存，不适者淘汰，就企业与环境的关系而言，也完全适用。有的企业善于适应环境就能生存和发展，而有的企业不能适应环境的变化，就难免被淘汰。

2）差异性

不同的国家或地区之间，宏观环境存在着广泛的差异，不同的企业，微观环境也千差万别。正因为营销环境的差异，企业为适应不同的环境及其变化，必须采用各有特点和针对性的营销策略。环境的差异性也表现为同一环境的变化对不同企业的影响不同。例如，中国加入世界贸易组织，意味着大多数中国企业进入国际市场，进行"国际性较量"，而这一经济环境的变化，对不同行业所造成的冲击并不相同。企业应根据环境变化的趋势和行业的特点，采取相应的营销策略。

3）多变性

市场营销环境是一个动态系统，构成营销环境的诸因素都受众多因素的影响，每一环境因素都随着社会经济的发展而不断变化。20世纪60年代，中国处于短缺经济状态，短缺几乎成为社会经济的常态。改革开放20年后，中国已遭遇"过剩"经济，不论这种"过剩"的性质如何，仅就卖方市场向买方市场转变而言，市场营销环境已产生了重大变化。营销环境的变化，既会给企业提供机会，也会给企业带来威胁。虽然企业难以准确无误地预见未来环境的变化，但可以通过设立预警系统，追踪不断变化的环境，及时调整营销策略。

4）相关性

营销环境诸因素间相互影响、相互制约，某一因素的变化会带动其他因素的相互变化，形成新的营销环境。例如，竞争者是企业重要的微观环境因素之一，而宏观环境中的政治法律因素或经济政策的变动，均能影响一个行业竞争者加入的多少，从而形成不同的竞争格局。又如，市场需求不仅受消费者收入水平、爱好以及社会文化等方面因素的影响，政治法律因素的变化往往也会产生决定性的影响。

任务评价

1. 根据任务的内容，对任务进行评分。

序号	考核要点		所占分值	评价标准	得分
1	素养层面	对待学习的态度和积极性	10分	推迟提交，按推迟天数扣分	
		沟通与表达能力	10分	按照文档进行流畅地演讲	
2	知识层面	报告架构能力	20分	文档完整程度高	
		报告撰写能力	20分	任务内容图文并茂	
		报告呈现能力	20分	格式规范程度	
3	能力层面	基础概念的识记与理解程度	20分	能够熟知市场营销环境的概念	
	总分				

2. 掌握技能与知识。

3. 新的体会及感悟。

4. 其他收获。

任务二　认识工程机械营销的宏观环境

学习目标

1. 知识目标

（1）了解宏观环境对工程机械行业的影响因素。

（2）掌握如何分析宏观环境，以及如何评估其对工程机械行业的影响。

2. 能力目标

能够根据宏观环境的变化，预测工程机械行业的发展趋势和市场需求变化。

3. 素养目标

使学生意识到在工程机械市场营销活动中应关注社会、环境和行业等方面。

任务描述

工程机械行业的周期性是指宏观环境的变化影响到了的营销层面，并且每个地区的经济结构和经济水平也直接影响营销策略，需要对宏观环境的变化时刻保持关注。李小明通过在公司学习，也开始深入了解宏观环境的各个方面。

任务要求：通过互联网、书籍等方式，查阅当前影响工程机械的宏观环境因素，对资料进行整理，并以 WORD 文档的方式呈现，字数不少于 300 字。

任务实施

1. 任务准备

通过互联网、书籍、视频等方式，搜集整理资料信息。

2. 任务操作

（1）分析当前宏观环境的影响因素。

（2）收集并整理影响当前宏观环境的信息。

（3）对影响当前宏观环境的信息进行简要分析。

3. 任务提示

（1）搜集资料要全面而翔实。

（2）文档内容条理清晰，具有逻辑关系。

知识链接

宏观层面环境分析主要包括五个方面，包括政治环境、经济环境、社会环境、技术环境和自然环境。

1. 政治环境

（1）国家政治制度：国家政治制度是影响企业营销活动的重要因素，包括政权的性质、政权的组织形式、国家的行政效率等。这些因素决定了企业能否在政治稳定的环境中开展营销活动。

（2）政治军事形势：政治军事形势的稳定与否直接影响到企业的营销活动。如果政治军事形势不稳定，社会动荡不安，会给企业带来很大的经营风险，同时也可能影响到消费者的购买行为。

（3）国家方针政策：国家方针政策也会对企业营销活动产生影响，例如产业政策、税收政策、贸易政策等。这些政策的变化可能会给企业带来机会，也可能会带来挑战。

（4）法律法令法规及执法体系：法律环境是企业营销活动必须遵守的规范，包括国家的法律法规、司法制度和执法体系。企业在营销活动中必须遵守国家的法律法规，否则可能会面临法律风险和惩罚。

任务三　认识工程机械营销的微观环境

学习目标

1. 知识目标

(1) 了解微观环境的概念,理解各要素之间的关系及其对工程机械企业的影响。

(2) 掌握微观环境的构成要素,包括供应商、竞争对手、顾客、营销中介等。

2. 能力目标

(1) 学会评估各要素对企业营销活动的影响,制定相应的应对策略。

(2) 培养在微观环境中进行决策和解决问题的能力,提高企业的竞争力。

3. 素养目标

(1) 准确识别并理解工程机械营销微观环境的主要构成要素。

(2) 能够深入洞察这些微观环境要素之间的相互关系及其动态变化。

任务内容

除了关注宏观环境外,随着工程机械行业的市场饱和度不断提升,同行业间的竞争越发激烈,在激烈的竞争中,微观环境的供应商、竞争者、社会公众、企业内部环境也是营销人员需要密切关注的因素,李小明需要对微观环境做全面了解。

任务要求:通过互联网、书籍等方式,以三一集团为例,查阅当前影响工程机械微观环境的因素,并对资料进行整理,以WORD文档的方式呈现,字数不少于300字。

任务实施

1. 任务准备

通过互联网、书籍、纪录片等方式,搜集整理资料信息。

2. 任务操作

(1) 收集关于影响三一集团微观环境的资料信息。

(2) 对微观环境的因素信息进行整理,分析当前宏观环境的影响因素。

(3) 对影响当前宏观环境的信息进行简要分析。

3. 任务提示

(1) 搜集资料要全面而翔实。

(2) 文档内容条理清晰,具有逻辑关系。

知识链接

微观层面环境分析,主要是关注那些直接影响工程机械企业营销活动的各种因素和力量,包括企业内部环境、供应商、社会公众、顾客和竞争者,如图2-1所示。

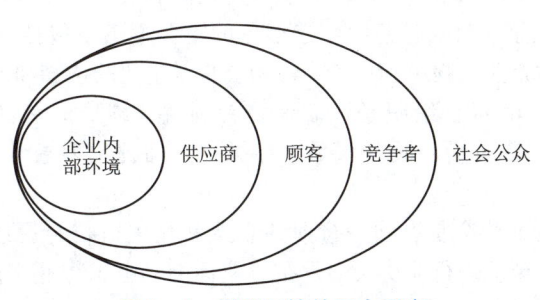

图 2-1　微观环境的五个因素

1. 企业内部环境

（1）企业资源：包括企业的资金、技术、设备、人力资源等。这些资源是企业进行营销活动的基础，决定了企业的营销能力和竞争优势。例如，拥有先进的生产技术和设备可以提高产品质量和生产效率，从而增强企业的市场竞争力。

（2）企业文化：企业文化是企业核心价值观、经营理念和行为规范的总和，它会对企业的营销活动产生潜移默化的影响。一个积极、创新、团结的企业文化可以激发员工的工作热情和创造力，提升企业的品牌形象和市场竞争力。

（3）企业组织结构：企业的组织结构决定了企业内部各部门之间的协作和沟通方式。一个高效、灵活的组织结构可以促进企业内部的信息流通和资源共享，提高企业的市场反应速度和营销效率。

（4）营销团队：营销团队是企业进行营销活动的核心力量。一个专业、高效、有凝聚力的营销团队可以制定和执行有效的营销策略，提升企业的销售业绩和市场占有率。

（5）管理层支持：企业管理层对营销活动的态度和支持程度直接影响企业的营销效果。如果管理层重视营销活动并给予足够的资源和政策支持，那么企业的营销活动就更有可能取得成功。

2. 供应商

（1）供应商的稳定性和可靠性：供应商能否按时、按质、按量地提供所需资源，直接影响到企业的生产进度和产品质量。因此，企业需要选择那些具有良好信誉和稳定供货能力的供应商，以确保生产过程的顺利进行。

（2）供应商的成本结构：供应商的成本决定了企业采购资源的价格，进而影响企业的生产成本和最终产品的售价。企业需要关注供应商的成本结构，通过谈判和合作来降低采购成本，提高产品的市场竞争力。

（3）供应商的技术创新能力：随着科技的不断发展，工程机械行业也在不断更新换代，供应商的技术创新能力决定了企业能否及时获得最新的技术和产品，从而保持市场竞争优势。企业需要与那些具有强大研发实力和创新能力的供应商建立长期合作关系。

（4）供应商的交货能力：供应商的交货速度和准确性直接影响到企业的生产和发货计划。企业需要评估供应商的交货能力，确保供应商能够在规定的时间内准确地将所需资源送达，以避免生产延误和客户投诉。

3. 社会公众

（1）政府机构：政府机构是制定和实施相关法律法规、政策的重要主体，对工程机械企业的经营活动具有指导和约束作用。企业需要与政府机构保持良好的沟通和合作关系，确保企业的营销活动符合法律法规的要求，并争取得到政府机构的支持和优惠政策。

（2）媒体：媒体是企业传播信息、塑造形象的重要渠道，包括电视、广播、报纸、杂志、互联网等。媒体对企业的报道和评价会影响公众对企业的认知和态度。

（3）消费者组织：消费者组织是代表消费者利益、维护消费者权益的非政府组织。消费者组织对企业的产品质量、服务水平、环保等方面提出要求和监督，促使企业不断改进和提升。

（4）行业协会：行业协会是由同一行业的企业和相关机构自愿组成的非营利性组织，旨在促进行业的发展和规范。行业协会会发布行业标准、组织行业交流、推动技术创新等，对工程机械企业的营销活动具有指导和支持作用。

4. 顾客

（1）顾客需求：顾客需求是企业营销活动的出发点和落脚点。工程机械企业需要密切关注顾客的需求变化，包括对产品性能、质量、价格和服务等方面的要求，以便及时调整产品设计和营销策略，满足顾客的个性化需求。

（2）顾客购买行为：顾客购买行为是企业制定营销策略的重要依据。工程机械企业需要了解顾客的购买决策过程、购买习惯、购买频率等，以便更好地把握市场机会，制定有针对性的产品推广和销售策略。

（3）顾客满意度和忠诚度：顾客满意度和忠诚度是衡量企业营销活动效果的重要指标。工程机械企业需要通过提供优质的产品和服务，建立良好的客户关系，提高顾客满意度和忠诚度。

5. 竞争者

（1）竞争者的战略和目标：了解竞争者的整体战略规划和具体目标，有助于企业判断竞争者的市场定位和发展方向，从而制定相应的竞争策略。

（2）竞争者的产品：分析竞争者的产品线、产品质量、产品性能、产品创新等方面，有助于企业了解市场需求和竞争态势，为自身产品改进和研发提供参考。

（3）竞争者的定价策略：研究竞争者的定价方法、价格水平、价格变动等因素，有助于企业制定合适的定价策略，保持市场竞争力。

（4）竞争者的促销策略：分析竞争者的广告、销售促进、公关活动、人员推销等促销手段，有助于企业了解竞争者的市场推广力度和效果，从而制定更加有效的促销策略。

（5）竞争者的分销渠道：了解竞争者分销渠道选择、渠道管理和物流体系等，有助于企业评估自身分销渠道的优劣，为渠道优化和拓展提供依据。

任务评价

1. 根据任务的内容，对任务进行评分。

序号	考核要点		所占分值	评价标准	得分
1	素养层面	对待学习的态度和积极性	10 分	推迟提交，按推迟天数扣分	
2		沟通与表达能力	10 分	对文档进行流畅地演讲	
3	能力层面	报告架构能力	20 分	文档完整性高	
4		报告撰写能力	30 分	任务内容图文并茂	
5		报告呈现能力	10 分	WORD 格式规范程度高	

续表

序号	考核要点		所占分值	评价标准	得分
6	知识层面	基础概念的识记与理解程度	20 分	能够熟知的微观环境主要因素	
		总分			

2. 掌握技能与知识。

3. 新的体会及感悟。

4. 其他收获。

任务四　掌握工程机械营销环境分析方法

学习目标

1. 知识目标
（1）了解营销环境分析的重要性，理解其对工程机械企业的影响。
（2）掌握营销环境分析的基本工具和方法，包括 SWOT 分析、PEST 分析等。
2. 能力目标
（1）能够运用营销环境分析工具，对工程机械企业的内外部环境进行全面分析。
（2）培养在复杂多变的营销环境中，运用分析工具进行决策和解决问题的能力。
3. 素养目标
（1）培养对不断变化的市场环境的适应能力和心理韧性。
（2）培养在营销环境分析中遇到困难时，寻找解决问题的路径。

任务描述

对于营销环境分析，需要有基本的工具和方法，才能对宏观、微观、内部和外部进行全面分析，识别企业的优势、劣势、机会和威胁，制定相应的营销策略。李小明需要学习环境分析的方法，并熟练运用。

任务要求：通过互联网、书籍等方式，应用 SWOT 分析的方法，以三一集团为例，对其进行分析，并以 WORD 文档的方式呈现报告，字数不少于 400 字。

任务实施

1. 任务准备

通过互联网、书籍、纪录片等方式，搜集整理资料信息。

2. 任务操作

（1）收集关于公司、市场、竞争对手和行业的信息。

项目二　分析工程机械市场营销环境　33

（2）识别公司的优势和劣势，优势包括公司的品牌、产品质量、服务、价格等，劣势包括公司的市场份额、竞争对手的产品等。

（3）分析市场与行业的机会和威胁。机会包括新市场的开发、新技术的应用等，威胁可以是竞争对手的促销活动、市场需求的下降等。

（4）将优势、劣势、机会和威胁分类整理，构造SWOT矩阵。

（5）根据SWOT矩阵，制定相应的营销策略。

3. 任务提示

（1）搜集资料要全面而翔实。

（2）文档内容条理清晰，具有逻辑关系。

知识链接

1. PEST 模型

为了系统地分析影响企业营销活动的各种环境要素，人们提出了各种各样的营销环境分析模型，其中，最著名的营销环境分析模型是PEST模型，即"政治—经济—社会—技术"模型。

PEST模型是用来帮助企业分析外部宏观环境的一种方法。对宏观环境因素作分析，不同行业与企业根据自身特点和经营需要，分析的具体内容会有差异，但一般都应对政治（Political）、经济（Economic）、社会（Social）和技术（Technological）这四大类影响企业主要外部环境的因素进行分析，如图2-2所示。

PEST 分析模型

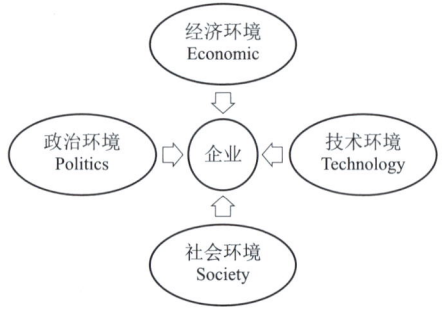

图 2-2 PEST 模型

（1）P即Politics，政治要素，是指对组织经营活动具有实际与潜在影响的政治力量和有关的法律、法规等因素。法律环境主要包括政府制定的对企业经营具有约束力的法律、法规，如《反不正当竞争法》《税法》《环境保护法》以及《外贸法》等。

（2）E即Economic，经济要素，是指一个国家的经济制度、经济结构、产业布局、资源状况、经济发展水平以及未来的经济走势等。构成经济环境的关键要素包括GDP的变化发展趋势、利率水平、通货膨胀程度及趋势、失业率、居民可支配收入水平、汇率水平、能源供给成本、市场机制的完善程度、市场需求状况，等等。

（3）S即Society，社会要素，是指组织所在社会中成员的民族特征、文化传统、价值观念、宗教信仰、教育水平以及风俗习惯等因素。构成社会环境的要素包括人口规模、年龄结构、种族结构、收入分布、消费结构和水平、人口流动性等。

（4）T即Technology，技术要素，其不仅仅包括那些引起革命性变化的发明，还包括与企业生产有关的新技术、新工艺、新材料的出现和发展趋势以及应用前景。

2. SWOT 分析

SWOT 分析又称为态势分析模型，是一种常用的战略分析工具，其四个英文字母分别代表优势（Strength）、劣势（Weakness）、机会（Opportunity）、威胁（Threat）。优势和劣势主要关注的是企业或项目内部的因素，而机会和威胁则更多地关注外部环境。

通过 SWOT 分析，可以帮助决策者分析环境，明确自身的定位，了解自己相对于竞争对手的优势和劣势，以及外部环境可能带来的机会和威胁，通过调查列举出来，并依照矩阵形式排列，然后用系统分析的思想，把各种因素相互匹配起来加以分析，从中得出一系列的战略决策，如图 2-3 所示。

SWOT 分析模型

```
              I                    II
              SO                   WO
          （优势-机会）战略      （弱点-机会）战略
    S ─────────────────────┼───────────────────── W
              III                  IV
              ST                   WT
          （优势-威胁）战略      （弱点-威胁）战略
```

图 2-3 SWOT 分析战略决策

（1）SO（优势-机会）策略：利用公司的内部优势把握外部机会，最大程度发挥优势。当企业具有特定的优势，而外部环境又为发挥这种优势提供了有利的机会时，可以采取该战略。

（2）ST（优势-威胁）策略：利用企业的优势，回避或减少外部威胁对企业造成的不利影响，旨在利用自身优势，回避或减轻外部威胁所造成的影响。

（3）WO（弱点-机会）策略：借助外部机会弥补内部弱点，使企业改劣为优，即通常可利用外部机会来弥补自身弱点，使企业改劣势而获取优势的战略。若存在外部机会，但由于企业存在一些内部弱点而妨碍其利用机会，则可采取措施先克服这些弱点。

（4）WT（弱点-威胁）策略：旨在减少内部弱点，从而减轻外部威胁对企业造成的不利影响，是一种旨在减少内部劣势，回避外部环境威胁的防御性技术。

任务评价

1. 根据任务的内容，对任务进行评分。

序号	考核要点		所占分值	评价标准	得分
1	素养层面	对待学习的态度和积极性	10 分	推迟提交，按推迟天数扣分	
		沟通与表达能力	10 分	对文档进行流畅地演讲	
2	能力层面	报告架构能力	20 分	文档完整性高	
		报告撰写能力	30 分	任务内容图文并茂	
		报告呈现能力	10 分	WORD 格式规范程度高	

续表

序号	考核要点		所占分值	评价标准	得分
3	知识层面	基础概念的识记与理解程度	20分	能够熟知环境分析的各种工具	
总分					

2. 掌握技能与知识。

3. 新的体会及感悟。

4. 其他收获。

项目实施

认识工程机械市场营销项目工作单

姓名：_____ 班级：_____ 学号：_____

所查阅资料情况

序号	资料内容	资料来源	备注

三一挖掘机在世界销售第一的主要营销方式

序号	主要营销方式	所起到的作用	备注

项目过程中出现问题	解决办法

项目评价

序号	考核要点		所占分值	评价标准	得分
1	素养层面	团队合作与沟通表达	10 分	具备良好的沟通能力和团队合作能力	
2		创新意识	10 分	具备市场洞察力和创新能力	
3		勤奋与进取精神	10 分	具备持续学习和自我提升的意识	
4	能力层面	能够开展市场营销活动	20 分	能够识别市场环境宏观与微观的各个要素	
5		运用环境分析工具	20 分	能够将市场环境分析工具运用到市场营销活动	
6	知识层面	基础概念的识记与理解程度	10 分	了解市场环境的基本概念	
7			10 分	掌握市场环境的各个要素	
8			10 分	掌握市场环境分析的工具	
			总分		

拓展项目

一、任务内容

以小组（3~6 人一组）为单位，通过调研（实地或者网络）一家工程机械企业，分析数智化的发展对企业产生的影响，以及该企业工程机械营销环境，通过小组讨论和交流，撰写分析、讨论报告

二、任务要求
1. 在任务过程中通过小组分工查询资料，得到全面的报告。
2. 内容要求详细、翔实、条例清晰，具有逻辑性

三、任务实施
1. 组建小组，3~4 人为一小组，选出组长。
2. 围绕某一工程机械品牌的营销环境，分工查阅资料。
3. 根据查询资料，对数据整理分析，得出调研结论。
4. 根据分工编写 PPT 汇报材料。
5. 对汇报材料进行练习，选出 2 个代表进行汇报

四、任务评价

序号	考核要点	所占分值	评价标准	得分
1	上交情况	15 分	推迟提交，按推迟天数扣分	
2	文档完整	30 分	PPT 不少于 10 张，图文并茂	
3	PPT 精美程度	20 分	PPT 美观程度，大方美观	
4	演讲呈现	35 分	完整地对 PPT 进行演讲	
		总分		

五、指导老师评语

日期： 年 月 日

项目训练

1. 单项选择题

（1）（ ）是用来帮助企业审查其外部宏观环境的一种方法。
A. PEST 分析法　　　　　　　　　　B. SWOT 分析法
C. 五力分析模型　　　　　　　　　　D. 以上均不是

（2）企业应根据环境变化的趋势和行业的特点，采取相应的营销策略。这是根据市场营销环境特征中的（　　）确定的。
A. 客观性　　　　　　　　　　　　　B. 差异性
C. 多变性　　　　　　　　　　　　　D. 相关性

（3）属于宏观环境分析中社会环境因素的是经济发展水平、消费水平、供求状况、（　　）、通货膨胀与物价。
A. 顾客购买行为　　　　　　　　　　B. 生活方式
C. 地区经济发展差异　　　　　　　　D. 教育水平

（4）SWOT 分析中 ST 的代表含义是（　　）。
A. 优势-机会　　　　　　　　　　　B. 优势-威胁
C. 弱点-机会　　　　　　　　　　　D. 弱点-威胁

（5）宏观分析中的社会公众包括政府机构、媒体、行业协会、（　　）。
A. 竞争对手　　　　　　　　　　　　B. 供应商
C. 企业高管　　　　　　　　　　　　D. 消费者组织

2. 多项选择题

（1）市场营销环境的特征有（　　）。
A. 客观性　　　　　　　　　　　　　B. 差异性
C. 多变性　　　　　　　　　　　　　D. 相关性

（2）宏观层面环境分析主要包括（　　）。
A. 政治环境　　　　　　　　　　　　B. 经济环境
C. 社会环境　　　　　　　　　　　　D. 技术环境
E. 自然环境

（3）微观层面环境分析主要包括（　　）。
A. 企业内部环境　　　　　　　　　　B. 供应商
C. 社会公众　　　　　　　　　　　　D. 顾客
E. 竞争者

（4）PEST 模型的 PEST 代表（　　）。
A. 政治　　　　　　　　　B. 经济　　　　　　　　C. 社会
D. 人口　　　　　　　　　E. 技术

（5）SWOT 分析又称为态势分析模型，是一种常用的战略分析工具，S、W、O、T 分别代表（　　）。

A. 优势　　　　　　　　B. 劣势　　　　　　　　C. 机会

D. 威胁　　　　　　　　E. 技术

3. 判断题

（1）构成营销环境的诸因素都受众多因素的影响，每一环境因素随着社会经济的发展而不断变化。（　　）

（2）营销环境诸因素间相互影响、相互制约，某一因素的变化不会带动其他因素的相互变化，形成新的营销环境。（　　）

（3）作为投资拉动需求的挖掘机行业，无可避免地会受到经济周期性波动带来的影响。（　　）

（4）工程机械产品的销售额趋势基本与销售量一致。（　　）

（5）经过多年的发展，中国工程机械行业在国际上的影响力与话语权也迅速增强。（　　）

4. 案例分析题

工程机械行业是中国机械工业的主要支柱产业之一，关于中国工程机械行业的介绍如下：

工程机械行业是典型的强周期行业，在产品销售上呈现明显的周期性。工程机械属于高端装备制造业，对投资规模和技术水平要求非常高，其生产特点是多品种、小批量，属于技术密集、劳动密集和资本密集型行业。

全球工程机械制造业主要集中在美国、日本、西欧和中国四个地区，占有 80% 以上的生产份额。全球有一定规模的工程机械生产企业在 2 000 家左右，经过多年的竞争、兼并和重组，目前已经形成了十余家大型跨国公司。国际市场工程机械生产厂商主要集中在美国、日本、北欧等地区。目前，卡特彼勒、小松、特雷克斯、利勃海尔、沃尔沃、约翰－迪尔、日立建机等大型跨国制造商控制着全球工程机械市场 70%~80% 的份额。这些大公司以强大的经济实力、先进的技术水平和管理经验，引领着行业发展。

经过 50 多年的发展，中国工程机械行业已基本形成了一个完整的体系，并已经具备自主创新、对产品进行升级换代的能力。目前，中国已成为世界工程机械生产大国和主要市场之一，工程机械产量仅次于美国、日本，位居全球第三位，国内市场总量占世界市场近 1/6。但由于国家产业政策调整和行业对外开放步伐的加快，工程机械行业已成为完全竞争性行业，民营企业和外资企业纷纷进入该领域，部分工程机械产品出现了产能过剩的局面，如装载机和叉车，市场竞争压力加大。

"十四五"开局之年，全年高增长可期，基建和地产投资在"十四五"期间预计保持稳中有升，并提出了具体的城镇化率目标，城镇化率持续上行将带来工程机械保有量的不断增长。"碳中和"背景下环保政策趋严，更新换代及产能置换需求后续有望陆续释放，行业销量中枢将不断提升，有利于进一步平滑行业周期波动。以小挖为代表的工程机械设备机器换人空间广阔，预计销量占比有望提升至 70%~80% 的水平；工程起重机吨位预计将继续上移，销售收入增速高于销量增速。

未来，国内工程机械行业市场仍然充满机会。面对市场变化，传统上以制造能力见长的各行业龙头企业正在积极引入智能概念，开辟新的市场，"智能制造"正成为一批中国制造业企业发展的新方向。据了解，到 2025 年，预计制造业重点领域将全面实现智能化，试点示范项目运营成本将降低50.00%，产品生产周期将降低50.00%，不良品率将降低50.00%。

全球经济贸易形势严峻对工程机械行业的影响危中有机，展望未来，"智能制造""工业互联网""大数据"等未来有望重塑行业生态。工程机械行业具备设备产品多样化、生产过程离散、供应链复杂等特征，未来将朝无人化、数字化、智能化的方向发展。

思考题：
（1）请结合案例分析市场营销环境的特征。
（2）请选用合适的市场营销环境分析模型进行工程机械营销环境分析。

项目三　工程机械客户购买行为分析与调研

学习目标

【知识目标】
1. 掌握工程机械产品市场的概念。
2. 掌握工程机械产品市场的分类和特性。
3. 掌握影响工程机械产品采购的类型和过程。
4. 掌握影响工程机械产品购买的因素。
5. 掌握市场调研基本流程与技术方法。

【技能目标】
1. 具备工程机械产品类型及行为的分析能力。
2. 根据工程机械产品市场购买决策过程及影响因素，制定并实施相应的营销策略。
3. 具备一定的市场调研能力，能制定调研方案和调研问卷并能撰写调研报告。

【素养目标】
1. 培养学生敏锐的观察力和洞察力。
2. 树立诚信理念，科学引导用户购买行为。

知识全景图

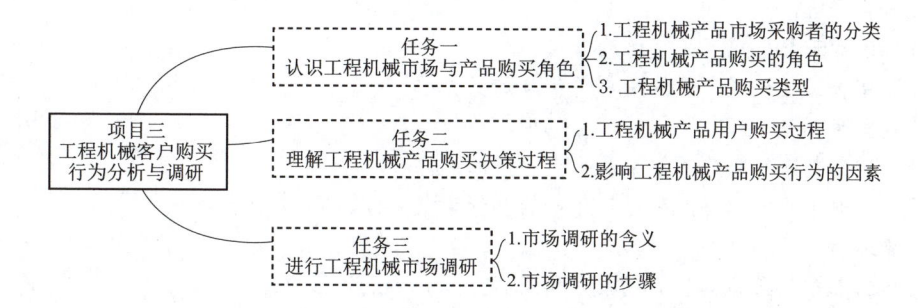

```
                        ┌─────────────────────────┐    1.工程机械产品市场采购者的分类
                        │   任务一                 │    2.工程机械产品购买的角色
                        │ 认识工程机械市场与产品购买角色 │    3.工程机械产品购买类型
                        └─────────────────────────┘
  ┌──────────────┐      ┌─────────────────────────┐    1.工程机械产品用户购买过程
  │ 项目三        │──────│   任务二                 │    
  │ 工程机械客户购买 │      │ 理解工程机械产品购买决策过程 │    2.影响工程机械产品购买行为的因素
  │ 行为分析与调研  │      └─────────────────────────┘
  └──────────────┘      ┌─────────────────────────┐    1.市场调研的含义
                        │   任务三                 │    
                        │ 进行工程机械市场调研       │    2.市场调研的步骤
                        └─────────────────────────┘
```

项目描述

2023年8月9日，三一新能源自卸车交付仪式在河南省成功举办，10台三一321新能源自卸车圆满交付河南某矿山运输公司，该公司已多次采购同样车型，累计采购量达22台，充分表明了对三一新能源自卸车产品品质的认可。

在交付仪式上，运输公司负责人杨总谈到，与三一的合作是经过深思熟虑后的选择。通过对多个品牌车型进行试用对比，发现三一的新能源自卸车在动力、能耗、操控性能、稳定性上都表现十分优异。特别是前期采购的三一321新能源自卸车，在车辆行驶中噪声低、爬坡动力强，并且运营成本更低、充电也非常方便，为公司绿色升级提供了非常可靠的产品。

三一321新能源自卸车采用优化的电池布局，具备灵活的转弯性能和稳定的行驶特性。矿山版动力链设计赋予车辆出色的驱动力，最大马力为610 hp①，最大爬坡度增加了30%。车辆结构经过改进，承载能力提升了25%，更加耐用可靠。

在安全性方面，车辆配备重载匀速下坡功能和后桥反托扭矩，保证了下坡时的安全和稳定。同时管路安全设计增强了车辆在矿山工况下的防护性能。总之，三一321新能源自卸车凭借其卓越性能和安全保障成为理想的矿山运输选择。

三一工程车辆始终坚持"以客户为中心"，积极响应国家"双碳"号召，助力更多地方企业的新能源运输业务，并持续传递绿色运力，大力发展智能、绿色、环保的新能源工程机械，实现强强联合、互利共赢，开创绿色运输新时代！

项目工作：请讨论运输公司是如何做出购买三一新能源自卸车的购买决定的。

工程机械产品市场是由工商企业、政府机构、个体经营者和其他各类非营利性组织等购买者组成的市场，它们经常购买大量的机器设备、原料、零部件、物料、办公设备、文书用品、商业咨询与其他服务。工程机械产品购买者以实现业务绩效或赚取利润为目的，与用户为了满足个人或家庭需要而购买消费品是不同的。由于购买的目的（个人与家庭满足对业务运作绩效）和购买的主体（个人与家庭对组织与个体）不同，工程机械产品的购买行为与用户个人或家庭的购买行为有很多相异之处。成功的工程机械产品营销商必须深入了解工程机械产品购买者的购买决策与影响工程机械产品市场购买行为的主要因素。

任务一 认识工程机械市场与产品购买角色

学习目标

1. 知识目标。
(1) 掌握工程机械产品市场的分类。
(2) 掌握工程机械产品的用户角色与购买类型。
2. 能力目标
(1) 具备判断用户购买类型及行为特点的能力。
(2) 针对用户行为特点制定针对性的营销策略能力。
3. 素养目标
(1) 培养学生具备敏锐的观察力和洞察力。
(2) 树立正确的消费理念。

任务描述

李小明接到营销经理张大勇布置的工作任务：我公司研发一款新的挖掘机，根据产品功能及特性，分析该产品市场的采购者类型、用户购买角色以及购买类型，制订一份促销活动计划。赵经理要求李小明在认真学习相关知识后再完成相应的工作任务。李小明欣然接受。

---

① 1 hp = 0.746 kW。

任务要求：在掌握新款挖掘机产品知识和市场用户信息基础上，对新产品用户群体做出判断，分析用户群体购买类型，撰写一份适合用户的新产品促销活动计划。

任务实施

1. 任务准备

以小组为单位，制订并实施学习任务计划，提前了解新产品各项功能，搜集挖掘机市场客户相关信息。

2. 任务操作

（1）根据小组任务要求，搜集挖掘机市场用户群体相关信息。
（2）依据搜集的资料，完成用户群体采购类型、购买角色与购买类型分析。
（3）撰写一份针对新产品的促销活动计划。

3. 任务提示

（1）在任务分析过程中，一定要准确把握用户群体购买行为的特点。
（2）在计划撰写中，做到层次清晰、结构合理。

知识链接

1. 工程机械产品市场采购者的分类

工程机械产品市场采购者可分为 5 大类：工业用户；中间商；政府机构；非营利性组织；个体经营者。

1）工业用户

工业用户是指购入产品与服务来生产制造其他产品与服务，以供销售、租赁或供应他人的商家。这是最大的工程机械产品购买者，包括制造、建筑、运输、通信、银行、金融、保险、农、林、渔、矿、电力等行业的业者。工业用户可分为 3 大类。

（1）原设备制造厂。

这一类厂商是将购入的工程机械产品装配或整合在其所制造的产品内，再将其产品卖到消费品市场或工程机械产品市场。例如，汽车制造厂是汽车零件供应商的原设备制造厂，液压泵制造厂是起重机制造厂的原设备制造厂。

（2）产品最后使用者。

这一类厂商购买工程机械产品是用来执行业务或生产作业，并不是将购入的工程机械产品整合或装配在自己的产品内。例如，汽车制造厂是工具和机器人制造厂产品的最后使用者。

（3）产品中间使用者。

这一类厂商购买原料、物料、零件等半成品作为生产的投入，目的在于再生产其他的产品。

2）中间商

中间商是指那些将购入的产品再销售或租赁以获取利润的商家，如经销商、批发商和零售商。他们创造时间、地点及所有权效用。中间商为其用户扮演采购代理人的角色，购买各种产品来转售给用户。

3）政府机构

政府机关包括中央及地方各级政府机构，这些机构购买或租赁设备，以履行政府的主要功能。

4）非营利性组织

除了营利性企业和政府机构之外，工程机械产品市场还包括医院、大学、宗教组织、政党、军队、社会团体等非营利性组织。

5）个体经营者

工程机械产品采购者除了组织之外，还有一部分个体经营者，他们个人采购的工程机械产品是为了出售或出租，而不是为了自己的消费，因此，他们也是工程机械产品市场的组成部分。

个体经营者在整个工程机械产品采购者中所占比重很少，组织类采购者占了绝大部分，因此，一般来讲，工程机械产品营销中的采购者（也就是客户）大多是指组织类采购者。

【同步案例 3-1】

徐工拓宽供应链"朋友圈"，进博会签下 5 000 万美元采购订单

第四届中国国际进口博览会上，徐工与戴姆勒、MTU、沃尔沃和米其林签订了包括底盘、发动机、轮胎等产品在内的采购意向协议，签约总价值达 5 000 万美元。"此次签约意在更好地巩固双方战略合作伙伴关系，锁定海外核心零部件资源，并在未来进一步深化合作。"徐工供应公司总经理蒋大为告诉记者，徐工坚持"走出去"与"引进来"相结合，拓宽供应链"朋友圈"，通过吸收先进技术和先进零部件，提升工程机械设备技术水平，抢占国际市场话语权。

在本届进博会上，徐工在与国际头部企业合作和拓宽供应链"朋友圈"方面表现积极。面对"双碳"战略推进带来的绿色发展机遇，徐工在此次进博会上加大合作力度，拓展合作领域，强化产业链协同，构建起了更加多元的业务"朋友圈"和产业"生态圈"。

2. 工程机械产品购买的角色

在工程机械产品购买过程中，必须有人去扮演以下 6 种角色。

1）使用者

使用者是指使用产品或服务的人。在很多情况下，使用者往往是最初提议购买的人，也是协助制定产品规格的人。

2）影响者

影响者是指影响购买决策的人。他们通常协助制定产品规格，并且提供评估方案的信息。技术人员是特别重要的影响者。

3）决定者

决定者是指决定产品需求及（或）供应商的人。

4）批准者

批准者是指批准决定者或购买者所建议的行动的人。

5）购买者

购买者是指拥有正式职权去选择供应商及安排采购条件的人。购买者可能会协助制定产品规格，但他们的主要角色仍在于选择供应商及进行谈判。在较复杂的采购中，购买者可能包括参与谈判的高层主管。

6）守门者

守门者是指有权阻止卖方去接触或把信息传送给购买中心成员的人，购买中心是指购买组织的决策单位。例如，采购代理商、接待员及电话总机人员皆可能阻止推销人员去会见使用者或决定者。

3. 工程机械产品购买类型

工程机械企业采购者行为的复杂程度和采购决策项目的多少，取决于采购业务类型。业务类型大致可分为三种：一种是直接重购，基本上属于复杂程度最低、决策项目最少的惯例化决策；第二种是修正后重购，企业需做一定的市场调查；第三种是新购买，企业需要做大量的调查研究，其决策过程最复杂，决策项目最多。三种购买类型的特征见表3-1。

表3-1 三种购买类型的特征

直接重构	修正后重购	新购买
所需时间少	普通	多
购买中心的规模少	中等	大
信息需要最少	中等	最多
考虑的个案无	很少	许多
新奇无	普通	高
决策复杂性低	中等	中-高
频率经常	重复	不常

1）直接重购

直接重购是指客户按照原有的购买方案不做任何调整，直接进行采购的业务。这是一种重复性的采购活动，供应者、购买对象、购买方式等都不变，按一定程序办理即可。面对这种采购，原有的供应商应努力保持产品和服务的质量水平，尽量简化手续，提高工作效率，节约顾客的时间。此外还要经常保持与顾客的联系，一方面随时了解对方的满意程度，及时解决问题；另一方面通过沟通加深感情，维持长期稳定的供应关系。此时，新的供应商竞争机会很少，但也不要轻易放弃，可从零星小量交易开始，逐步扩大，力争一席之地。

2）修正重购

修正重购是指产业用户改变原方案，如对产品的规格、型号、价格、交货期等要素提出新的要求来进行采购业务。这种采购活动比较复杂，参与采购决策的人数也较多。该类型采购对原有的供应商是威胁，他们应了解顾客提出新要求的原因及确切内容，以便决定是否要迎合顾客的新需要改变供应工作，抑或放弃该顾客。相反，对新的供应商来说，这种类型的采购是一次机会，应充分利用，争取订单。

3）新购买

新购买是指采购者首次购买产品或服务的购买情境。新购买所涉及的成本及（或）风险越高，决策参与者的人数越多，所搜寻的信息越多，决策完成的时间也就越长。这种新购买的情境是营销人员最大的机会，也是最大的挑战。营销人员应设法尽可能多去接触那些能影响购买决策的人，并提供有用的信息与协助。由于新购买会涉及复杂的决策问题，因此许多公司会指派最好的采购人员组成"采购小组"来负责新购买的任务。

新购买会历经数个阶段，如以创新扩散的角度来看，新购买包括知晓、兴趣、评估、试用及采用等阶段。沟通工具在每个阶段都有不同的重要性。在初期的知晓阶段，大众媒体是最重要的沟通工具；在兴趣阶段，以销售人员的影响力最大；在评估阶段，则以技术来源最重要。营销人员在新购买过程中的各个阶段需要采用不同的沟通工具。

任务评价

1. 根据任务的内容，对任务进行评分。

序号	考核要点		所占分值	评价标准	得分
1	素养层面	对待学习的态度和积极性	10 分	推迟提交，按推迟天数扣分	
2		沟通与表达能力	10 分	对文档进行流畅地演讲	
3	能力层面	报告架构能力	20 分	文档完整性高	
4		报告撰写能力	30 分	任务内容图文并茂	
5		报告呈现能力	10 分	WORD 格式规范程度高	
6	知识层面	基础概念的识记与理解程度	20 分	能够熟知市场营销的各种主要概念	
	总分				

2. 掌握技能与知识。

3. 新的体会及感悟。

4. 其他收获。

任务二　理解工程机械产品购买决策过程

学习目标

1. 知识目标
（1）掌握工程机械产品用户的购买过程。
（2）掌握影响工程机械产品购买行为的因素。
2. 能力目标
（1）能够根据工程机械产品市场购买决策过程及影响因素进行分析。
（2）基于分析的结论制定并实施相应的营销策略。
3. 素质目标
（1）培养学生科学决策的能力。
（2）树立绿色消费的理念。

任务描述

李小明完成了一份新款挖掘机促销活动计划，营销经理张大勇看过之后很满意，对李小明表现大加表扬。随机又布置新的任务：通过收集资料，分析新产品推广与用户需求和购买行为，拍摄制作一份新款挖掘机推介视频，掌握用户购买行为分析的主要内容。

任务要求：在掌握新款挖掘机功能信息的基础上，分析用户群体购买行为，拍摄制作一份新款挖掘机推荐视频。

任务实施

1. 任务准备

以小组为单位，制订并实施学习任务计划，提前了解新款挖掘机功能，初步考察拍摄场地。

2. 任务操作

（1）根据小组任务要求，了解新款挖掘机产品相关信息。
（2）通过收集用户信息，完成用户群体购买行为分析。
（3）完成新款挖掘机推荐视频脚本的撰写。
（4）分组拍摄制作短视频。

3. 任务提示

（1）做好用户群体购买行为分析。
（2）视频表现要紧扣主题思想。

知识链接

研究工程机械产品营销的学者大多将工程机械产品购买行为看作是一连串的决策制定过程，通过这个过程，工程机械产品市场的购买者确定其对产品的需求，寻找可能的供应来源，评估并选定品牌与供应商，最后进行一般的采购业务。

1. 工程机械产品用户购买过程

将工程机械产品用户的购买过程分为问题确认、一般需要描述、产品规格、供应商搜寻、报价征求、供应商选择、签订订购合约和绩效评估 8 个步骤，如表 3-2 所示，所有的这 8 个步骤皆适用于新购买的情境，而其他两种购买情境则只适用其中的某些步骤。下面将介绍适用于新购买的 8 个步骤。

表 3-2 主要购买情境（购买类别）与主要购买步骤

项目		新购买	修正购买	直接购买
购买步骤	1. 问题认识	是	可能	否
	2. 一般需要描述	是	可能	否
	3. 产品规格	是	是	是
	4. 供应商搜寻	是	可能	否
	5. 报价征求	是	可能	否
	6. 供应商选择	是	可能	否
	7. 签订订购合约	是	可能	否
	8. 绩效评估	是	是	是

1）问题认识

采购过程始于公司内有人认识到某个问题可能需要取得某一产品或服务而获得解决。

项目三　工程机械客户购买行为分析与调研　47

问题的确认可由公司内部或外部刺激而发生。以内部刺激来说，最常引发问题确认的事件如下。

（1）公司决定开发一种新产品，需要新设备与材料来生产该产品。
（2）机器故障，需要更换或换装新零件。
（3）已购材料不合用，公司决定另找供应商。
（4）采购经理发现有获得较低价格或较佳品质的机会。

就外部刺激而言，采购者可能在展览会中获得新构想或看到广告，或接到推销员来电话提供较佳的产品或较低的价格。营销人员可通过广告或拜访潜在客户等方式来引发问题认识。

2）一般需要描述

确认某种需要之后，采购者将进而决定所需产品的一般特性与数量。就标准产品而言，这项工作并不难。但就复杂的产品而言，采购者将与他人（如工程师、使用者等）共同来确定产品的一般特性，他们将设定可靠度、耐用性、价格及其他产品属性的重要性。营销人员可以在此阶段协助采购者，提供给采购者购买各种产品的参考标准。

3）产品规格

采购者要明确该项产品的技术规格，这项工作可委托产品价值分析工程小组来负责。产品价值分析是一种降低成本的方法，其做法是通过对产品属性的审慎研究来决定是否能重新设计、标准化或以较便宜的生产方法来制造产品。这个小组将检视这个产品中那些成本高的部件——通常20%的零件占了80%的成本；同时也要找出设计过度的产品零件，以免零件的寿命超过产品本身的寿命。工程小组将决定最合适的产品特性。严谨的书面分析报告可使采购者拒绝不符合标准的产品。

供应商也可使用产品价值分析作为定位的工具，以争取客户。凭借及早介入及影响采购者的产品规格，供应商可以有较好的机会被选为供应商。

4）供应商搜寻

在此步骤，采购者要试着去找寻最合适的供应商，采购者可以通过查找工商名录、利用互联网搜寻、打电话请其他公司推介、注意商业广告，以及出席展览会等方式找寻。供应商的工作是要把自己列名在主要的名录中，开发有力的广告及促销方案，并在市场上建立良好的信誉。有些供应商因为缺少足够的生产能力，或是因为信誉差而被摒弃在外。对于初审合格的供应商，采购者可能会去考察他们的制造设施，会晤相关人员。最后，采购者会列出一份够资格的供应商名单。

5）报价征求

接着，购买者将邀请合格的供应商提出报价。有些供应商可能只寄来一份目录或派一位销售代表。当产品较复杂或较昂贵时，购买者将要求供应商提供详细的书面报价，由此剔除一些供应商，并要求余下的供应商作正式的简报。

因此，营销人员在研究、撰写及陈述报价等方面必须有技巧，他们提出的报价单应该是营销性文件，而非仅是技术性的文件。另外，在口头简报时也应能让购买者信服。他们应着力展现公司的能力及资源，以便从竞争中脱颖而出。

6）供应商选择

在此步骤，采购中心将列出供应商的属性及各属性的相对重要性，采购中心将以这些属性来评比各入选的供应商，以便找出最具价值的供应商。

采购中心可能会在做最后选择之前与其所中意的供应商谈判，希望能够取得较便宜的价格和较佳的交易条件。营销人员会在许多方面遭到降低价格的要求，营销人员可强调购买者所收到的服务的价值，特别是那些优于竞争者所提供的服务。营销人员可以向采购者说明使用其产品的"生命周期成本"低于竞争者，即使价格较高也划算。

采购中心也必须决定要选用多少家供应商。许多采购者喜欢面对多家的供应商，以免过分倚赖某一家供应商，而且也可以比较各供应商的价格与绩效。采购者通常会将大部分的订单交给一家供应商，而把剩下的订单交给其他的供应商。例如，某家公司向主要的供应商购买60%的商品，而另外30%与10%则分别向另外两家供应商购买。主要供应商将会努力保护其主要的地位，而次要供应商则将设法扩大其供应占有率。同时，落选的供应商亦将设法以特低价格争得一席之地，然后再努力扩充其占有率。

7）签订订购合约

采购者现在要与选出的供应商洽谈最后的订单，他将列出技术性规格、所需数量、预期交货时间、退货政策、保证等条件。在维护、修理与营运项目，购买者逐渐采用"一揽子合约"，而不是"周期性的采购订单"。一揽子合约是和供应商建立一种长期的关系，供应商承诺在一段特定时间内按协议的价格和条件供应采购者所需数量的货物，这样可以避免按期重复签约的麻烦。在这种情况下，存货转由供应商持有，因此有零库存采购计划之称。当需要存货时，采购者的电脑会自动送订单给供应商。

8）绩效评估

最后，采购者将考核特定供应商的绩效。一般可采用3种方法：采购者可要求使用者做评估；采购者可采用加权点数法，根据若干评估标准来评估供应商；采购者也可通过累计绩效不佳成本来调整采购成本（包括价格）。绩效评估的结果可能导致采购者继续、修正或中止与某位供应商的关系。供应商应注意采购者与使用者所使用的评估标准。

以上所述是新购买情境的购买步骤。在修正重购或直接重购的情境中，某些步骤可能加以合并或跳越。例如，在直接重购的情境中，采购者通常会有一家中意的供应商或一份按优先顺序排列的供应商名单，采购过程中的每一个步骤都会剔除一部分的供应商，使可供选择的供应商数目逐渐减少。

【知识拓展3-1】

满意程度的两种理论

（1）"预期满意"理论。该理论认为，用户购买产品以后的满意程度（S）是其产品期望（E）和该产品可察觉性能（P）的函数，即$S=f(E, P)$。如果感受到的产品效用达到或超过购前期望（$E≤P$），用户就会感到满意，超出越多，满意感越大；如果感受到的产品效用未达到购前期望（$E>P$），用户就会感到不满意，差距越大，不满意感越强烈。因此，企业切忌夸大其词地宣传产品，西方有的企业甚至提倡较为保守地宣传，避免用户形成过高的产品预期，以便提高其满意体验。

（2）"认识差距"理论。这种理论认为，用户在使用所购产品时，无论如何都不会满意，因为现实中没有产品能达到与理想产品完全一致的状态，这样，用户会感到心理失调，怀疑购买决策的正确性。此时，企业应当采取有效措施减少或消除用户的购后失调感。比如，有的耐用品经营企业产品售出以后，请顾客留下姓名、地址、电话，定期与顾客联系，祝贺他们买了一件理想产品，通报本企业产品的质量、服务和获奖情况，指导顾客正确使用产品，征询改进意见等，还可建立良好的沟通渠道处理来自顾客的意见和抱怨，并迅速赔偿顾客所遭受的不公平损失。事实证明，与顾客进行购后沟通可以减少退货和投诉，有利于建立良好的公众形象,从而减轻顾客购买后的失调感。

2. 影响工程机械产品购买行为的因素

工程机械产品购买者在做购买决策时,常受到许多因素的影响。许多营销人员认为最重要的影响力是经济效益,他们认为工程机械产品购买者偏好那些价格低、品质好或服务佳的供应商,所以营销人员应提供给工程机械产品购买者足够的经济效益。

但事实上,工程机械产品购买者在做购买决策时,除了考虑经济因素之外,往往也会考虑到一些非经济的因素。例如,为了取得私下的回扣或为了引起别人的重视,或为了避免风险,工程机械产品购买者有时会做出不符合经济效益或感性色彩浓厚的采购决策。工程机械产品采购人员同样有其人性的一些特点,他们也会凭某种感情和印象来做决策,在那些关系较亲密或较尊重自己的供应商处采购,而不考虑那些对询问价格不理不睬或怠于回答的供应商。因此,营销人员应注意组织购买情境中的人性因素与社会因素。

工程机械产品采购人员对于经济因素和非经济因素都会有所反应。如果各供应商所提供的条件大致相同,采购人员就无法从理性的原则去做选择,不论他选择哪家供应商都能符合组织的目标,此时他自然就考虑人际关系了。相反的,当不同供应商的产品差异很大时,组织的采购人员就会更加注意经济因素。

一般而言,影响工程机械产品购买决策的因素可分为4大类,包括环境因素、组织因素、人际因素和个人因素,见表3-3。

表3-3 影响工程机械产品购买行为的主要因素

环境因素	组织因素	人际因素	个人因素
经济环境	目标	地位	年龄
科技环境	政策	权威	所得
政治环境	作业程序	权力关系	教育水准
竞争环境	组织结构	群体关系	性格
文化环境	—	—	—

1)环境因素

影响工程机械产品购买行为的环境因素包括各种宏观营销环境,环境力量的变动常会带来新的购买机会和威胁。

工程机械产品购买者深受目前与预期未来经济环境的影响,例如主要需求水准、预期的经济增长、资金成本等。当经济的不确定性提高时,常导致工程机械产品购买者暂停进行厂房设备的新投资,并降低库存,营销人员在这种情况下很难刺激销售。对于稀有的原材料,工业用户通常会储存较多的存货以免缺货,甚至会与供应商签订长期契约,以保障其供应来源。

工程机械产品购买者也受科技、政治和竞争环境等因素的影响。此外,文化和习俗对工程机械产品购买者的决策也有很大的影响,在国际营销中尤其如此。营销人员应随时注意这些环境因素的变动对工程机械产品购买者的影响,才能将问题或威胁转变为机会。

2)组织因素

每个购买组织或购买中心都有其目标、政策、操作程序和组织结构,这些组织因素对组织的购买决策常会有很大的影响力，营销人员应尽可能去了解这些组织因素，诸如：

（1）购买中心的管理层级有多少？
（2）有多少人参与购买决策？是哪些人？
（3）购买中心成员间的互动程度如何？
（4）购买中心的选择或评估标准是什么？
（5）组织的购买政策有什么？对购买者有哪些限制？

3）人际因素

人际因素是指购买中心成员间的关系。购买组织通常有许多位成员，他们的地位、权威和彼此间的权力关系与群体关系各有不同，彼此互相影响，营销人员应尽可能去了解组织购买过程中所发生的群体结构。通常情况下，职位高的成员，并不一定有较大的人际影响力。某些成员拥有较大影响力的原因可能是因为他们拥有奖赏权或惩罚权，或因为他们对购买决策有关的事项有专业知识等。

购买中心的人际因素往往很微妙，外人不容易去了解，但营销人员如能了解组织购买决策过程中所涉及的人际因素，将会很有意义。

4）个人因素

个人因素是指购买中心成员的个人特征，包括年龄、收入、教育水准、工作职位和人格等。每个参与组织购买决策的人在购买决策过程中，多少总难免会掺杂入个人的动机、知觉与偏好，这些个人因素受年龄、收入、教育程度、职位、性格等个人特征的影响。不同的采购人员常有不同的采购形态，例如某些年纪轻、教育水准较高的采购者，通常在选择供应商之前会做较多深入的分析；有些采购人员喜欢让供应商互相杀价；有些采购人员则只要供应商品质下降或无法准时交货，就断然采取惩罚行动。营销人员如能了解这些个人因素的影响，根据不同购买人员的特征和偏好，采取不同的做法，自可在工程机械产品市场中争取有利的竞争地位。

【知识拓展 3-2】

受房地产影响，挖掘机上半年内销同比大降44%

6月15日，国家统计局公布，2023年1—5月，房地产开发投资增速、房地产开发企业到位资金增速与房地产开发景气指数等均出现不同程度的下滑。例如，房地产开发投资前5个月仅有45 701亿元，同比下降7.2%，连续3个月出现下滑。同期，基建投资增速也出现阶段性回落：2023年1—3月，基础设施投资同比增长8.8%，1—4月同比增速回落至8.5%，1—5月增速进一步下降至7.5%。基建、地产是挖掘机主要应用领域。7月10日，东吴证券在发布的研究报告中解释说，挖掘机销量下降，受下游项目资金紧张影响。6月工程机械内销下滑幅度仍较大。2023年5月，房屋新开工面积同比下滑27%，地产投资完成额同比下滑22%，地产施工热度未回暖；基建投资完成额2万亿元，同比增长11%，维持较高增速。

作为工程机械设备中的绝对主力，2023年6月，挖掘机主要制造企业销售各类挖掘机15 766台，同比下降24.1%，其中国内6 098台，同比下降44.7%；出口9 668台，同比下降0.68%。2023年1—6月，挖掘机主要制造企业共销售挖掘机108 818台，同比下降24%，其中国内51 031台，同比下降44%；出口57 787台，同比增长11.2%。

安信证券在研究报告中强调，增速表现由于基数原因或有波动，但月均出口规模由2022年上半年8 661台增长至2023年上半年9 631台。其中，东欧、中亚、中东表现出更强的需求弹性。该份研究报告指出，根据中国工程机械工业协会信息可知，1—5月，工程机械出口俄罗斯、沙特、土耳其增速分别达217.7%、156.4%、139.4%，较2022年同期进一步加快；但同期欧美市场增速有所放缓，1—5月出口美国、比利时、德国、英国增速分别为12%、20%、2%、14%。

尽管挖掘机上半年销量不尽如人意，但业内仍对挖掘机市场的下半场充满信心。湘财证券给出如下观点：若地产行业市场企稳，叠加基建投资保持高水平和低基数等，则国内挖掘机需求有望逐渐修复；另一方面，若海外市场份额提升支撑出口保持增长，2023年我国挖掘机销量降幅将有望持续收窄。

任务评价

1. 根据任务的内容，对任务进行评分。

序号	考核要点		所占分值	评价标准	得分
1	素养层面	对待学习的态度和积极性	10分	推迟提交，按推迟天数扣分	
2		沟通与表达能力	10分	对文档进行流畅地演讲	
3	能力层面	报告架构能力	20分	文档完整性高	
4		报告撰写能力	30分	任务内容图文并茂	
5		报告呈现能力	10分	WORD格式规范程度高	
6	知识层面	基础概念的识记与理解程度	20分	能够熟知市场营销的各种主要概念	
	总分				

2. 掌握技能与知识。

3. 新的体会及感悟。

4. 其他收获。

任务三　进行工程机械市场调研

学习目标

1. 知识目标
（1）理解市场调研的含义和目的。
（2）掌握市场调研的基本流程和方法。
（3）熟悉市场调研中常用的数据收集工具和技术。
2. 能力目标
（1）能够根据实际需求，设计有效的市场调研方案。

(2) 能够运用市场调研工具和技术，收集和分析市场数据。
(3) 能够撰写市场调研报告，清晰地呈现调研结果和建议。
3. 素质目标
(1) 树立实事求是的调研理念。
(2) 强化调研数据的可靠性和真实性。

任务内容

经过一段时间的学习，李小明明白了市场营销的第一步是详尽的市场调研，市场调查是企业进行营销决策的客观依据，而编制调查问卷是营销人员的基本功，上级要求编制一份路面工程机械客户的调查问卷，对客户进行实地调研。

任务要求：制作一份针对工程机械目标客户需求的调查问卷，发放不少于 50 份调查问卷，并以 WORD 文档的方式呈现客户需求分析报告，字数不少于 500 字。

任务实施

1. 任务准备

要明确调查的目的，分析目标客户，查阅资料搜集问卷的信息，确定调查方法。

2. 任务操作

(1) 在开始设计问卷之前，必须明确调查的目的，包括想要了解的信息和目标受众。
(2) 设计问卷：根据调查目的，设计问卷内容。问卷应包括必要的问题、选择题、开放性问题等，确保涵盖所有需要的信息。
(3) 确定调查的范围（如地域、行业等）和对象（如目标客户、潜在消费者等）。
(4) 根据调查目的和范围，选择合适的调查方法，如在线调查、纸质调查、电话调查等。
(5) 通过选定的方法，向目标对象发放问卷，并确保回收足够的答卷。对回收的问卷进行数据分析，提取有用的信息。
(6) 解读分析结果，撰写市场调查报告，将结果呈现给决策者或相关人员。

3. 任务提示

(1) 明确市场调查的对象，确保调查针对目标客户。
(2) 问题的设计应简洁明了，避免引导性或双重性的问题。

知识链接

1. 市场调研的含义

市场调研国内外有各种各样的定义，比较普遍的是从企业市场营销的角度来研究市场，并把这一概念从狭义和广义方面加以区分：

狭义的市场调研：指以可能购买商品、消费商品的个人或企业、团体为对象，旨在探讨商品购买、消费的动机和行为等问题所进行的调查研究。

广义的市场调研：指运用科学的方法，有目的、有系统地搜集、记录、整理有关市场营销信息和资料，分析市场情况，了解市场的现状及其发展趋势，为市场预测和营销决策提供客观的、全面的数据资料。

2. 市场调研的步骤

营销调研过程分成确定调研目标、调研问卷编制、培训调研人员、市场调研的方法、市场调研实施、数据搜集处理和调研报告编撰七个步骤，具体如下：

1）确定调研目标

市场环境和宏观经济状况调研：了解目标市场的政治、经济、社会、文化等环境因素，以及宏观经济状况的发展趋势。这些因素会对市场需求和消费者行为产生重要影响，因此需要进行全面的调研和分析。

市场需求调研：通过对目标市场的消费者进行调查和分析，了解他们对产品或服务的需求、偏好、购买习惯等方面的信息。这可以帮助企业了解市场需求的趋势和变化，为产品研发和市场推广提供参考。

竞争对手调研：对竞争对手的产品、价格、营销策略、销售渠道等进行全面调研，了解他们的优势和劣势，以及他们在目标市场中的市场份额和消费者口碑等信息。这有助于企业制定有效的竞争策略，提高市场竞争力。

消费者情况调研：深入了解目标市场的消费者群体，包括他们的年龄、性别、职业、收入、教育程度等方面的信息，以及他们的消费心理和行为特征。这有助于企业更准确地把握市场需求和消费者需求，为产品研发和市场推广提供更加精准的定位。

根据营销目标和市场情况，营销团队可以选择适合的调研目标内容，以获取有价值的市场信息和洞察，从而更好地制定营销策略和推动业务发展。

• **同步案例**

传统重卡企业将卡车单纯看作工程机械，以经销商为主要客户，几乎不与卡友产生直接关系。三一重卡重视营销调研，实施社区研发的开放式创新，以用户需求为中心，与驾驶员共同进行新产品的研发，造卡车人真正想要的卡车。三一重卡董事长在企业创业之初就在卡车之家的论坛里注册，通过建立社群的方式，调研一线卡车用户的真实需求，产品的每项配置都是根据用户需求打造。在论坛中，董事长将三一重卡的新动向和造车思路共享，让大家一起出谋划策参与到卡车的制造过程中来，通过与用户直接互动，三一重卡找到了第一批种子用户。2018年3月，第一批500台英雄版重卡在刚刚上线的"三一卡车"App上预售，只用了53 s便被抢购一空。

其内在逻辑就是要始终关注客户需求，对客户需求进行调研，理解终端用户诉求，并融入产品的制造研发中去，树立"用户至上"的理念，深入到卡友中间，才能够生产出真正符合用户需求和市场需求的卡车产品。

2）调查问卷编制

调查问卷通常可以分成三个主要部分，包括前言、正文和结尾。

（1）前言。

①问卷标题：简明扼要地概括问卷主题。

②卷首语：向被调查者介绍调查的目的、主要内容以及参与调查的好处等。

调查问卷设计

③指导语：详细指导被调查者如何填写问卷，包括选择答案的方法、填写注意事项等。

（2）正文。

①被调查者基本情况：通常放在问卷开头，包括一些封闭式问题，用于收集被调查者的基本信息，如年龄、性别、职业、收入、教育程度等。

②调查主题内容：根据调查目的确定的具体调查项目，是问卷中最重要的部分，包括各类问题，可能是封闭式问题或开放式问题，以及问题的排列顺序等，用于收集被调查者对调

查主题的意见、看法、态度、行为等方面的信息。

③编码：用于后期数据整理和分析时识别被调查者的答案。

（3）结尾。

①结束语：感谢被调查者的参与，有时也可征询被调查者对问卷设计与问卷调查的看法和感受。

②开放式问题：有时会在问卷最后加上一两道开放式问题，给被调查者一个自由发表意见的机会。

• 同步案例

工程机械市场调研问卷

为更好地了解用户对装载机使用过程中的关注点和建议，以便我们后续更好地提供产品和服务方面的改善，设计了此问卷。感谢大家抽出时间参与并提出宝贵意见！

一、用户基础信息

1. 请选择您的年龄范围（单选）

A. 20~30 岁　　　　　　　　　　B. 30~40 岁

C. 40~50 岁　　　　　　　　　　D. 50 岁以上

2. 请选择您的角色类型（单选）

A. 车队采购者　　　　　　　　　B. 个人采购者

C. 车队使用者　　　　　　　　　D. 个人使用者

E. 车队维护人员

3. 请选择您使用过的车辆品牌（多选）

A. 徐工　　　　　　　　　　　　B. 柳工

C. 三一　　　　　　　　　　　　D. 中联

E. 龙工

4. 请选择您的车辆用途（多选）

A. 煤场　　　　　　　　　　　　B. 房地

C. 工地矿山　　　　　　　　　　D. 搅拌站

E. 基建工地　　　　　　　　　　F. 港口

G. 其他（请注明）

5. 请选择您每个月每辆车到手的净收入（多选）

A. 1 万~2 万元　　　　　　　　　B. 2 万~3 万元

C. 3 万~4 万元　　　　　　　　　D. 4 万~5 万元

E. 5 万元以上

6. 请选择您使用设备多少年了（多选）

A. 1 年以内　　　　　　　　　　B. 1~2 年

C. 3~5 年　　　　　　　　　　　D. 5 年以上

7. 请选择您使用设备提供柴油的途径（多选）

A. 正规加油站　　　　　　　　　B. 私人加油站

C. 施工单位提供　　　　　　　　D. 其他（请注明）

8. 请选择您保养的情况（可多选）
A. 按周期在服务站保养　　　　　　　　B. 按周期在站外保养
C. 不太关注保养要求

二、用户购买及核心关注点
1. 您获得设备的渠道是什么？
A. 从经销商渠道购买　　　　　　　　　B. 由公司直接购买
C. 从租赁公司租用设备　　　　　　　　D. 其他渠道
2. 购买时主要考虑哪些因素？
A. 推荐和品牌　　　　　　　　　　　　B. 整体使用成本
C. 产品性能情况　　　　　　　　　　　D. 维修服务情况
E. 二手车出售情况

三、用户对不同品牌的比较
1. 您对已购买和可能会购买的装载机整车品牌认可度的评价排序是怎样的？（多选）
A. 徐工　　　　　　　　　　　　　　　B. 柳工
C. 三一　　　　　　　　　　　　　　　D. 中联
E. 龙工
2. 您认为这些装载机品牌在您所关注的要素里排序如何？
A. 推荐和品牌　　　　　　　　　　　　B. 整体使用成本
C. 产品性能情况　　　　　　　　　　　D. 维修服务情况
E. 二手车出售情况
3. 您认为目前在使用过程中还有哪些尚待解决的问题？
A. 使用成本　　　　　　　　　　　　　B. 产品性能
C. 服务水平　　　　　　　　　　　　　D. 其他方面
4. 您认为未来应该如何解决这些痛点？
A. 降低使用成本　　　　　　　　　　　B. 改善产品性能
C. 提升服务水平　　　　　　　　　　　D. 其他（请注明）

四、用户对新技术的偏好
1. 您对未来数字化工具的关注情况如何？
A. 非常关注　　　　　　　　　　　　　B. 较关注
C. 不太关注　　　　　　　　　　　　　D. 不了解
2. 您可能对哪些数字化工具有兴趣？
A. 故障提前预警与识别　　　　　　　　B. 数字化服务工具
C. 数字化优化油耗工具　　　　　　　　D. 其他

感谢您在百忙之中抽出时间完成这份问卷，我们真诚地感谢您的支持与合作。

3）培训调研人员

培训营销调研人员在营销调研中起着至关重要的作用，通过培训营销调研人员，可以提高他们的专业素养和工作能力，使他们能够更好地进行市场调研工作。

（1）调研方法和技巧：了解不同的调研方法和技巧，包括问卷设计、面访技巧、访谈技巧、观察方法等。他们需要学习如何制定调研目标、选择合适的调研方法，并能够灵活运用这些方法进行调研工作。

（2）数据收集和整理：学习如何有效地收集和整理市场数据。这包括掌握调研工具的使用，如问卷调查软件、数据分析工具等，以及学习如何处理和整理调研数据，提取有用的信息。

（3）数据分析和解读：需要具备数据分析和解读的能力，能够根据收集到的市场数据进行分析和归纳。他们需要学习如何运用数据分析工具，如 Excel、SPSS 等，进行数据的统计和分析，并能够从中提取关键信息。

（4）报告撰写和呈现：学习如何撰写调研报告，并能够清晰地呈现调研结果。他们需要学习如何组织报告结构、选择合适的图表和图形，以及如何将复杂的数据和分析结果以简明的方式传达给相关人员。

4）市场调研的方法

市场调研的方法包括定性市场调研方法和定量市场调研方法。定性方法主要通过访谈、焦点小组讨论、观察等方法，收集深入的、非结构化的数据，了解消费者的感受、态度和意见；而定量方法则通过问卷调查、实验等方法，收集结构化的、数量化的数据，以便进行统计分析和量化研究。根据实际情况，可以选择单一的调研方法，也可以结合多种方法进行综合调研。

调研顾客需求

（1）定性方法。

①行业专家访谈：通过与行业内的专家、学者、企业管理者等进行深入访谈，了解他们对行业问题的看法、经验和见解。

②焦点小组：组织一群具有相同或相似特征的受访者（如消费者、潜在客户、竞争对手等）进行讨论，以获取他们对某个产品、服务或问题的看法和意见。

③观察法：通过实地观察和记录受访者的行为、态度和反应，了解他们对某个产品、服务或场景的感知和体验。

④二手资料分析：收集、分析与调研问题相关的现有资料，如统计数据、报告、论文等。

⑤案例研究：通过分析具体的成功或失败案例，了解受访者或企业在面对类似问题时采取的策略和实践。

（2）定量方法。

①问卷调查法：通过设计详细、全面的问卷，收集受访者对某个产品、服务或问题的看法、态度和行为。

②数据挖掘法：通过分析大量的历史数据，挖掘出其中的规律和趋势，以预测未来的市场变化。

③实验法：通过设计实验场景，对受访者进行观察和测试，了解他们对某个产品、服务或问题的实际反应和体验。

④网络分析法：通过分析互联网上的言论、评论、社交媒体等数据，了解受访者对某个产品、服务或问题的看法和态度。

⑤人口统计学方法：通过分析受访者的年龄、性别、收入、教育程度等人口统计学特征，了解他们对某个产品、服务或问题的看法和需求。

5）市场调研实施

工程机械是具有广泛应用的行业，实地调研可以帮助营销团队更好地了解市场需求、竞争情况和客户反馈，进而制订更有效的营销策略和销售计划。

（1）采访客户：找到潜在客户或现有客户，进行面对面的采访。通过询问他们的需求、满意度、对竞争产品的了解等,了解他们对工程机械产品的看法和需求。

(2) 问卷调查:通过向客户发放调查问卷,向受访者提出问题,收集他们的意见和看法,应考虑使用何种方式进行调查,如纸质问卷、在线问卷等。

• 知识拓展

图3-1所示为问卷星图标。

图3-1 问卷星图标

线上调查问卷是一种高效、便捷的数据收集工具,广泛应用于市场调研,具有以下优点:

➢ 高效便捷:线上调查问卷不受时间、地点和样本数量的限制,可以快速地收集大量数据。通过互联网平台,受访者可以随时随地参与调查,大大提高了数据收集的效率。

➢ 节约成本:线上调查问卷不需要印刷问卷、派遣调查员等费用,大大降低了数据收集的成本。同时,受访者可以匿名参与,保护了他们的隐私权。

➢ 数据分析便捷:线上调查问卷的数据可以自动统计和分析,通过表格和图表等方式呈现结果,使得数据分析更加便捷和准确。

(3) 工地或项目现场调研:到工地或项目现场实地观察与了解工程机械的使用情况和效果;观察工程机械的工作状态、使用频率、效率等,以及与客户和施工队的互动情况。

(4) 竞争对手调研:调查竞争对手的产品特点、定价策略、销售渠道等,了解市场上工程机械产品的竞争力。通过查阅资料、互联网搜索、与行业内人士交流等方式进行调研。

(5) 与销售团队交流:与销售团队进行定期交流,了解他们在市场上的实际情况与销售过程中的问题和挑战。与销售团队进行沟通,可以更准确地了解市场需求和客户反馈。

6) 数据搜集处理

(1) 数据分类:首先要进行调查问卷原始数据的审核,去除无效数据,数据的精确程度直接决定了调查结果的准确程度。根据数据的性质、特点、用途等将所有数据归入适当的类别,以利于的数据处理和分析。

(2) 数据描述:通过统计方法对数据进行描述,包括计算基本统计量(如平均数、中位数、众数、方差等),以了解数据的分布特征。此外,还可以制作图表(如柱状图、折线图、饼图等)来直观地展示数据。

(3) 数据分析:运用适当的统计方法和模型对数据进行深入分析。例如,通过交叉分析探讨不同变量之间的关系;通过回归分析研究变量之间的因果关系;通过聚类分析识别不同的市场细分等。这些分析有助于揭示市场趋势、消费者行为和竞争状况等关键信息。

• 同步拓展

在大数据的时代,利用基于云计算的数学分析模型,可以将碎片化的信息还原为完整的消费过程。

(1) 数据收集与分析:大数据技术可以帮助企业收集和分析大量的市场数据,并从中提取有价值的信息。通过对用户行为、购买记录、在线评论等数据的分析,企业可以深入了解消费者需求、产品偏好和市场趋势,为调研提供更准确的数据基础。

(2) 用户画像和精准营销:大数据技术可以帮助企业建立用户画像,即对目标市场的用户进行细分和分类。通过分析用户的属性、兴趣、行为等信息,企业可以更好地理解目标用户的特点和需求,从而进行精准的市场定位和营销策略制定。

(3) 竞争对手分析:大数据技术可以帮助企业进行竞争对手分析,通过收集与分析竞争对手的市场数据和行为,了解其产品优势、市场份额以及营销策略,为企业制定针对性的竞争策略提供参考。

(4) 市场趋势预测:通过对大数据的分析,企业可以识别市场的发展趋势和未来的需求变化,从而及时调整营销策略和产品开发方向,提前抢占市场先机。

总的来说,大数据技术为工程机械市场调研提供了更全面、更深入、更高效的数据支持,有助于企业更好地了解市场动态、把握市场趋势、制定市场策略。

7) 调研报告编撰

根据数据分析结果,对调研结果进行总结和归纳,撰写调研报告,包括调研目的、方法、数据分析结果和结论等内容;对调研结果进行解读和分析,理解市场需求、竞争状况和消费者行为等方面的情况;通过调研市场动态和竞争对手的变化,及时调整营销策略,同时对已实施的营销策略进行评估,为后续的营销决策提供参考。

图 3-2 所示为中国工程机械产业发展前景展望报告。

图 3-2　中国工程机械产业发展前景展望报告

学习笔记

任务评价

1. 根据任务的内容，对任务进行评分。

序号	考核要点		所占分值	评价标准	得分
1	素养层面	对待学习的态度和积极性	10 分	推迟提交，按推迟天数扣分	
2		沟通与表达能力	10 分	对文档进行流畅地演讲	
3	能力层面	报告架构能力	20 分	文档完整性高	
4		报告撰写能力	30 分	任务内容图文并茂	
5		报告呈现能力	10 分	WORD 格式规范程度高	
6	知识层面	基础概念的识记与理解程度	20 分	能够熟知市场营销的各种主要概念	
		总分			

2. 掌握技能与知识。

3. 新的体会及感悟。

4. 其他收获。

项目实施

调研工程机械用户购买行为项目工作单

姓名：_____　班级：_____　学号：_____

所查阅资料情况

序号	资料内容	资料来源	备注

某用户购买行为过程

序号	购买行为影响因素	购买决策	备注

续表

调研工程机械用户购买行为项目工作单

姓名：_____ 班级：_____ 学号：_____

项目过程中出现问题	解决办法

项目评价

序号	考核要点		所占分值	评价标准	得分
1	素养层面	团队合作与沟通表达	10 分	具备良好的沟通能力和团队合作能力	
2		创新意识	10 分	具备市场洞察力和创新能力	
3		勤奋与进取精神	10 分	具备持续学习和自我提升的意识	
4	能力层面	调研与调研报告撰写能力	20 分	具备一定市场调研和撰写调研报告的能力	
5		购买行为分析能力	20 分	具备工程机械产品类型及行为的分析能力	
6	知识层面	基础概念的识记与理解程度	10 分	掌握工程机械产品市场的分类和特性	
7			10 分	掌握影响工程机械产品采购的类型和过程	
8			10 分	掌握影响工程机械产品购买的因素	
		总分			

拓展项目

一、任务描述

调研某工程机械企业在服务方面的满意度，包括销售服务、售后服务、配件工业和客户支持四个方面

二、任务实施

1. 组建小组，3~5 人为一小组，选出组长。
2. 围绕调研主题，学生查找资料，整理分析，提交任务单。
3. 各小组编写 PPT，选出 2 个代表进行汇报

三、任务成果

1. 通过 PPT 演示本次调研的设计过程。
2. 通过调研，撰写一篇完整的调研报告

四、任务评价

序号	考核指标	所占分值	评价标准	得分
1	上交情况	10 分	推迟 1 天提交扣 3 分	
2	完整度	20 分	文档完整程度，少一部分扣 5 分	
3	内容丰满度	30 分	PPT 不少于 10 张，图文并茂	
4	调研设计内容	10 分	调研设计内容是否符合要求	
5	调研报告	30 分	调研报告分析准确，结论正确	
总分				

五、指导老师评语

日期： 年 月 日

项目训练

1. 单项选择题

（1）（　　）是指购买者欲修正产品的规格、价格、交货要求或其他交易条件的购买情境，常会增加买方与卖方的决策参与者。

　　A. 直接重购　　　　　　　　B. 修正重购
　　C. 新购买　　　　　　　　　D. 转介绍购买

（2）将工程机械产品用户的购买过程分为 8 个步骤：①问题确认；②一般需要描述；③产品规格；④供应商搜寻；⑤报价征求；⑥供应商选择；⑦签订订购合约；⑧绩效评估。正确的顺序是（　　）。

　　A. ①②③④⑤⑥⑦⑧　　　　B. ①②⑤④③⑦⑥⑧
　　C. ①②④③⑧⑥⑦⑤　　　　D. ①②③④⑥⑤⑦⑧

（3）某工程机械企业营销人员会在许多方面遭到客户降低价格的要求，营销人员可强调购买者所收到的服务的价值，营销人员方可以向采购者说明使用其产品的（　　）低于竞争者，即使价格较高也划算。

　　A. 售后　　　　　　　　　　B. 成本
　　C. 费用　　　　　　　　　　D. 产品生命周期成本

（4）购买组织通常有许多位成员，他们的地位、权威和彼此间的权力关系与群体关系各有不同，彼此互相影响，营销人员应尽可能去了解组织购买过程中所发生的群体结构，这是指的（　　）因素。

　　A. 个人　　　　　　　　　　B. 人际
　　C. 组织　　　　　　　　　　D. 环境

（5）（　　）是指那些将购入的产品再销售或租赁以获取利润的商家，为其用户扮演采购代理人的角色，购买各种产品来转售给用户。

　　A. 中间商　　　　　　　　　　　B. 经纪人
　　C. 供应商　　　　　　　　　　　D. 零售商

2. 多项选择题

（1）工程机械产品采购者类型有（　　）。
　　A. 工业用户　　　　　　　　　　B. 中间商
　　C. 政府机构　　　　　　　　　　D. 个体经营者

（2）工程机械产品市场与消费品市场有一些显著的不同，包括（　　）。
　　A. 购买量大　　　　　　　　　　B. 需求波动性较大
　　C. 专业购买　　　　　　　　　　D. 直接采购

（3）工程机械产品购买的角色包括（　　）。
　　A. 使用者　　　　　　　　　　　B. 影响者
　　C. 决定者　　　　　　　　　　　D. 批准者

（4）工程机械产品购买的情境包括（　　）。
　　A. 直接再购　　　　　　　　　　B. 修正再购
　　C. 新购买　　　　　　　　　　　D. 转介绍购买

（5）一般而言，影响工程机械产品购买决策的因素有（　　）。
　　A. 环境因素　　　　　　　　　　B. 组织因素
　　C. 人际因素　　　　　　　　　　D. 个人因素

3. 判断题

（1）工程机械产品市场的购买者人数通常比消费品市场少。（　　）

（2）新购买包括知晓、兴趣、评估、试用及采用等阶段。沟通工具在各个阶段的重要程度不同。在初期的知晓阶段，大众媒体是最重要的沟通工具；在兴趣阶段，以销售人员的影响力最大；在评估阶段，则以技术来源最重要。营销人员在新购买过程中的各个阶段需要采用不同的沟通工具。（　　）

（3）由于购买者较少，而购买量较大，使得供应商必须密切注意与其用户之间的配合，甚至必须依照特定用户的需要来提供产品与服务。因此，在工程机械产品市场中供应商与用户间的关系通常是较密切的。（　　）

（4）影响工程机械产品购买行为的环境因素包括各种宏观营销环境。环境因素的变动通常不会带来新的购买机会和威胁。（　　）

（5）采购中心将列出供应商的属性及各属性的相对重要性，采购中心将以这些属性来评比各入选的供应商，以便找出最具价值的供应商。（　　）

4. 案例分析题

　　机械零部件就像设备的细胞一样，纷杂繁多又紧密协作。设备整机通常由成百上千个零部件组成，这些零部件可能是螺栓、螺母、轴承等基础的标准件，也可能是精密复杂的电气件、非标准定制件，如工控、传感、丝杆、导轨等，每一种零部件都有其特定的应用场景和适合的工况要求，其品质和稳定性直接影响到设备的使用效果。

　　机械零部件市场面临多重挑战。从供应端出发，由于不同产品之间的生产要求和工艺差异明显，每一家生产零部件的供应商，通常会专注于某一类或某几类产品，制作的品类十分有限。从需求端的角度来看，中国作为一个制造业大国，大量的设备制造商每年都需要采购潜在力量，营收规模为40亿~100亿元，具有一定的知名度，产品在某个细分领域具有一定的领先优势。第三梯队是营收规模在10亿元以上的企业。此外，在工程机械行业中，还有部分营收规模较小的企业，这部分企业产品同质化比较严重，产品较为缺乏竞争力。

2021年我国工程机械市场营业收入规模达到9 065亿元，市场占比最大的为三一集团，其2021年工程机械销售额达到1 035.61亿元，占全国市场的比重约为11.42%；其次为徐工集团和中联重科，销售额分别为843.28亿元和635.23亿元，市场占比分别约为9.30%和7.01%。从市场集中度来看，国内工程机械行业排名前三企业的市场占有率从2015年的11.31%上升至2021年的27.73%，具有向头部企业集中的趋势。国内工程机械市场的头部企业，如三一集团、徐工集团、中联重科、安徽合力、山河智能等均为企业在工程机械行业的主要客户。

项目工作：请讨论现阶段工程机械行业的竞争战略格局是什么样的。

任务一　认识工程机械市场竞争战略

学习目标

1. 知识目标
（1）掌握工程机械产品市场的基本竞争战略。
（2）掌握工程机械市场不同地位的竞争战略。
2. 能力目标
（1）具备工程机械市场的基本竞争战略分析能力。
（2）具备工程机械市场不同地位的竞争战略运用能力。

企业战略类型

任务描述

最近，李小明拿到一份《2023年工程机械行业竞争分析报告》，翻阅其中内容，出现众多专业术语（如：差异化战略、集中化战略等），弄得百思不得其解，随后请教营销经理张大勇。张经理详细向他讲述了竞争战略的相关知识。通过学习，李小明对竞争战略理论认识进一步深化，胸有成竹地运用理论知识分析某企业竞争战略，并撰写某企业竞争分析报告。

任务要求：小组选择某企业为研究对象，收集资料，分析该行业竞争状况信息，完成一份某企业竞争性营销战略分析报告，掌握竞争性营销战略分析的主要内容。

任务实施

1. 任务准备

以小组为单位，制订并实施学习任务计划，搜集行业竞争市场资料。

2. 任务操作

（1）根据小组任务要求，小组选择工程机械行业某企业作为调查对象。
（2）网络搜集、整理相关资料。
（3）撰写某企业竞争性战略分析报告及汇报PPT。
（4）分组演示汇报PPT。

（5）相互点评，教师总评。

3. 任务提示

（1）深入分析企业营销战略决策过程。

（2）在报告撰写中，做到层次清晰、结构合理。

知识链接

竞争是市场经济永恒的主题，任何企业都不能逃离它的约束。工程机械企业的竞争就是提供给用户满意的产品，使企业能够赢得某种竞争优势，从而战胜竞争对手，获得更多的市场份额，达到利润最大化的目的。其中竞争战略包括吸引用户、满足需求、巩固市场地位、抵御市场风险的策略和行动。

1. 基本竞争战略

基本竞争战略是由美国哈佛商学院著名的战略管理学家迈克尔·波特提出来的，包括成本领先战略、差异化战略和集中化战略，如图4-1所示。

图4-1 基本竞争战略

1）成本领先战略

成本领先战略也称为低成本战略，是指企业通过有效途径降低成本，使企业的全部成本低于竞争对手的成本，甚至是在同行业中最低的成本，从而获取竞争优势的一种战略。该战略以低价格作为竞争手段，向用户提供物美价廉的产品和服务，以求达到用户高满意度的目的。低成本不意味着低利润，企业可以通过低价格，采取薄利多销的方式，吸引大量的用户购买，获得总量上的高利润；也可以利用低成本优势，适当提高单位产品的利润率，从而实现企业利润的提升。

企业成本领先战略主要是通过业务整个价值链的累计成本低于竞争对手，采用有效的管理手段实现价值链上每一个环节活动都低成本，由此获得巨大的成本优势。一般情况下，企业可以实现成本优势的方式有：简化产品设计；减少附加产品；使用性价比高的原材料或零配件；转向更简便、灵活的技术过程；使用面向终端用户的营销策略和销售策略；采用短的营销渠道，降低其商流成本。

成本领先战略的理论基础是规模效应，这要求企业必须具有较高的市场占有率，市场占有率高，企业就可以通过大批量生产获得规模效应，从而获得低成本的优势。为实现这一战略，企业除了要能在市场占有率上有要求外，同时在企业内部需要具备一定的条件：设计一系列便于生产和维修的产品，保持较宽的产品线，以分散企业的生产成本；企业购买先进的生产设备，提高生产效率；在企业管理方面，实施目标管理为基础的管理制度，从严控制企业的各项成本，做好成本的分析、评估与改进工作等。

2）差异化战略

差异化战略是通过设计一整套行动，生产并提供一种顾客认为很重要的与众不同的产品或服务，并不断地使产品或服务升级，使其具有顾客认为有价值的差异化特征。该战略是企业在行业范围内创造吸引用户与供应商新的需求点，让竞争对手短时间甚至长期难以超越，形成竞争壁垒。

实现差异化战略要求企业管理者调查用户的需求，充分理解创造价值的差异化途径，使产品在设计、工艺、性能、款式、品牌、顾客服务等各方面，与其他企业的同类产品相比有显著差别，具有独特性。

一般来说，有以下三种差异化可以为用户提供价值。

（1）提供具有用户特色的产品。产品技术物理特征的差别主要表现为产品的款式、性能、质量和包装等方面的不同。

（2）增加用户的满意度，提升企业品牌形象。由用户的主观印象导致的产品差别，主要表现为用户对企业产品品牌、企业形象的主观印象和评价差异，以及用户对不同企业产品所形成的偏爱。

（3）以卓越的能力为基础的竞争，为用户提供价值。

如何实现差异化战略，对企业提出了较高的要求：具有较强的研究与开发能力，组织成员创造意识强；市场营销能力强，能高效完成企业全过程的营销活动；在行业中形成自己独特的企业文化；渠道成员能有效完成企业既定的任务目标；企业各个职能部门能密切配合；具有有效的管理体制和激励制度。

3）集中化战略

集中化战略即聚焦型战略，是指把经营战略的重点放在一个特定的目标市场上，为特定的地区或特定的购买者集团提供特殊的产品或服务，也就是企业集中使用资源，以快于过去的增长速度来增加某种产品的销售额和市场占有率。该战略的前提思想是：企业业务的专一化，能以更高的效率和更好的效果为某一狭窄的细分市场服务，从而超越在较广阔范围内竞争的对手。这样可以避免大而弱的分散投资局面，容易形成企业的核心竞争力。

集中化战略与前面两种战略不同，成本领先战略和差异化战略都是在整个行业范围内达到目的，而集中化战略是利用企业核心竞争力，在某一个特定的细分市场上提供比竞争对手更好的高效率的服务。企业目标集中，对于特定目标市场的企业可以处于低成本优势，也可以采取差异化优势，或者两者兼而有之。企业可以通过两种途径实现集中化战略，即以低成本为基础的集中化战略和以差异化为基础的集中化战略。

绝大多数中、小企业都是选择集中化战略起步的，要实现好这一战略，关键在于选择好战略目标市场及形成自身独特的能力，来满足用户的需求。对于战略目标市场，一般可以选择目标市场足够大、盈利能力强的市场；小市场具有很好的成长潜力；企业能凭借商誉和服务防御行业中的挑战者，形成自身独特的能力；企业有相应的资源和能力，能够比竞争对手更好地满足目标市场，在整个行业中可以选择与自己能力相符且有吸引力的市场。

以上三种基本的竞争战略，都有各自的特点，有不同的适用条件。但是，在实际运用过程中，不能完全区别对待，而是相互融合，只是不同的战略侧重点不同而已。在实施成本领先战略时，企业同样会考虑尽可能给用户提供特殊的价值；在实施差异化战略时，也不能一味追求差异化而忽略成本问题，否则差异化获得的高利润就会被成本劣势所抵消；在实施集中化战略时，其本身就是成本领先战略和差异化战略在某一特定目标市场的运用，因而也具备它们之间相互兼容的性质。

【同步案例4-1】

工程机械头部企业加速入局"高机蓝海"

高空作业机械或高空作业平台简称"高机"，主要包括剪叉式、直臂式、曲臂式等系列高空作业机械产品，可广泛应用于工业领域、商业领域和建筑领域，覆盖建筑工程、建筑物装饰与维护、仓储物流、石油化工、船舶生产与维护，如国家电网、高铁、机场、隧道等特殊工况。

作为中国工程机械子行业中少有的"蓝海市场"之一，高机市场近年发展迅猛。来自中国工程机械工业协会的数据显示，我国高空作业平台销量从2017年的4.58万台增至2021年的16.01万台。2022年，我国高空作业平台销量近20万台，同比增长22%。2023年1—5月，升降工作台累计销售10.12万台，累计同比增长24.88%，其中剪叉式产品2023年1—5月累计销售8.03万台，累计同比增长17.06%，占总升降工作台销量的79.36%。

2023年4月12日，宏信建设发展有限公司（简称"宏信建发"）通过聆讯，6月初在我国香港联交所主板成功挂牌上市。宏信建发是国内领先的设备综合运营服务商，在高空作业平台、新型支护系统、新型模架系统设备运营服务市场占据领导地位，其中，高空作业平台机队规模位列亚洲第一、全球第三。

2023年7月13日，中联重科表示，看好我国高空作业机械行业的发展前景。在近期发布的重组上市预案（修订稿）中，中联高科强调，"参考海外成熟市场高空作业机械保有量，中国高空作业机械潜在市场规模可观，当前正进入快速渗透时期"。

2. 不同地位的竞争战略

根据市场占有率，工程机械行业的企业都存在着行业领导企业、一般企业和弱小企业，其规模、经营状况、竞争优势及市场竞争力决定了其在行业中的竞争地位。企业在经营过程中，必须明确在行业中的位置，针对目前的位次，选择合适的竞争战略。

1）领导型企业竞争战略

领导型企业是指该企业的产品在市场上有最大的市场占有率，在价格、新产品研发、营销渠道、促销强度等方面都领先于同行业其他企业，成为其他众多企业跟随的标杆。要保证持续领先的地位，企业必须密切关注环境变化，采取进攻或防御性战略，巩固现有的地位。

（1）进攻战略。

行业领导型企业进攻战略是不断创造竞争优势，让其他企业无法超越自己，这就需要企业孜孜不倦地追求变革和创新。具体措施如下：

①采用维持和扩大企业竞争优势的举措。从企业内部角度来看，通过产品研发，以及推出新产品、改进现有产品等方式实现产品持续更迭；通过改善用户服务，实现用户满意度持续提升；通过降低经营成本，获得产品价格竞争优势等。这一系列方式和方法，都能维持和扩大企业竞争优势。

②采用扩大行业需求的举措。从行业角度来看，发现产品新用途，引领行业新发展，将用户需求不断放大，谋求市场地位持续提升。

项目四　制定市场竞争战略规划　**69**

【同步案例4-2】

工程机械产业"老底子"焕发新活力

2023年3月30日至31日，三一重工举办了盛大的"三一科技节"，来自各事业部的130多项高新产品和技术，以实物、模型、视频等方式集中展出，全球首款全电控300 t级超大挖掘机等新成果引人注目。在"三一科技节"上，电气工程师李敏参与研制的大吨位混动起重机技术获得"电动化技术创新奖"。李敏说，在工程机械行业下滑的背景下，三一电动化起重机在2022年爆发式增长，国内市场占有率达到90%，"通过电动化，实现了逆势上扬。"技术和产品创新，进一步带来了模式创新。如果只是简单"造设备""卖设备"，不仅处于微笑曲线的底端，而且很容易受到设备更新换代周期的影响。为此，多家工程机械企业积极寻求商业模式的变革。

在中联建起，能够"防碰撞、防台风"的R代塔机、可以在线巡检和操控的远程管理技术等陆续发布，这些新成果的一个重要特点是，基于数字化、智能化手段，更好地满足了安全、高效、绿色施工的要求。铁建重工数字孪生研究所所长王永胜说，工程机械的数字化、智能化有利于降低生产、研发和运维成本，还能推动企业由"卖硬件、卖装备"转向"卖软件、卖系统"，为客户提供更多的增值服务，从而走向价值链高端。

（2）防御战略。

行业领导者防御战略是企业保持现状或对可能损害企业竞争优势和盈利能力的事件的发生做出反应的战略。其核心就是提高新进入者进入行业的门槛，对挑战者增加竞争难度。具体措施如下：

①增加产品的种类和型号，堵住挑战者可能进入的市场点和市场缺口；

②提高用户对企业产品的知名度、满意度和忠诚度，由此增加用户转向使用竞争产品的转移成本；

③提高公司资源资产的灵活性，以便公司可以进行很好、很快的资源再分配，或者根据变化的市场环境进行调整，从而使公司适应新的发展态势的敏捷性比竞争对手相应的敏捷性要强；

④增加产品促销费用、研发费用，提高竞争对手采取行动的成本；

⑤同特约经销商和分销商签订排他性合同，使竞争对手不能使用这些渠道；

⑥提高提供给特约经销商和分销商的融资服务；

⑦降低备用零配件的送货时间，延长保险覆盖时间和范围。

要保证防御战略成功，至少要保持企业经营增长率等于或高于平均行业增长率，在各项业务当中，要持续资金投入，保护行业领导者的竞争能力。

2）一般企业竞争战略

在行业中有些企业的市场占有率低于领导型企业，这些企业被认为是一般企业。在一般企业中，若一些企业在未来会对领导型企业形成挑战，则可以视为挑战型企业，它们将实施进攻性战略来获取市场占有率，以便建立更加强大的市场地位；一些企业因自身实力不够，只能在领导型企业后面追随，可以视为追随型企业，它们愿意保持现有的市场占有率和现有的市场定位。一般具体的战略有：

（1）空缺市场点战略。

空缺市场点战略实质是将企业的精力集中到市场领导者忽略的用户或市场。一个理想的市场空缺点应该拥有足够的规模和范围为企业赢得利润，有一定的成长潜力，很适应企业自身的资源和能力，同时又不足以激起行业领导者的兴趣。

(2) 专业战略。

专业战略一般是将企业的竞争行动集中在一个细分市场某个产品、某项特定的终端使用、需求特殊的购买者上，其目的在于：通过产品的独特性、特殊产品所拥有的专业技能或者专业化的用户服务而建立竞争优势。

(3) 卓越产品战略。

卓越产品战略的基础是卓越的产品质量或者独特的属性。销售和市场营销方面所做的努力是直接面向那些对质量敏感和以性能为导向的购买者的。其通常通过精湛的技艺、卓越的质量、频繁的产品革新或者同用户签订紧密的合同的方式，吸引他们参与企业开发更好的产品，这项战略通常可以有力地支持卓越产品战略的实施。

(4) 跟随者战略。

跟随者战略企业在市场营销中不主动挑战市场领先者，而是选择跟随领先者的市场策略。这种战略的核心在于降低市场的进入风险，减少创新成本，同时能够快速适应市场变化。跟随者通过观察领先者的市场动态，灵活调整自身策略，以在竞争激烈的市场中谋求一席之地。

(5) 并购战略。

并购战略是指一般企业或弱小企业合并，组建一个具有更多竞争优势和更大市场份额的企业，从而巩固和加强企业的地位。

3）弱小企业竞争战略

竞争地位薄弱的公司根据自身的状况可进行的战略选择有四种。

(1) 进攻性转变战略。

其基础可以是低成本战略，也可以是差异化战略，即注入足够的人力和财力，力争在短时间内提高行业的竞争力。

(2) 加强和防御战略。

调整企业现有战略，尽力保持目前的销售水平、市场份额、盈利水平及竞争地位。

(3) 并购战略。

企业可以选择"马上放弃"，将公司的经营和运作变卖给其他企业。如果没有合适的买主，也可以关门。

(4) 收尾战略。

将投资降到最低限度，采取各种行动将短期的现金流提高到最大限度，为有序地撤出行业做好准备。

任务评价

1. 根据任务的内容，对任务进行评分。

序号	考核要点		所占分值	评价标准	得分
1	素养层面	对待学习的态度和积极性	10 分	推迟提交，按推迟天数扣分	
2		沟通与表达能力	10 分	对文档进行流畅地演讲	

续表

序号	考核要点		所占分值	评价标准	得分
3	能力层面	报告架构能力	20分	文档完整性高	
4		报告撰写能力	30分	任务内容图文并茂	
5		报告呈现能力	10分	WORD格式规范程度高	
6	知识层面	基础概念的识记与理解程度	20分	能够熟知市场营销的各种主要概念	
		总分			

2. 掌握技能与知识。

3. 新的体会及感悟。

4. 其他收获。

任务二　认识工程机械国际化经营战略

学习目标

1. 知识目标
（1）理解国际化经营战略的含义。
（2）熟悉工程机械国际化经营战略的类型。
2. 能力目标
（1）具备工程机械国际化经营战略的分析能力。
（2）初步具备工程机械国际化经营战略的规划能力。
3. 素质目标
（1）理解新发展格局，树立中国智造的经营理念。
（2）培养学生国际化视野，树立国际市场营销理念。

任务内容

李小明从《2024年工程机械行业竞争分析报告》中看到：行业企业在国际化方面取得了令人鼓舞的经营业绩，然而，企业为什么要国际化经营、企业如何实施国际化经营战略等一系列问题，李小明始终想不明白。在旁边的营销经理张大勇见状，向其讲述工程机械国际化经营战略相关知识。通过学习，李小明运用国际化经营战略知识分析某企业案例，并撰写某企业国际化经营战略分析报告。

任务要求：小组选择某企业为研究对象，收集资料，分析该企业国际化经营战略现状，完成一份某企业国际化经营战略分析报告，掌握国际化经营战略分析的主要内容。

任务实施

1. 任务准备

以小组为单位，制订并实施学习任务计划，搜集行业企业国际化经营战略资料。

2. 任务操作

（1）根据小组任务要求，小组选择工程机械行业某企业作为调查对象。
（2）网络搜集、整理相关资料。
（3）撰写某企业国际化经营战略分析报告及汇报 PPT。
（4）分组演示汇报 PPT。
（5）相互点评，教师总评。

3. 任务提示

（1）深入分析企业国际化经营战略决策过程。
（2）在报告撰写中，做到层次清晰、结构合理。

知识链接

从国内市场向国际市场扩展，是现代企业经营活动普遍的发展趋势，也是国际化竞争趋势下企业经营战略的新趋势。企业国际化经营是指在本国以外还拥有和控制着生产、营销或服务的设施，进行跨国生产、销售、服务等国际性的经营活动。

1. 国际化经营战略目的

企业实施国际化战略的主要原因是国际市场存在新的潜在的机会，在此基础上企业以各种方式进入国际市场争取全球竞争地位，取得竞争优势。从战略的角度讲，企业实现国际化战略可以从以下几方面提高竞争优势。

1）转移核心竞争力

核心竞争力是由企业的创新、效率、质量以及顾客的忠诚度组成，是构成企业竞争优势的基础，企业将其在国内拥有的核心竞争力以及自己所生产的产品转移到国外的市场，可以获得更大的利润。

2）获得区位经济效益

获得区位经济效益是指在交易成本与贸易壁垒允许的情况下，企业将价值创造活动放在最适合此活动的地方。这样做，至少可以有两个效果，一是降低价值传播的成本，有利于企业达到成本领先的地位；二是使企业形成差别化，获得超平均水平的利润。

3）形成最佳经验曲线

企业的规模经济是经验曲线的成因。最佳经验曲线是指该曲线尽可能地下滑，使企业获得成本优势。企业走出国门，扩大市场，其累计生产量会大幅增加，同时，企业营销、服务全球范围内的市场，会进一步增加用户对其产品的需求。这些都导致企业产品经验曲线的迅速下滑，获得成本效应。

2. 国际化经营战略的类型

企业国际化经营战略基本上有四种类型，即国际战略、多国本土化战略、全球战略与跨国战略。

1）国际战略

国际战略是指企业将其具有价值的产品与技能转移到国外的市场，以创造价值的举措。大部分企业采用国际战略，是将其在本国所开发出的具有差别化的产品转移到海外市场，从而创造价值。在这种情况下，企业多把产品开发的职能留在本国，而在东道国建立制造和营销职能。在大多数的国际化企业中，企业总部一般严格地控制产品与市场战略的决策权。例如，美国宝洁公司在美国以外的主要市场上都有工厂，这些工厂只生产由美国母公司开发出来的差别化产品，并根据美国开发出来的信息从事市场营销。如图4-2所示。

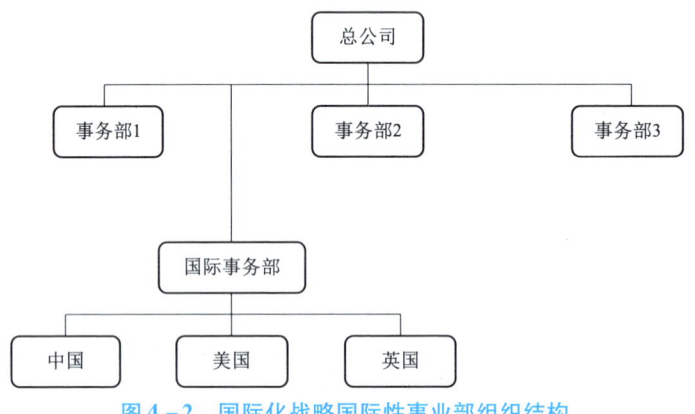

图4-2　国际化战略国际性事业部组织结构

企业的核心竞争力如果在国外市场上拥有竞争优势，而且在该市场降低成本的压力较小时，企业采取国际化战略的成效是非常明显的。但是，如果当地市场更求能够根据当地的情况提供产品与服务，则企业采取这种战略就不合适了。同时，实施该战略的企业一般都会在既有事业部组织结构上设立国际部门，重复建设会加大经营成本，这对企业也是不利的。

2）多国本土化战略

为了满足所在国市场需求，企业可以采取多国化本土化战略。这种战略也是将自己国家所开发的产品和技能转移到国外，而且在重要的国内市场上从事生产经营活动。但是，与国际战略不同的是，企业会积极地将它们的产品和营销策略顾客化，即更加关注顾客的需求，使自己的产品更加符合不同国家的市场要求。如图4-3所示。

图4-3　多国本土化战略全球性组织结构

3）全球化战略

全球化战略是向全世界的市场推销标准化的产品和服务，并在较有利的国家集中化经营生产活动，由此形成经验曲线和规模经济效益，以获得高额利润。企业采取这种战略主要是实现成本领先战略。

对于全球性、竞争性的行业来说，全球化战略是一个比较理想的选择。但是，在要求提供当地特色产品市场上，这种战略是不合适的。全球化战略的显著特点就是能够利用经验曲线的效果和位置经济带来的好处生产产品；该战略的一个明显的缺点是缺乏当地回应力。

由于实施该战略的企业希望从全球学习中获取利益，因此必须面对更加艰巨的协调与整合问题，即协调总公司与国外部门之间的资源转移并同时提供全球性战略所需要的能够进行集中控制的组织结构（见图4-4）。该结构中的产品群部门负责协调产品国内与国外的各项活动。

图4-4 全球化战略全球性产品群组织结构

4）跨国战略

跨国战略是在全球激烈竞争的情况下，形成以经验为基础的成本效益和区位效益，转移企业的核心竞争力，同时注意当地市场的需要。为了避免外部市场的竞争压力，母公司与子公司、子公司与子公司的关系是双向的，即不仅母公司向子公司提供产品与技术，子公司也可以向母公司提供产品与技术。企业采取这种战略，能够运用经验曲线的效应，形成区位效益，满足当地市场的需求，达到全球学习的效果，实现成本领先战略或产品差别化战略。

由于全球性产品群组织所关注的焦点在于集中控制，以降低成本，因此该战略不能在顾客回应方面做出快速反应。研究显示，越来越多的跨国性企业采用了全球性矩阵组织结构，以提高效率和降低成本（见图4-5），同时兼顾较快的创新和顾客回应。

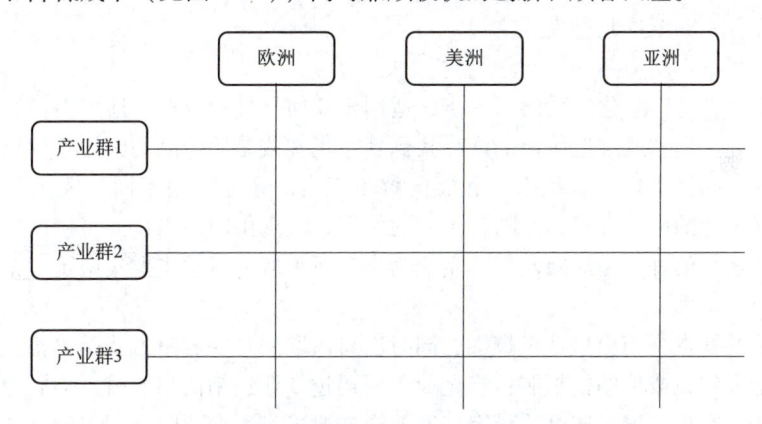

图4-5 跨国战略全球性矩阵组织结构

应该看到，上述各种战略是有一定的适应条件的，企业应该根据自己的特点以及行业的环境选择相应的国际化战略。

3. 国际化战略环境分析

采取国际化战略的企业，其外部环境远比在本土经营的企业环境复杂，因此在决定实施国际化经营战略之前，企业应当对国际经营环境进行深入的分析。

1）国际经营环境的复杂性

与国内经营环境相比，国际经营环境更加复杂，一方面国际经营的影响因素繁多，不仅有政治、经济、文化、地理等宏观环境因素，还有竞争者、供应者、需求者等微观环境因素以及自身的生产能力、销售能力、财务状况等因素；另一方面，国际经营环境范围更广，不仅有企业所在国的环境，还有目标市场国家的环境乃至全球的环境；再就是国际经营环境更加丰富，不同的国家处于不同的地域，有不同的地理环境、不同的历史、不同的文化习俗、不同的经济发展阶段等。对国际经营环境的分析和评估是企业制定国际化经营战略的基础，企业的一切经营活动都受环境因素的制约，国际经营环境的变化随时会给企业带来新的机会和产生新的威胁。

2）国际经营环境的分析方法

国际企业对国际经营环境的分析方法有很多，不同的行业、不同的企业有不同的方法。下面简单介绍几种常用的分析方法：

（1）经营环境等级评分法。美国经济学家罗伯特·斯托鲍夫认为，在国际经营环境中有八个因素是最主要的，对环境的评价应集中对这八个因素进行评价。评价时，设定不同的等级，对每个因素按其实际状况划分出等级并给予一定的分值，最后汇总得出对某国环境的综合评价。这八个主要因素是：资本回收限制；外商股权比例；对外商的管制和态度；货币稳定性；政治稳定性；关税保护倾向；当地优惠措施；近五年的通货膨胀率。

（2）机会——威胁分析法。这里主要指的是国际经营活动中的风险远比国内经营大。国际经营活动的风险主要有政治风险和外汇风险，尤其要注意对外汇风险的预测及回避。外汇风险有三种类型：交易风险、换算风险和经营风险，对不同的类型应采取不同的方法进行管理。

对环境进行分析需要收集大量的资料和信息，大的跨国公司可以自己建立一套完善的信息网络随时随地对环境进行监测，中小企业则可以通过公共的咨询机构获取有关的信息。

4. 国际化经营战略模式选择

企业实现国际化经营战略的模式可分为两种，即常规模式和非常规模式。常规模式包括出口、许可生产、特许经营、在国外建立合资企业及独自企业；非常规模式包括非股权安排和 BOT。下面分别介绍这几种模式。

1）出口

出口是企业进行国际化经营的第一步，适用于任何规模的企业。通过出口，企业可以为自己在国内已处于饱和或衰退阶段的产品找到新市场，或是使产品的销售条件更为有利。出口的方式包括：间接出口、直接出口和反向贸易三类。企业类型不同，规模不同，实力不同，往往选择不同的出口方式，并随着企业的发展，实现由间接出口向直接出口的转变。

选择出口途径的好处是风险较低，企业为出口所采取的行动主要集中于营销领域，其他职能活动的改变不大。

出口途径的缺点是当出口数量较大，同时出口采取的主要竞争方式是价格竞争时，会引起进口国的配合约束或反倾销抵制；当企业主要通过专业经销商出口时，会因为对它们的依赖而受制于人；在进口国对产品质量有特殊要求或要求发生变化时，国内的生产能力不一定能及时地做出调整。根据采取出口方式取得成功的企业经验，要使出口方式行之有效，需具备高素质、有经验的专业经销商；集中于企业影响较大的外国市场；提高外国中介机构的质量；注重信息的及时反馈等重要条件。

2）许可生产

许可生产是指一家企业（许可方）通过签订许可合同，授权另一家企业（被许可方）使用其特定的技术、品牌、知识产权或专利进行生产活动的过程。

许可生产的优势是企业不需要承受开发的成本及打开国外市场的风险，因此，许多新兴国际公司或资金不足或缺乏经验的公司常通过这种方式进入国际市场和实现国际市场的扩张。许可生产的劣势体现在：对被许可方的控制程度低，不如自己设厂。另外，用许可生产形式可能会为本企业培养出一个竞争对手，另外将专利提供给缺乏有关专利保护法律的国家，可能会发生专利被侵权的情况。为了避免这些不利后果的发生，许可方应与被许可方建立企业互利的合作关系，关键是许可方要不断进行革新和严格地保密，使被许可方产生对许可方的依赖。

3）特许经营

特许经营指企业卖给被特许加盟者有限的权利，让它使用企业的品牌，从而收取一定的费用和分享被特许加盟者一部分利润，其主要是服务业跨国企业采取的策略。

利用特许经营的方式，发出特许的企业一般不但不用支付投资费用，而且还可以在特许期间从取得特许的一方获取固定收入。特许者往往不需要负担开发成本和打开国外市场所需承担的风险，就可以在低成本下迅速建立全球据点。

特许协议的基础是一种概念，也就是通过企业的品牌传达给顾客一个关于企业产品品质的信号。但是，地理上的距离常常使品质的控制变得困难。

4）在国外建立合资企业

合资战略是一种普遍采用的国际化战略。合资企业是由两个或两个以上的企业共同拥有和控制的企业，合资企业的投资方至少有一方位于合资企业的所在地。选择合资战略时，合作伙伴的选择是一个关键。选择时应考虑：合作伙伴的合作动机、企业文化、经济实力和市场地位等因素。

合资可以有效地获得合作伙伴的已有资本、实物资源、技术和管理技巧。同时，该战略也可以扩展企业的销售能力，减少进入市场的阻力，建立防止潜在进入者的进入障碍。另外，许多国家政治上的考虑使得合资成为唯一可行的选择。

5）在国外建立独资企业

在国外建立独资企业是指企业（跨国企业）在国外投资并完全控制所投资企业活动的方式。跨国企业可能通过两种方式在国外建立独资企业：

第一种方式是跨国企业在国外建立一个全新的企业实体。采取这种方式，企业可以按照自己的需要安排独资企业的规模、技术、设施和企业所在地，在较小的阻力下将自己的管理方式应用于新企业，建立起适合跨国企业经营战略和目标的企业文化。但是建立全新企业所需要的建设期长，企业要冒环境变化使投资机会消失的风险。此外，由于对所在国的环境不熟悉，故企业在建立和经营过程中还会遇到许多困难。

第二种方式是跨国企业收买一个当地已经在经营的企业，获得对该企业的所有权。采取这种方式不但能使跨国企业迅速地进入国外市场，而且在进入的同时还至少消灭了一个当地的竞争对手；采取并购方式，跨国企业还可以利用企业中的留用人员协调两国之间由于社会、文化差异造成的管理矛盾。

以上几种常规国际化进入战略的成本和风险比较见图4-6。

6）非股权安排

非股权安排又称非股权投资或合同安排，是20世纪70年代以来被广泛采用的一种新的国际市场进入方式。企业在东道国的企业中没有股份投资，而是通过非股权投资控制东道国企业的技术、管理、销售渠道等各种资源。同时，进入企业通过签订一系列合同为东道国提供各种服务，并与东道国的企业建立起密切联系，从中获得各种利益。

7）BOT

BOT是"Build – Operate – Transfer"的英文缩写，即"建设 – 运营 – 转让"的境外投资方式。一般是指企业与当地政府签订特许权协议，在一定期限内，按照合同要求对东道国的某一基础设施项目进行建设和经营，所得收益用于偿还项目债务及投资回报，而在合同期满后，将该设施无偿移交当地政府。

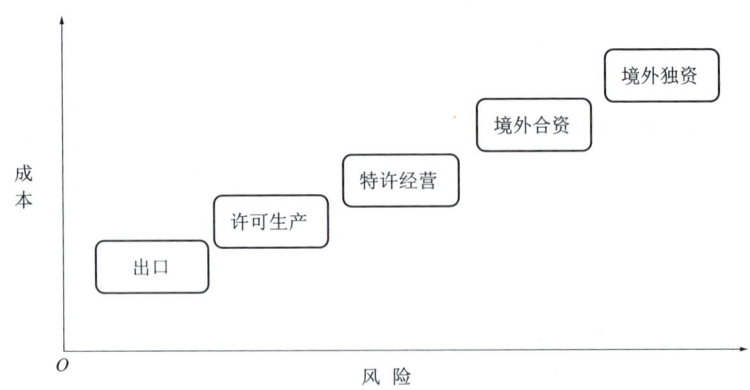

图 4-6 常规国际化进入模式成本/风险模型

【同步案例 4-3】

新常态下 柳工凭四大战略赢得更广阔市场

作为中国工程机械行业的排头兵企业，柳工正在优化其发展战略，克服行业目前所面临的困境，并凭借全球性的发展眼光和长期性的发展策略，应对前所未有的行业新常态。

1. 全球化的战略眼光

柳工正逐步迈向国际化，在各大主要区域市场设立分支机构，同时积极推进并购。公司已经建立了强大的销售和支持网络，包括 24 个生产基地、10 家海外子公司、7 个海外配件库。柳工拥有庞大的经销商网络，助力全球销售渠道。公司目前共有 374 家经销商，分布于 6 大洲超过 136 个国家，并延伸至全世界范围内的 2 650 多个销售网点。

通过积极扩大新兴市场，同时利用中国国内市场强大的经济发展潜力，柳工将加快在全球范围内推广其产品和品牌价值。

2. 一流的研发能力

柳工致力于技术创新，并坚持积极投资研发项目。每一台设备都凝结着全球三个世界级研发中心内超过 1 000 名经验丰富的敬业工程师的辛勤劳动。

其全球研发中心于 2015 年 6 月在中国柳州落成，这一国际化的研发中心配备了先进的测试场所、实验室、办公区域和工作室，规模和先进程度足以与全球设施最完备的工程机械制造商相媲美，从而提高机械产品的技术含量。此外，柳工始终努力在全球范围内吸引技术人才和合格工程师，共同生产满足客户需求的产品。

3. 优秀的产品质量

产品质量是赢得市场的关键所在。凭借一流的产品质量和客户服务，柳工在激烈的竞争中总能赢得先机。柳工拥有 15 条全系列产品线，主导产品包括轮式装载机、履带式液压挖掘机、推土机、平地机、摊铺机、铣刨机、滑移装载机、挖掘装载机、压路机、叉车、汽车起重机、履带式起重机、吊管机、矿用自卸车和混凝土设备。这些工程机械设备按照六西格玛制造管理方法进行生产，完全符合 ISO 9000 标准要求。

4. 强大的战略联盟

柳工非常重视通过合作创造价值，所以公司积极与志同道合的合作伙伴建立合作关系，为全球客户提供优秀的技术支持。柳工与全球知名企业康明斯、德国采埃孚等合作，生产出定制化、技术先进的发动机和驱动桥。这些合作成果已用于柳工的各条生产线，包括新型 E

系列挖掘机和 H 系列轮式装载机。

柳工集团董事长曾光安说:"我们在工程机械行业长达 57 年的从业经验是我们适应经济持续变化的制胜法宝。我们已经准备好以积极的态度迎接中国和全球宏观经济,特别是工程机械行业'新常态'的到来。我相信在新领导层、广大员工、分公司和经销商的共同努力下,通过建立各工厂设施,我们将会克服目前的困难,并在今后不断取得胜利。"

任务评价

1. 根据任务的内容,对任务进行评分。

序号	考核要点		所占分值	评价标准	得分
1	素养层面	对待学习的态度和积极性	10 分	推迟提交,按推迟天数扣分	
2		沟通与表达能力	10 分	对文档进行流畅地演讲	
3	能力层面	报告架构能力	20 分	文档完整性高	
4		报告撰写能力	30 分	任务内容图文并茂	
5		报告呈现能力	10 分	WORD 格式规范程度高	
6	知识层面	基础概念的识记与理解程度	20 分	能够熟知市场营销的各种主要概念	
	总分				

2. 掌握技能与知识。

3. 新的体会及感悟。

4. 其他收获。

项目实施

工程机械企业经营战略分析项目工作单			
姓名:_____ 班级:_____ 学号:_____			
所查阅资料情况			
序号	资料内容	资料来源	备注

续表

学习笔记

工程机械企业经营战略分析项目工作单

姓名：_____ 班级：_____ 学号：_____

某工程机械企业经营战略

序号	竞争战略	国际化经营战略	备注

项目过程中出现问题	解决办法

项目评价

序号	考核要点		所占分值	评价标准	得分
1	素养层面	团队合作与沟通表达	10 分	具备良好的沟通能力和团队合作能力	
2	素养层面	创新意识	10 分	具备市场洞察力和创新能力	
3	素养层面	勤奋与进取精神	10 分	具备持续学习和自我提升的意识	
4	能力层面	基本竞争战略的分析与运用能力	20 分	工程机械市场基本竞争战略的分析与运用	
5	能力层面	国际化经营战略的分析能力	20 分	工程机械国际化经营战略分析	
6	知识层面	基础概念的识记与理解程度	10 分	掌握工程机械市场的基本竞争战略类型	
7	知识层面	基础概念的识记与理解程度	10 分	掌握工程机械市场不同地位的竞争战略	
8	知识层面		10 分	熟悉工程机械国际化经营战略的类型	
总分					

拓展项目

一、任务内容

项目小组选取某工程机械企业作为研究对象，收集资料，分析该企业国内经营与国际化经营环境，完成一份某企业国内经营竞争战略与国际化经营战略分析报告。

二、任务要求

1. 分析报告应该具备：企业国内外环境分析；企业从事国际化经营的动因与特点分析；该企业国内经营与国际经营战略得失分析等。
2. 内容要求详细、翔实，条例清晰，具有逻辑性。

三、任务实施

1. 组建项目小组，3~4人为一小组，选出组长。
2. 网络搜集整理相关资料。
3. 分组撰写某企业国内经营竞争战略与国际化经营战略分析报告及汇报PPT。
4. 分组演示汇报PPT。
5. 互相点评，教师总评。

四、任务评价

序号	考核要点	所占分值	评价标准	得分
1	上交情况	15分	推迟提交，按推迟天数扣分	
2	文档完整	30分	PPT不少于10张，图文并茂	
3	PPT精美程度	20分	PPT美观程度，大方美观	
4	演讲呈现	35分	完成的对PPT进行演讲	
	总分			

项目训练

1. 单项选择题

（1）基本竞争战略是由美国哈佛商学院著名的战略管理学家（　　）提出的。

　　A. 迈克尔·波特　　　　　　　　B. 德鲁克
　　C. 菲利普·科特勒　　　　　　　D. 泰勒

（2）关于成本领先战略，下列说法错误的是（　　）。

　　A. 成本领先战略要求建立有效的规模生产，在实践中加强成本管理，最大程度上降低成本，减少管理费用支出，并在价值链的所有活动，如研究开发、服务、推销和广告等投入上都做到成本最小化

　　B. 成本领先战略要求企业所有的活动都是为了降低成本，可以不惜一切代价达到降低成本的目标

　　C. 采用成本领先战略，可以抵御五种竞争力的威胁，使企业获得竞争中的优势地位

　　D. 要获得成本优势，通常要求具备较高的相对市场份额或其他优势

（3）企业与当地政府签订特许权协议，在一定期限内，按照合同要求对东道国的某一基础设施项目进行建设和经营，所得收益（　　）用于偿还项目债务及投资回报。合同期满后，将该设施无偿移交当地政府。

　　A. 非股权投资　　　　　　　　　B. 特许经营

C. 许可生产　　　　　　　　　　　D. BOT

（4）下列选项中不适宜采用差异化战略的是（　　）。

A. 顾客的需求是多样化的

B. 企业具有强大的研发能力和产品设计能力

C. 企业所在产业技术变革较快

D. 产品具有较高的价格弹性

（5）（　　）由企业的创新、效率、质量以及顾客的忠诚度组成，构成企业竞争优势的基础。

A. 核心竞争力　　　　　　　　　　B. 区位经济效益

C. 成本领先　　　　　　　　　　　D. 科技领先

2. 多项选择题

（1）基本竞争战略主要包括（　　）。

A. 成本领先战略　　　　　　　　　B. 差异化战略

C. 集中化战略　　　　　　　　　　D. 科技领先战略

（2）要保持持续领先地位，领导型企业竞争战略必须密切关注环境变化，可以采取的战略有（　　）。

A. 进攻战略　　　　　　　　　　　B. 防御战略

C. 兼并战略　　　　　　　　　　　D. 扩张战略

（3）企业国际化战略有（　　）类型。

A. 国际战略　　　　　　　　　　　B. 多国本土化战略

C. 全球战略　　　　　　　　　　　D. 跨国战略

（4）国际企业对国际经营环境的分析方法有很多，不同的行业、不同的企业有不同的方法，常用的分析方法有（　　）。

A. SWOT 分析法　　　　　　　　　B. PDCA 分析法

C. 经营环境等级评分法　　　　　　D. 机会——威胁分析法

（5）某工程机械企业在研究开发、生产、销售、服务等领域把成本降到最低限度。下列关于成本领先的表述中，正确的有（　　）。

A. 实施成本领先战略并不意味着只能以低价销售产品

B. 成本领先战略获得的并不是短期内的低成本，而是一个持久的低成本竞争优势

C. 当顾客的需求是多样化时，企业应该实施成本领先战略

D. 企业采取成本领先战略的成本较高

3. 判断题

（1）全球化战略是向全世界的市场推销标准化的产品和服务，并在较有利的国家集中化经营生产活动，由此形成经验曲线和规模经济效益，以获得高额利润。（　　）

（2）差异化战略是指利用企业核心竞争力，在某一个特定的细分市场上提供比竞争对手更好的高效率的服务。（　　）

（3）专业化战略是通过产品的独特性、特殊产品所拥有的专业技能或者专业化的用户服务而建立竞争优势。（　　）

（4）进攻性转变战略的基础可以是低成本战略，也可以是差异化战略，注入足够的人力和财力，力争在短时间内提高行业的竞争力。（　　）

（5）采用跟随战略的企业往往特意去模仿领导者的战略行动，有意识地将企业能力集中于领导者所忽视的产品及市场区域，集中于利润而非市场份额，以及集中于谨慎而有效的管理，从而保持市场竞争地位。（　　）

4. 案例分析题

2023年4月12日，以"新征程、新动能、新发展"为主题的第二十届中国工程机械发展高层论坛在西安举行，会上，三一重工股份有限公司高级副总裁向儒安以"把握行业发展机遇 实施三化转型战略"为题作主旨演讲。

向总裁说：国内工程机械市场仍然是世界工程机械的主战场，2022年1—12月国内工程机械市场累计销售工程机械类产品170万台，全年国内工程机械产品进出口总额470亿美元（其中出口443亿元）。另外，随着地方政府部门陆续拿出促经济增长的项目和落地举措，全力保障GDP增长5%目标，因此，国内市场中长期需求依然存在。

当前工程机械行业正在进入市场下行调整周期，给企业经营和行业健康高效可持续发展带来了双重挑战。过去一年，混凝土机械、挖掘机械"量""价"齐跌，各大主机厂商毛利率下降，同时逾期货款、成品存货都在增加，这些信号提醒我们：行业风险已经在累积。面对这一轮风险，行业整体表现出了理性、稳重的态度。各大企业谨慎把握市场实际需求，务实调整产销存计划，提升产品综合竞争力。这是整个行业经过周期风雨、逐步走向成熟的表现。

挑战与机遇并存，我们身处中华民族伟大复兴的中国梦和第四次工业革命两大旷世机遇交汇点，这对整个行业都是巨大的发展机会。这点三一认知非常深刻，可以说没有中国的改革开放事业，就没有三一，是因为中国社会的高度发展成就了三一。第四次工业革命同样是我们发展的巨大潜在机会，可能是我们未来商业模式的一种重构，包括对企业管理经营、流程、体系、技术、方法理念、战略等的一种重构。我们不能小看这股力量，如果说我们顺势而为，抓住了这个时代的机会，也许可以重生，可以由平庸变得伟大；但是如果说错过了机会，那就可能被时代所淘汰。在如此百年未有之大变局下，三一对未来发展充满信心：

（1）对市场始终保持积极谨慎，我们对市场总体判断是短期的波动调整、长期的机遇发展。总体上看，全行业2023年一季度面临一定压力，但随着时间推移，压力将逐步缓解，全年国内工程机械市场需求有望好于2022年，预计工程机械行业将实现质的有效提升和量的合理增长。

（2）对代理商我们提出内外兼修，内部向经营要效率，外部向市场要效益。同时我们认为代理商与主机厂是休戚与共的利益共同体，2022年提出代理商帮扶管理办法，对诚信合规、健康经营的代理商实施经营兜底。我们将与百万客户、代理商伙伴、供应商伙伴坚持长期主义，共渡难关。

（3）面对行业竞争，我们坚守"不吹不黑、遵守契约"的精神，始终把客户价值放在首位，敬畏产品、尊重对手，致力于打造行业良好的竞争生态。

（4）在企业内部经营管理方面，严格落实规模服从效益、效益服从品牌、品牌服从价值观的经营理念，维护企业自身健康、高效、可持续发展。

梁稳根董事长对三一数字化的决心是："要么翻身，要么翻船"，并且以时不待我、疾慢如仇的精神，高度的危机感，在亲力亲为地调度三一的三化转型战略。

首先数智化，三一数智化包括产品智能化、制造智能化、运营智能化。产品智能化，以前我们以单台设备"牢不可破""耐用不坏"作为产品的设计标准和最高追求，认为给客户创造最大的价值就是让客户无停工维修之忧。但数字时代，这个标准逐渐发生变化，仅有聚焦单台设备的坚固耐用是不够的，还要通过联网实现智能化，达到整套系统安全、高效、智能、省人的效果，为客户创造更大价值，解决那些不靠数字化、网联化就解决不了的问题。制造智能化，全球装备制造行业两个灯塔工厂都在我们三一，我们在智能制造方面率先进行探索和尝试，未来我们朝着智能生产和工艺、智慧物流、智能决策和调度等方面持续进行优化和调整，我们的终极目标是达成"三个三"战略，即三千亿销售额、三万名研发人员、三千名产线工人。最后是运营智能化，通过内部流程四化，大幅提高内部运营效率。

其次电动化，我们始终坚信在国家"双碳"战略下，工程机械的电动化速度会远远超出我们认知和想象，在三一内部传统石化能源产品的研发创新投入基本上停止，目的是把所有研发投入和研发人才集中到未来的电动化战场上，这是我们电动化战略之一。我们深信电动化产品更新换代将成为市场新的增长极，我们决心要成为我们所在经营行业电动化的先驱和引领者，不是去被动的适应，而是主动地去引领。

第三国际化，国际化已经成为国内工程机械公认的巨大机会，我们初步目标和提法是在海外再造一个三一重工，目前已基本实现。未来我们将持续落实"积极开拓、强控风险"的方针，实施"以我为主、本土经营、服务现行"的战略，进一步抢抓国际化机遇，提升国际化水平。另外，我们内部采取各种措施，把优质的人才、产品、服务资源投入到三一国际化事业当中，2022年我们提出"223战略"，完成300名人员奔赴海外一线，2023年我们继续实施"233战略"，实现3 000名人员出海。

中国工程机械已经实现了数量上层面的大跃迁，开创了数智化、电动化、国际化的新征程、新动能、新发展的格局。三一愿同各位同人一起努力，抓住时代机遇，迎接行业挑战，为推动工程机械行业发展、推动制造业转型升级，建设制造强国的伟大目标贡献我们自己的力量。

思考题：

（1）三一集团提出"数智化、电动化、国际化"战略，是基于什么背景下提出来的？

（2）如何理解三一集团的战略转型？

项目五　营销策略的制定：产品与价格

学习目标

【知识目标】
1. 掌握工程机械产品生命周期各个时期的特点。
2. 熟悉并应用工程机械产品生命周期不同时期的策略。
3. 掌握工程机械产品定价策略。

【技能目标】
1. 能够根据产品生命周期理论及营销环境的变化，提出相应的营销策略建议。
2. 能够根据企业实际情况，制定产品定价策略。

【素养目标】
1. 培养大产品观念，树立质量至上的理念。
2. 遵守法律法规、行业准则和职业道德，合理定价。

知识全景图

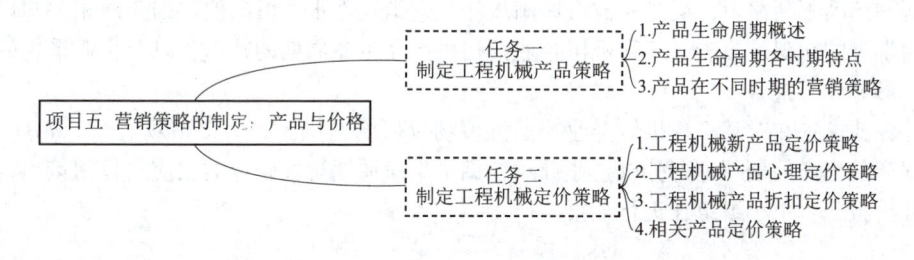

项目五 营销策略的制定：产品与价格
- 任务一 制定工程机械产品策略
  1. 产品生命周期概述
  2. 产品生命周期各时期特点
  3. 产品在不同时期的营销策略
- 任务二 制定工程机械定价策略
  1. 工程机械新产品定价策略
  2. 工程机械产品心理定价策略
  3. 工程机械产品折扣定价策略
  4. 相关产品定价策略

项目描述

在推进智能化转型的具体实践中，三一集团与联想积极展开深度合作。其中，联想提供了从研发、制造、运营、服务等方面建立全方位的智能计算力平台，助力创新产品设计、"灯塔工厂"建设等。

在产品创新方面，联想超算支持包括声学、动力学、流体学等多学科仿真设计，为三一集团设计出来的零部件/整车进行仿真模拟，推动三一集团产品设计的不断进阶。在硬件上，三一集团看中联想对 SAP HANA 的深刻理解，联合打造 HANA 数据库应用，SAP 系统架构搭载联想服务器和配套实施。同时，在与三一集团的合作中，联想将分散在 100 多个不同应用位置的数据汇总到一起，近一年就产生了超过 1.2 万亿条数据。

在"双实企业"联想的赋能下，三一集团的工厂整体效率提升超 30%，产能提升 50%，人力需求减少 60%，场地压缩 30%，成为重工业"双实融合"的新样本。三一集团禹春楠表示，将会持续开展基于全公司跨部门跨全价值链的数字化运营，探索尝试以新IT科技驱动业务智能创新发展、开放赋能驱动行业变革创新的新阶段。

项目工作：请讨论三一集团与联想开展合作，是如何实现企业效益的提升的。

任务一　制定工程机械产品策略

学习目标

1. 知识目标
(1) 了解产品生命周期的概念及各个阶段的划分。
(2) 掌握产品生命周期各个时期的特点及营销策略。
2. 能力目标
(1) 具备产品策略分析和开发能力。
(2) 具备产品不同生命周期阶段的活动策划能力。
3. 素质目标
(1) 牢固树立产品质量意识。
(2) 熟悉产品质量、产品责任、知识产权保护的法律法规。

任务描述

在2023年第三届长沙国际工程机械展览会上，李小明发现了靓丽的电动化、智能化的新产品，吸引大量客户的眼球，他也察觉到部分老款产品已退出市场。他思虑：为什么市场上有新的产品不断涌现，老产品被市场淘汰呢？营销经理张大勇向他详细介绍相关知识，勉励他用学过的知识，分析某工程机械企业挖掘机产品生命周期的特点，以及企业采用的营销策略，形成分析报告。

任务要求：在对某工程机械企业挖掘机市场调研的基础上，对该市场进行SWTO分析，并依据产品生命周期理论，分析企业针对挖掘机生命周期阶段采取的相应的营销策略，由此形成分析报告，由小组组长进行汇报。

任务实施

1. 任务准备

以小组为单位，制订并实施学习任务计划，搜集挖掘机市场资料，了解国内外工程机械方面的政策法规。

2. 任务操作
(1) 根据小组任务要求，搜集国内工程机械企业挖掘机市场相关产品资料与政策法规。
(2) 依据搜集的资料，初步形成国内挖掘机市场情况总结。
(3) 对挖掘机市场进行SWOT分析，并分析其产品生命周期。
(4) 分析企业针对挖掘机市场所采用的相应的营销策略，并给出分析理由。

3. 任务提示
(1) 在任务分析过程中，一定要了解企业当时所处的经营环境状况。

（2）在报告撰写中，做到层次清晰、结构合理。

知识链接

1. 产品生命周期概述

企业产品在市场上的销售情况及获利能力是随着时间推移而发生变化的。这种变化的规律就像人和其他生物的生命一样，产品在市场上也经历了从诞生、成长到成熟，最终走向衰亡的过程。在产品市场生命的每一个阶段，有其不同的特点。因此，企业要根据产品生命的不同阶段制定相应的营销策略。

1）产品生命周期的概念

产品生命周期包括产品的市场生命周期和自然生命周期。

所谓产品市场生命周期是指产品从投入市场开始，到被淘汰退出市场为止的全部运动，它是产品更新换代的一种经济现象。产品退出市场，并非是其本身质量或其他方面的原因，而是由于市场上出现了同种类型、同种用途的新产品，使老产品逐渐失去魅力，最终被市场淘汰。产品的市场生命是指该产品上市到退出市场的时间间隔。

产品整体概念

所谓产品的自然生命即产品的使用寿命，是一种产品从投入使用到其报废所经历的全部过程。产品自然生命的长短取决于消费方式（如使用频率、使用强度、维修保养状况等）、时间和自然属性等因素。

产品的市场生命与自然生命之间没有必然、直接的联系。有的产品自然生命很短，但市场生命却很长；有的产品自然生命很长，但市场生命却很短。从总的趋势看，随着科学技术的加快发展，产品生命周期日益缩短。

本部分提到的产品生命周期就是指产品的市场生命周期。

2）产品生命周期的阶段划分

我们可以把一种新产品经历的产生、发展和衰落的全过程分为四个阶段，即投入期、成长期、成熟期和衰退期。这一过程能够用产品生命周期曲线图来表示：以时间为横坐标，以销售为纵坐标，把产品生命周期的变化过程绘制成一条曲线，并将其划分为投入期、成长期、成熟期、衰退期四个阶段。

对于产品生命周期的划分一般可以采用销售增长率和产品普及率两个指标来分析。

（1）销售增长率分析法。

销售增长率的计算公式为

$$销售增长率 = \frac{本年度的销售量 - 上年度的销售量}{上年度的销售量} \times 100\%$$

分析标准为：小于10%且不稳定，为投入期；大于10%，为成长期；小于10%，为成熟期；小于0，为衰退期。

例如：某工程机械企业 A 产品四年来的销售量如下：2018 年 1 000 件，2019 年 1 100 件，2020 年 1 240 件，2021 年 1 400 件。试确定该产品 2018—2021 年处于生命周期的哪个阶段。

$$2019\ 年销售增长率 = \frac{1\ 100 - 1\ 000}{1\ 000} \times 100\% = 10\%$$

$$2020\ 年销售增长率 = \frac{1\ 240 - 1\ 100}{1\ 100} \times 100\% = 13\%$$

$$2021\ 年销售增长率 = \frac{1\ 400 - 1\ 240}{1\ 240} \times 100\% = 13\%$$

该产品在2018—2021年的年销售增长率在10%以上,由此可断定该产品处于市场生命周期的成长期。

(2) 产品普及率分析法。

对不同的产品可采用以下两种方法来计算普及率:

$$按人口平均普及率 = \frac{某种产品社会拥有量}{人口总数} \times 100\%$$

$$按家庭平均普及率 = \frac{某种产品社会拥有量}{家庭户数} \times 100\%$$

当普及率为0%~5%时,为投入期;为5%~50%时,为成长前期;为50%~80%时,为成长后期;为80%~90%时,为成熟期;大于90%时,为衰退期。

2. 产品生命周期各时期特点

典型的产品市场生命周期一般可分为四个阶段,即投入期(引入期、导入期和介绍期)、成长期、成熟期和衰退期,如图5-1所示。

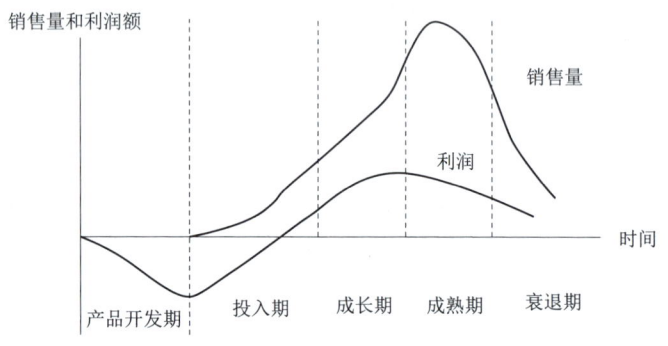

图5-1 典型的产品市场生命周期

1) 投入期

投入期是新产品研制成功后投入市场后的试销阶段。此时,产品尚未定型,技术也不完善,生产批量小,制造成本高,顾客对产品还不了解,只有少数顾客试用性购买,因而销售量低。为扩展销路,需要投入大量的促销费用,因而广告宣传费用大。产品进入市场后,销售量缓慢增长,利润较低,甚至出现亏损。

2) 成长期

成长期是产品试制成功后投入批量生产,销售扩大,企业利润得到明显改善的阶段。此时,产品技术日益成熟,生产工艺日趋完善,生产规模迅速扩大,生产成本大幅度下降,顾客对产品已经熟悉,大量的新顾客开始购买,市场逐步扩大,销售额迅速上升,利润也迅速增长。同时,市场上开始有越来越多的企业加入竞争,使同类产品供给量增加,价格随之下降,企业利润增长速度逐步减慢,最后达到市场生命周期利润的最高点。

3) 成熟期

成熟期是市场趋于饱和的阶段。在这一时期,生产技术和产品都已标准化,新的竞争者和同类产品大量出现,产品已被绝大多数消费者接受和购买,产品销售量继续增加,但增长的速度趋于缓慢。随着市场上生产技术的提高和生产规模的扩大,竞争者竞争能力逐步增强,市场开始进入激烈的竞争阶段。

4) 衰退期

衰退期是产品老化、销售额下降的趋势继续增强,利润逐渐趋于零的阶段。在这一时期，消费者的兴趣已经发生转移，销售量迅速下降；由于市场萎缩，企业的生产能力相对过剩，必须缩减生产规模，成本上升，利润迅速下降；一种或多种更新的产品投放市场，生产老产品的企业逐渐失去竞争优势，逐步退出市场，老产品处于被淘汰的境地。

3. 产品在不同时期的营销策略

1）投入期的营销策略

新产品在刚刚进入市场时，销售量增长缓慢，往往无利可图甚至亏损。企业应迅速扩大销售量，提高盈利水平，尽量缩短投入期，尽快进入成长期，在准确产品定位的基础上制定恰当的价格——促销组合策略。企业在产品投入期制定价格时，可以采取的营销策略有以下四种。

（1）快速撇脂策略。在竞争对手和消费者没有正确估计出产品成本时，以高价格和高促销费用向消费者大力推销。高价格是为了迅速收回成本并使企业得到更多的盈利；高促销投入是为了广泛宣传新产品，使更多的消费者知晓新产品的存在，从而尽快打开销路。采用这一策略的前提是：市场上绝大多数消费者不了解该产品；少数了解该产品的消费者愿意支付高价；产品新颖独特。

（2）慢速撇脂策略。企业以较高的价格、较低的促销费用将产品推向市场，以期获得尽可能多的利润。高价格可以使企业获得较多的收入，低促销可减少成本费用。采用这一策略的前提是：新产品有效地填补了市场空白；没有现实竞争对手而且市场规模有限；购买者愿意支付高价拥有产品。

（3）快速渗透策略。企业以低价格、高促销投入将产品在市场上销售，以期获得较多的市场份额和着眼于长期利润。价格低廉能获得尽可能多的消费者的认可，而通过各种促销手段能把产品信息迅速传递给消费者，刺激他们的购买欲望。采取这一策略的前提是：市场规模大；消费者处于对产品不知晓状态；产品需求价格弹性较高；生产产品的技术易于被竞争者掌握，在较短时间内会出现激烈的市场竞争。

（4）慢速渗透策略。企业以低价格、低促销投入将产品推向市场。以较低的价格销售产品是为了扩大市场占有率，以较低的费用促销产品是为了减少成本、获得较高的利润。采取这一策略的前提是：产品的市场容量大，消费者如果接触到产品就会较深度地进行了解；该产品在市场上已有较高的知名度；消费者对产品价格敏感；市场上存在着潜在竞争对手。

2）成长期的营销策略

进入成长阶段，产品需求量增加，使得销售量迅速增长，市场占有率开始扩大，但竞争对手逐渐增多，竞争程度日趋激烈。此时，企业的营销指导思想应是尽可能延长产品的成长期，保持销售的增长速度。可采用的营销策略有以下四种。

（1）改进产品品质并增加新的产品特色和式样。从质量、性能、式样、包装等方面加以改进，增加产品的特色，拓展产品的新用途，以对抗竞争者的产品，巩固自己的竞争地位。

（2）扩展新市场及扩大销售渠道。通过市场细分占领新的细分市场，扩大销售量；在新的市场上建立营销渠道系统；在分析销售业绩的基础上，寻找产品尚未达到的领域，不断扩大销售网点，方便消费者购买。

（3）加强企业与产品的地位。广告宣传的内容应由投入期的建立和提高产品知名度转变为建立产品的信赖度，增加宣传产品的特色，使其在消费者心目中产生与众不同的感觉，使消费者接受和购买该产品。

（4）选择适合企业长期目标的决策。在成长期，企业面临着是选择占有高市场份额还是获取高利润的问题。如企业要获得市场领导地位，就应在改进产品和促销宣传方面加大投入，并适当降价，放弃目前的最大利润。企业要结合自身实力和市场竞争状况做出正确选择。

3）成熟期的营销策略

进入成熟期，产品销售增长速度缓慢，甚至徘徊不前，生产能力过剩，市场竞争加剧。这一时期，企业应采取的基本策略是延长产品的生命周期，使已处于停滞状态的销售增长率和已趋下降的利润率重新得到回升。成熟期的营销策略有三个方面的内容。

（1）市场改良策略，也称市场多元化策略，即在现有市场上寻找新的使用者和开发产品的新用途，或采取对产品品牌重新定位、开辟新市场等策略来扩大销售。基本方式有以下三种。

①开发产品的新用途，寻求新的细分市场。

②刺激现有顾客，增加使用频率。

③重新为产品定位，寻求新的买主。

（2）产品改良策略。产品整体概念的任何一个层次的改革都可视为产品改良，包括提高产品质量、改变产品特性和款式、为顾客提供新的服务等。产品改良的方式有以下四种。

①质量改良，指提高产品质量，增加使用效果，如提高产品的耐久性和可靠性等。

②特性改良，指提高产品的适用性、安全性、方便性和高效性。

③式样改良，即对产品的外形进行改进，是基于人们美学欣赏观念而进行的款式、外观的改变。

④服务改良，对于许多耐用消费品和工业用品来说，良好的服务如为用户提供运输及开展技术咨询、维修等会大大促进消费者的购买欲望。

（3）市场营销组合改良策略，即通过调整营销组合中的一个或多个因素来增加销售，保持市场占有率。企业的营销组合应随着企业内外部环境的变化及时做出相应的调整，如通过减价来吸引新的使用者或竞争对手的使用者、增加广告投入、改善销售渠道和提供更加完善的售后服务等方式，延长产品的成熟期，避免衰退期的早日到来。

4）衰退期的营销策略

经营衰退期的产品对企业来说风险大、代价高，其损失不仅在利润方面，还存在许多隐含成本。如分散销售部门的精力，企业不断调整价格和库存，消费者认为企业没有实力，尤其是保持现有产品会延迟对替代产品的研发，造成不平衡的产品组合，降低企业利润。

衰退期的营销策略主要包括以下三方面内容：

（1）放弃策略，即企业将衰退迅速的产品从企业产品系统中清除而放弃经营，或把产品出售给其他公司，或以其他形式处理库存。在企业已开发出替代性的新产品、该产品的资金可能迅速被转移、该产品的市场售价急剧下降不能补偿变动成本、该产品的继续存在会危害其他有发展前途的产品等情况下，企业应采取立刻放弃的策略。

（2）维持策略，也称逐步放弃策略，是保持原有的细分市场和营销组合，把销售维持在一个低水平上，待到适当时机，便停止该产品的经营，退出市场的策略。企业可安排日程表，按计划逐步减产，使有关的资金有秩序地转移；或逐步扩大替代性产品的产量，使消费者的使用习惯有秩序地改变。

（3）收获策略，也称自然淘汰策略，即企业不主动放弃该产品，而是继续留在市场上直至完全衰竭为止。采取收获策略要慎重分析市场竞争形势，使企业能够接收退出者的顾客而获得利益，在市场上具备很强的竞争能力。企业有以下可选择的策略。

①连续策略，即企业继续其过去的营销策略，对原有的市场定位、分销渠道、定价和促

销等措施维持不变，使产品自然衰退，结束其市场生命周期。

②集中策略，即企业把资源集中使用在最有利的细分市场、最有效的销售渠道和最易销售的产品品种、款式上。

③强制策略，即企业大幅度降低营销费用，从而强制性地降低成本，以提高企业利润。

任务评价

1. 根据任务的内容，对任务进行评分。

序号	考核要点		所占分值	评价标准	得分
1	素养层面	对待学习的态度和积极性	10 分	推迟提交，按推迟天数扣分	
2		沟通与表达能力	10 分	对文档进行流畅地演讲	
3	能力层面	报告架构能力	20 分	文档完整性高	
4		报告撰写能力	30 分	任务内容图文并茂	
5		报告呈现能力	10 分	WORD 格式规范程度高	
6	知识层面	基础概念的识记与理解程度	20 分	能够熟知市场营销的各种主要概念	
总分					

2. 掌握技能与知识。

3. 新的体会及感悟。

4. 其他收获。

任务二　制定工程机械定价策略

学习目标

1. 知识目标
（1）理解工程机械新产品的定价策略。
（2）掌握心理定价策略与折扣定价策略。
2. 能力目标
（1）初步具备为工程机械新产品定价的能力。
（2）具备根据市场需求制定合适价格的能力。
3. 素质目标
（1）遵守《价格法》《反不正当竞争法》等法律法规。
（2）以人民的利益为中心，合理定价。

学习笔记

任务描述

在2023年第三届长沙国际工程机械展览会上，李小明通过营销经理张大勇的介绍，了解到工程机械产品生命周期的特点和企业采用的营销策略后，心理疑问得以释怀，但是他又发现一个问题：同一款型号挖掘机，不同品牌企业给产品定价为什么有如此大的差距呢？营销经理张大勇说："小明，这里需要学习工程机械新产品定价，以及在产品生命周期不同阶段调整价格策略等知识。"请你为李小明完成某企业品牌挖掘机价格策略的方案设计。

任务要求：完成工程机械挖掘机定价情况的调研及分析，形成新产品价格设计与调整价格策略方案设计，由组长对方案进行汇报。

任务实施

1. 任务准备

以小组为单位，制订任务工作计划，明确任务目标，做好人员分工，确定任务内容及完成时间节点，梳理工作思路等。

2. 任务操作

（1）根据小组任务要求，搜集国内挖掘机价格相关资料，并对其进行汇总。
（2）调查挖掘机产品的成本构成。
（3）完成某品牌挖掘机新产品价格设计方案。
（4）针对不同生命周期阶段，完成某品牌挖掘机价格调整策略的方案设计。

3. 任务提示

（1）资料收集中，做好分类汇总。
（2）在方案撰写中，做到层次清晰、结构合理。

知识链接

定价策略是企业为实现定价目标，在特定的经营环境下采取的定价方针和价格竞争方式。在市场竞争中，企业要善于根据市场环境和内部条件，正确选择定价策略，以确定产品的最终价格。

1. 工程机械新产品定价策略

新产品是指对于某一目标市场来说首次投放的产品。工程机械新产品定价策略运用恰当与否，将决定企业产品在目标市场上能否有广阔的发展前景，工程机械企业既要考虑新产品成本的弥补问题，又要考虑有利于提高新产品在目标市场上的竞争力问题。

需求价格弹性

1）撇脂定价策略

撇脂定价策略是指在工程机械新产品刚刚进入目标市场时，将其价格定得远高于成本，在尽可能短的时间内获取高额利润的一种定价策略。这种定价策略就像从鲜奶中撇取奶油，提取精华。它主要面向高收入阶层，并利用消费者求新、求异、显示地位的心理，以高价在短期内获取高额利润。

在目标市场上，一旦有众多竞争者介入，企业就必须逐渐降低价格，以维持市场占有率。使用撇脂定价策略要求新产品具有高质量和良好的形象支持产品的高价，并在此高的价位上有足够大的市场需求量，产品需求弹性小，有专利保护或需要高科技投入才能生产，否则，这种高价对企业是不利的。

2）渗透定价策略

渗透定价策略是指工程机械企业以较低的价格把新产品投放到目标市场上，以吸引众多消费者，使产品迅速占领国外市场的一种策略。这种定价策略是以物美价廉刺激消费，扩大销售量，当取得预期的市场占有率后，企业通常逐步提高价格，以获取较多利润。采取渗透定价的基本条件是：市场需求对价格极为敏感；企业生产成本和经营费用不断下降；低价不会引起实际和潜在的竞争。

3）满意定价策略

满意定价策略又叫中间价格策略，这种价格是介于撇脂定价与渗透定价之间的价格，是指工程机械企业把价格确定在适当水平，既能使消费者易于接受，又能使企业获得较为满意的利润的定价策略。采用这种定价策略的企业是基于稳妥的角度考虑产品定价的，因为采用撇脂定价与渗透定价都有不同程度的风险。企业为了避开竞争，应制定适当的价格，配以其他的非价格手段达到扩大销售的目的。

2. 工程机械产品心理定价策略

心理定价策略是根据不同消费者的不同消费心理制定不同的价格，一般有尾数定价、声望定价、招徕定价、分级定价和习惯性定价策略。

1）尾数定价

尾数定价又称零头定价，是根据消费者对数字认知的某种心理，给产品制定一个带有零头的非整数价格。如给某种产品定为 9.9 元，而不定为 10 元，虽然两种定价相差只有 0.1 元，但对消费者的心理影响却是很大的。消费者通常认为带有零头的价格比整数价格相对低廉一些，并感觉卖方定价准确，从而能够吸引顾客购买。商业心理学家认为："零"是买方的心理警戒线，而 0~5 这一段数字作为尾数是买方心理上的松弛区。有时，企业还在尾数定价中利用消费者对美好事物联想的定价方法。如某些地区对"8"字十分偏爱，因为"8"字与"发"字发音相似，人们能联想到"发财""富有"，使人感到吉利，因此，产品价格常以"8"字作尾。这种策略通常适用于重复购买率高的日用品。

2）声望定价

声望定价是企业利用顾客普遍存在"优质高价"、崇尚名牌或有较高声誉产品的消费心理制定较高的价格或以整数定价的策略，它适用于质量不易鉴别的产品。消费者往往根据其产地、品牌和企业声誉来判断产品质量的优劣。

3）招徕定价

招徕定价，即利用消费者求廉、求奇心理，特意将某种产品价格定得很低或很高，以吸引消费者，使消费者在购买廉价产品或观望高价产品的同时，也采购其他正常价格的产品。这种方法通常被工程机械经销商所采用。为吸引用户，一些经销商利用重大的节假日推出降价商品，吸引了大量用户，带来了销售额大幅度增加的良好效果。

4）分级定价

分级定价，即企业把同一种产品分成不同的等级，并相应制定不同的价格，以满足不同层次用户的需求。通常不同等级的产品并没有明显的区别，通过这种分级创造出产品的不同档次，能吸引不同消费水平的消费者，增加企业的收益。但应注意所确定的档次不宜过多，档次之间的差价不宜过大。

5）习惯性定价

经过长时间的买卖双方的交易互动，有些产品在市场上已经形成稳定的习惯性价格，消

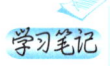

费者十分熟悉和习惯。在这种情况下，同类产品的再生产应尽量调整质量、数量和成本，制定出人们熟悉的价格水平，迎合顾客的需要。

【知识拓展 6-1】

成本的类型

成本是企业为生产和经营产品所支出的费用总和。按照经济职能分类，在工程机械行业可以分为制造成本和非制造成本。按照成本与其业务量的关系可以分为变动成本、固定成本和混合成本。

制造成本即产品生产成本，是在产品生产过程中发生的各种耗费的总和，包括直接材料、直接人工和制造费用。随着企业生产力水平的提高，制造费用在产品生产成本中的比重不断上升。

非制造费用是企业在行政管理、产品营销、筹集和运用资金过程中发生的各项耗费的总和，包括销售费用、管理费用和财务费用。

变动成本是指随业务量的变动而呈正比例变动的成本，如直接材料、直接人工等。

固定成本是指不随业务量的变动而变动的相对稳定的成本，如办公费、财产保险费等。

混合成本是指介于固定成本和变动成本之间，随业务量的变动而变动，但又不成比例变化的成本，如机器设备的维护保养费等。

3. 工程机械产品折扣定价策略

折扣定价策略是指工程机械企业在基本价格的基础上，为了鼓励中间商或用户大量采购、及早付清货款或在淡季购买等，按一定比例减让产品价格的优惠措施。常见的折扣方式主要有以下几种。

1）现金折扣

这是企业对顾客当时付款或在约定期间内付款的一种折扣优惠。买方付款越早，折扣率越高，目的是鼓励顾客尽快付款，企业及早收回货款，加速资金周转。如在某项交易条款中规定"2/10，$n/35$"，表示若客户能够在发票开出后的 10 日内付款，可以享受 2% 的现金折扣，如果放弃折扣优惠，则全部款项必须在 35 日内付清，超过 35 日未付清的货款按合同规定应缴纳一定的罚款等。

2）数量折扣

数量折扣是企业对大量采购的顾客给予程度不同的折扣优惠，以鼓励顾客购买更多的产品。购买数量或购买金额越大，折扣越多，目的是鼓励顾客大量购买。数量折扣通常分为累计数量折扣和非累计数量折扣。累计数量折扣指在一定时期内顾客累计购买数量越多，产品价格越低，如规定在三个月内，对购买某产品 100 件以上的顾客实行九五折优惠。非累计折扣指顾客一次购买数量越多，产品价格越低。如购买某种产品，规定购买 5 件以下每件 25 元，购买 6 件到 10 件每件 20 元，10 件以上每件 18 元，等等。

3）功能折扣

功能折扣又称贸易折扣，是指生产者因中间商承担了某种职能，如销售、储存、服务等，而给予中间商的一种额外价格折扣。中间商在不同的环节承担的责任不同，获得的折扣也不同，给予批发商的折扣通常大于给予零售商的。如生产者报价"1 000 元，折扣 30% 及 10%"，表示给零售商折扣 30%，即卖给零售商 700 元，卖给批发商则再折 10%，即价格为 630 元。

4）价格折让

价格折让是另一种类型价目表价格的减让，主要有以旧换新和促销折让两种形式。以旧换新是顾客购买新货时以旧货折价抵偿部分价款的优惠策略，旧货折价一般要根据具体情况来具体确定，如一辆小汽车标价为 100 000 元，顾客以旧车折价 30 000 元，即只需付 70 000 元即可购得这台新车。促销折让是指为鼓励参加卖方促销活动及支持销售计划的经销商而向它们支付的报酬或给予的价格减让。

4. 相关产品定价策略

当企业经营两种以上有一定相互关联的产品时，可采用组合定价策略，以谋求整体产品利润最优化。

1）互补品定价策略

互补品是指产品必须相互配套才能正常使用的产品，如剃须刀和刀片、照相机和胶卷等。企业通常对购买次数少、价值大、消费者对价格较敏感的主要产品定价有意低一些，而对与之配套使用的价值低、购买次数多的附属产品，价格适当调高一些，以求企业产品整体上利润的合理化。但企业不能将附属产品的价格定得过高，否则消费者会转向购买其他厂家生产的附属品。因此，企业要合理地组合好互补品价格，以促进组合产品的销售，使企业最终能获得较高的整体效益。这种方法适用于声誉比较高的企业。

2）成套产品定价法

成套产品定价也称产品系列定价，即对于既可单件出售又可成套出售的一组产品，企业经常将其组合在一起，以较低价格出售。这一组产品的价格低于单独购买其中每件产品的费用总和。由于顾客可能无意购买全部产品，因此，这一组合的降价幅度应大一些，以吸引顾客购买。如化妆品、学生学习用具、名贵药材、茶具、餐具等产品可配套出售。

3）产品线定价

产品线定价也称产品大类定价，是指当企业生产经营的系列产品存在需求和成本的内在关联性时，为充分发挥这种内在关联性的积极效应而采用的定价策略。企业定价时，首先确定某种产品的最低价格，使之在产品大类中充当领袖价格，以吸引顾客购买产品大类中的其他产品；其次确定产品大类中某种产品的最高价格，使之在产品大类中充当品牌质量和收回投资的角色；再次产品大类中的其他产品也分别依据在产品大类中的不同角色制定不同的价格。企业的任务是通过功能、性能、包装等确立产品质量和顾客认知质量差别，使价格差别合理化。

4）选择品定价

许多企业在提供主要产品的同时，还提供某些与主要产品密切关联的选择品。但企业必须确定和说明价目表中的价格包括哪些产品，哪些产品可作为选择对象。如汽车厂商向顾客推荐某种型号、款式和品牌的汽车时，还会提供电子开窗控制器、扫雾器和减光器等选择品；旅馆在提供正常服务的同时，经常提供按摩、高档洗发水等选择品。

5）分部定价

分部定价也称为两段定价策略，如服务性企业在提供服务时经常收取一笔固定费用，再加上可变的使用费。如电信行业，电话费用由月租费和通话费两部分组成；游乐园一般先收门票，如果游玩的地方超过规定，就再交费。一般而言，企业应尽可能地降低固定费用的价格，吸引消费者接受服务，从而在使用费中获取更多的利润。企业制定过高的固定费用会影响使用的数量，从而影响可变使用费的收入。

6）副产品定价

在生产加工肉类、石油产品和其他化工产品的过程中，经常有副产品，如果副产品价值很低，处理费用昂贵，就会影响主产品的定价。因此，制造商在确定主产品的价格时，必须能够弥补副产品的处理费用。如果副产品对某一顾客群有价值，能为企业带来收入，就应按其价值定价，主要产品价格在必要时可定低一些，以提高产品的市场竞争力。

任务评价

1. 根据任务的内容，对任务进行评分。

序号	考核要点		所占分值	评价标准	得分
1	素养层面	对待学习的态度和积极性	10 分	推迟提交，按推迟天数扣分	
2		沟通与表达能力	10 分	对文档进行流畅地演讲	
3	能力层面	报告架构能力	20 分	文档完整性高	
4		报告撰写能力	30 分	任务内容图文并茂	
5		报告呈现能力	10 分	WORD 格式规范程度高	
6	知识层面	基础概念的识记与理解程度	20 分	能够熟知市场营销的各种主要概念	
	总分				

2. 掌握技能与知识。

3. 新的体会及感悟。

4. 其他收获。

项目实施

某工程机械产品定价因素分析项目工作单

姓名：_____ 班级：_____ 学号：_____

所查阅资料情况

序号	资料内容	资料来源	备注

某工程机械产品定价因素

序号	产品不同生命周期阶段定价目标	影响因素	备注

续表

某工程机械产品定价因素分析项目工作单

姓名：_____ 班级：_____ 学号：_____

某工程机械产品定价因素		

项目过程中出现问题	解决办法

项目评价

序号	考核要点		所占分值	评价标准	得分
1	素养层面	团队合作与沟通表达	10分	具备良好的沟通能力和团队合作能力	
2		创新意识	10分	具备市场洞察力和创新能力	
3		勤奋与进取精神	10分	具备持续学习和自我提升的意识	
4	能力层面	营销环境与产品生命周期分析	20分	能够运用生命周期理论分析各个阶段特征	
5		价格影响因素分析	20分	结合实际情况，分析企业产品定价影响因素	
6	知识层面	基础概念的识记与理解程度	10分	熟悉产品生命周期理论	
7			10分	不同阶段产品的特征与策略	
8			10分	产品定价基本影响因素	
		总分			

拓展项目

一、任务内容

项目小组选取某工程机械产品作为研究对象，收集资料，结合目前所处的竞争环境，分析该企业产品策略与价格策略的应用情况，完成一份某企业产品策略与价格策略竞争性分析报告。

项目五 营销策略的制定：产品与价格

续表

二、任务要求
1. 分析报告应该具备：企业目前系列产品与价格调研；竞争者产品与价格调研；企业竞争优势分析、问题与建议等内容。
2. 内容要求详细、翔实，条例清晰，具有逻辑性

三、任务实施
1. 组建项目小组，3~4人为一小组，选出组长。
2. 网络搜集整理相关资料。
3. 分组撰写某企业产品与价格策略竞争性分析报告及汇报PPT。
4. 分组演示汇报PPT。
5. 互相点评，教师总评

四、任务评价

序号	考核要点	所占分值	评价标准	得分
1	上交情况	15分	推迟提交，按推迟天数扣分	
2	文档完整	30分	PPT不少于10张，图文并茂	
3	PPT精美程度	20分	PPT美观程度，大方美观	
4	演讲呈现	35分	完整地对PPT进行演讲	
总分				

五、指导老师评语

日期： 年 月 日

项目训练

1. 单项选择题

（1）（　　）生产技术和产品都已标准化，新的竞争者和同类产品大量出现，产品已被绝大多数消费者接受和购买，产品销售量继续增加，但增长的速度趋于缓慢。
　　A. 投入期　　　　　　　　　　B. 成长期
　　C. 成熟期　　　　　　　　　　D. 衰退期

（2）（　　）企业以低价格、高促销投入将产品在市场上销售，以期获得较多的市场份额和着眼于长期利润。
　　A. 快速撇脂策略　　　　　　　B. 慢速撇脂策略
　　C. 快速渗透策略　　　　　　　D. 慢速渗透策略

（3）（　　）是指当企业生产经营的系列产品存在需求和成本的内在关联性时，为充分发挥这种内在关联性的积极效应而采用的定价策略。
　　A. 互补品定价　　　　　　　　B. 选择品定价
　　C. 产品线定价　　　　　　　　D. 分部定价

（4）若客户能够在发票开出后的10日内付款，可以享受2%的现金折扣，如果放弃折扣优惠，则全部款项必须在35日内付清，表示正确的是（　　）。

A. 1/10，n/35　　　　　　　　B. 2/10，n/35
C. n/10，2/35　　　　　　　　D. 2/35，n/10

（5）（　　）是企业以低价格、高促销投入将产品在市场上销售，以期获得较多的市场份额和着眼于长期利润的一种策略。

A. 快速撇脂策略　　　　　　　B. 慢速撇脂策略
C. 快速渗透策略　　　　　　　D. 慢速渗透策略

2. 多项选择题

（1）我们可以把一种新产品经历的产生、发展和衰落的全过程分为（　　）。

A. 投入期　　　　　　　　　　B. 成长期
C. 成熟期　　　　　　　　　　D. 衰退期

（2）企业在产品投入期制定价格时，可以采取的营销策略有（　　）。

A. 快速撇脂策略　　　　　　　B. 慢速撇脂策略
C. 快速渗透策略　　　　　　　D. 慢速渗透策略

（3）产品整体概念任何一个层次的改革都可视为产品改良，包括（　　）。

A. 质量改良　　　　　　　　　B. 特性改良
C. 式样改良　　　　　　　　　D. 服务改良

（4）经营衰退期的产品对企业来说风险大、代价高，其损失不仅在利润方面，还存在许多隐含成本。衰退期的营销策略主要包括（　　）。

A. 重新策略　　　　　　　　　B. 放弃策略
C. 维持策略　　　　　　　　　D. 收获策略

（5）工程机械新产品定价策略运用恰当与否，将决定企业产品在目标市场上是否有广阔的发展前景，新产品定价策略有（　　）。

A. 撇脂定价策略　　　　　　　B. 渗透定价策略
C. 满意定价策略　　　　　　　D. 成本定价策略

3. 判断题

（1）产品生命周期包括产品的市场生命周期和自然生命周期。（　　）

（2）满意定价策略是介于撇脂定价与渗透定价之间的价格策略。（　　）

（3）功能折扣是企业对大量采购的顾客给予程度不同的折扣优惠，以鼓励顾客购买更多的产品。（　　）

（4）进入成长阶段，产品需求量增加，使得销售量迅速增长，市场占有率开始扩大，但竞争对手逐渐增多，竞争程度日趋激烈。这时，企业的营销指导思想应是尽可能延长产品的成长期，保持销售的增长速度。（　　）

（5）收获策略，是保持原有的细分市场和营销组合策略，把销售维持在一个低水平上，待到适当时机，便停止该产品的经营，退出市场。（　　）

4. 案例分析题

2021年7月1日，我国全面实施重型柴油车国六排放标准，国内重卡市场格局风云突变，进入历史性拐点，各大主机厂库存压力不容小觑，是释放库存，还是为卡友带来升级后的"真低价"福利？三一重卡率先做出表率，打出"三一国六不加价"的鲜明旗帜！

三一重卡在2021年7月15日举办了超级发布会，重磅推出了"国六双侠"江山465和正义460车型，并限量1 000台供卡友抢购。侠士热血、双剑合璧，在升级国六的关键时刻，共同击穿行业暴利，为卡友重新定义卡车性价比。

江山465搭载三一道依茨发动机，具有"有序燃烧、省油有道"的突出优势，一经上市就受到了卡友的广泛认可。其实，道依茨诞生于1876年，是领先世界、历史最久、位列世界十大柴油发动机第一名的发动机厂商。三一和道依茨合作生产的发动机，为确保匹配国六发动机时的整车性能，避免极端气候条件下发动机可能出现的动力不足、油耗高等问题，完成了"高寒、高原、高温、高盐、高尘"试验，成为业内第一个推出并完成"五高"验证的发动机品牌。

发动机性能强悍，而配备三一自主研发的江山驾驶室平台却堪称"柔情似水"，星级酒店零压感床垫、2 m高宽敞空间、空气弹簧记忆座椅、超高密度隔音静谧驾驶室等处处彰显人性化设计。三一依然做到了把价格控制在成本线上，让"国民重卡"江山465成为卡友的品质不二之选。

三一重卡对于性价比的极致追求，加上互联网卡车裂变营销，不打广告战只打性价比的务实作风，卡友有目共睹，也让三一重卡在短短几年内后来者居上，并收获了一批铁杆卡友的口碑和支持。

思考题：

三一重卡采取什么样的定价策略？该策略的特点是什么？

项目六　制定营销策略：渠道与促销

学习目标

【知识目标】
1. 了解工程机械分销渠道与促销的基本概念和理论知识。
2. 掌握工程机械分销渠道构建的决策过程。
3. 熟悉工程机械分销渠道管理的主要内容、特点和应遵循的原则。
4. 熟悉工程机械促销的手段和促销组合。

【能力目标】
1. 运用工程机械分销渠道相关知识，能够分析和制定主要的分销渠道模式。
2. 能够对分销渠道进行有效的管理，给出调整和优化的建议。
3. 能够根据不同销售情况选择合适的促销手段或者组合。

【素养目标】
1. 培养团队合作的沟通协调能力和商务素养。
2. 以客户为本，具备爱岗敬业、诚信友善的职业素养。

知识全景图

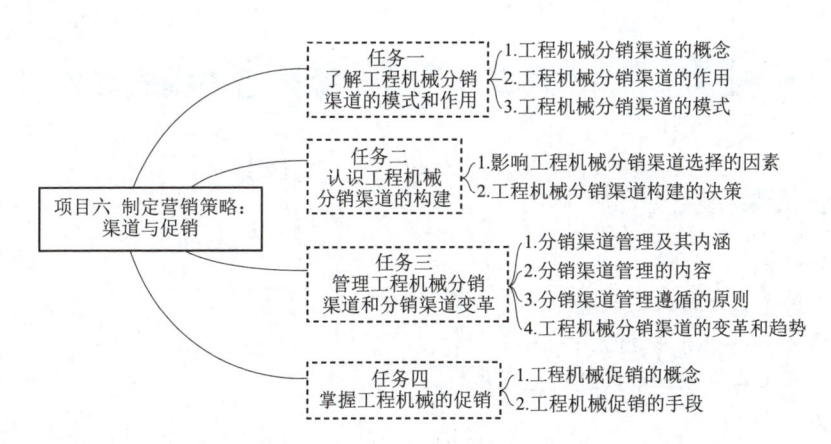

项目六 制定营销策略：渠道与促销
- 任务一　了解工程机械分销渠道的模式和作用
  1. 工程机械分销渠道的概念
  2. 工程机械分销渠道的作用
  3. 工程机械分销渠道的模式
- 任务二　认识工程机械分销渠道的构建
  1. 影响工程机械分销渠道选择的因素
  2. 工程机械分销渠道构建的决策
- 任务三　管理工程机械分销渠道和分销渠道变革
  1. 分销渠道管理及其内涵
  2. 分销渠道管理的内容
  3. 分销渠道管理遵循的原则
  4. 工程机械分销渠道的变革和趋势
- 任务四　掌握工程机械的促销
  1. 工程机械促销的概念
  2. 工程机械促销的手段

项目描述

三一重工分销渠道构建演变和促销创新

三一重工作为行业的龙头企业，从价值传递维度而言，三一重工的渠道营销模式经历多次演变和创新，其发展历程大致分三个阶段：

第一阶段：人员直销

在公司创业起步阶段，三一重工在混凝土机械的销售渠道和促销上，以人员直销为主（包括派驻分公司驻点），以经销代理和关系代理为辅，多渠道覆盖，有重点渗透，销售效率高。

第二阶段：混合渠道模式

随着客户基数扩大和产品进一步丰富，在国内以省区为单位成立分公司，主要承担区域市场营销与服务职能。区域分公司实行混合式营销模式，包括人员直销、渠道商分销、区域合伙人在内的复合渠道模式，统一服从区域分公司管理。区域合伙人可以是外部有资源的关系人，通过推介客户关系获得佣金报酬；也可以是内部销售精英转岗成区域合伙人，合伙人自主经营，相当于虚拟经销商式经营，经销商员工化，员工也可以经销商化。

第三阶段：O2O互动模式

随着互联网营销的兴起，作为行业龙头，三一重工在不断探索工业品互联网营销模式。三一重工建立GCP全球客户门户，为世界各地客户提供产品查询、采购咨询、在线订货、订单跟进、配件供应服务；同步构建起企业控制中心ECC，链接客户与企业的"最后一公里"，让客户采购设备后真正售后无忧。除了PC端，三一重工针对客户手机端，基于客户实际需求而建立智慧生态客户云App，基于物联网，实施云端数据智能管理，故障预测面向终端客户，并提供服务召请、配件商城、设备定位、施工状态等服务。

三一重工已经可以通过线上完成业务流程，同时可以线上推广，如开展一系列的直播、新品发布会、展会、有趣的营销活动和推广宣传一系列的金融服务政策等，引流到线下6S店进行操作体验和购买设备，真正实现了传统机械设备的O2O互动营销模式。

项目要求：请以小组为单位，分析以上案例并思考三一重工分销渠道模式的演变一共经历了几个阶段，每个阶段的分销渠道有什么特点，采取了什么促销手段，为什么要这么构建。

任务一　了解工程机械分销渠道的模式和作用

学习目标

1. 知识目标

（1）了解工程分销渠道的概念。

（2）熟悉工程分销渠道的主要模式。

（3）了解工程机械分销渠道的主要作用。

2. 能力目标

（1）能够运用分销渠道的基本理论知识。

（2）能够分析分销渠道的主要模式，并选择合适的分销模式。

3. 素养目标

（1）养成一切从实际出发，掌握科学客观的认识和分析事物的方法论。

（2）养成遇到问题能迎难而上的良好态度。

任务描述

李小明是一家工程机械公司负责某省分销渠道的经理，他在该省的分销渠道管理表现出色，公司为将业务拓展到另外一个省建立新的分销渠道，将其调任新的省市场部，上级张大勇要求其迅速搜集、整理该省其他工程机械公司的分销渠道概况，形成分析报告。

任务要求：搜集和查阅国内一家工程机械企业资料，分析该企业分销渠道的概况，并以 WORD 文档的方式呈现分析报告，字数不少于 300 字。

任务实施

1. 任务准备

班级 4~5 人一组，学习理论知识，通过互联网、书籍、影音资料等渠道查阅资料。

2. 任务操作

（1）根据任务要求，用科学方法搜集一家国内工程机械企业分销渠道的相关资料。

（2）小组学习分销渠道基本理论知识，讨论该企业分销渠道的主要模式。

（3）确定其内容，最好能用到一些好的分析工具例如 SWOT 等并分工形成书面分析报告。

（4）小组成员全部上台，推荐 1 名小组成员介绍该企业的案例，介绍完之后，接受同学提问。

（5）除介绍案例成员外，小组其他成员回答同学问题。

3. 任务提示

（1）任务完成过程中，通过多渠道，全面搜集资料。

（2）文档内容具体、翔实，条理清晰，具有逻辑关系。

知识链接

分销渠道作为产品从制造厂商到客户的过程中不可或缺的桥梁，是市场营销中的关键组成部分，其不仅仅是商品流通的路径，更是价值传递、信息交换和客户关系管理的重要渠道。通过有效的分销渠道管理，企业能够扩大市场覆盖范围，提高产品的可及性和客户满意度，同时实现成本效益的最优化。不同的分销策略拥有独特的优势和挑战，企业在选择适合自己产品和服务的分销模式时，必须考量客户需求、市场环境以及自身的资源和能力。因此，理解并设计适宜的分销渠道结构，对于确保企业市场竞争力和持续增长至关重要。

分销渠道的含义

1. 工程机械分销渠道的概念

工程机械分销渠道是指工程机械产品或服务从制造厂商向用户转移过程中所经过的一切取得所有权（或协助所有权转移）的商业组织和个人，即工程机械产品或服务从制造厂商到用户的流通过程中所经过的各个环节连接起来形成的通道。分销渠道通过其组织成员的协调运作，弥补产品或服务的生产与用户在使用形式、所有权转移、使用时间以及使用地点之间的差异，为最终使用者创造价值。工程机械本身相对普通的产品而言是一种结构复杂、单价相对较高、对售后服务要求较高的产品类型。一般来说分销渠道不宜过长，否则一方面会影响企业的产品价格竞争优势，另一方面会影响产品和服务对市场的响应速度。

项目六　制定营销策略：渠道与促销

2. 工程机械分销渠道的作用

在工程机械营销中，分销渠道扮演着至关重要的角色。分销渠道在工程机械营销中的主要作用如下。

1）提高市场覆盖率

分销渠道是确保产品覆盖目标市场并渗透到潜在客户中的关键机制。对于工程机械产品，由于其价格相对较高，购买者通常为企业或专业用户，因此需要通过经销商或代理商借助互联网营销等方式来接触这些潜在购买者。通过建立有效的分销渠道，企业可以实现对市场的广泛覆盖，同时渗透到难以直接接触的潜在购买者中。制造商可以通过与全国或地区性的经销商合作，将自己的产品销售到更远的地区或更多的行业。

2）提供销售和服务支持

许多工程机械产品需要专业的售前咨询、售后服务和技术支持，分销商往往具有丰富的行业知识和本地市场经验，可以提供这些支持。例如，经销商可以帮助客户选择合适的设备，提供设备安装和维护服务，解答客户的技术问题。

3）提高效率，降低成本

制造商通过分销渠道可以将销售、物流、服务等环节外包给分销商，从而提高效率、降低成本。例如，制造商可以避免建立自己的销售团队和物流体系，而是通过经销商的网络进行销售和配送。

4）获取市场信息

分销商通常比制造商更了解本地市场的需求和动态。通过与分销商的合作，制造商可以获取这些宝贵的市场信息，以便更好地调整自己的产品和营销策略。

分销渠道在工程机械营销中的作用是多方面的，它既可以帮助制造商扩大销售范围、提高效率、降低成本，又可以提供销售和服务支持，获取市场信息。制造商应该根据自身的产品特性、市场环境、资源状况等因素，选择和管理好自己的分销渠道。

3. 工程机械分销渠道的模式

1）直销模式

直销模式是指制造商直接将产品销售给最终用户的分销方式。在这种模式下，制造商自身承担了销售、物流和售后服务等环节，能够更直接地与客户进行沟通和交流。直销模式通常适用于大型客户或需要特殊定制的项目，可以有效减少中间环节和成本。工程机械制造商通过其官方网站接受用户订单，然后直接将产品发货给用户，同时提供售后服务和技术支持。这种模式能够确保制造商与客户之间的直接联系，提高产品质量和客户满意度。

2）经销商模式

经销商模式是制造商与经销商建立合作关系，将产品批发给经销商，再由经销商负责将产品销售给最终用户。经销商通常在地区或市场上具有较强的销售和服务能力，能够提供更全面的解决方案和支持。工程机械制造商与多个经销商合作，在不同的地区设立经销商销售点。经销商负责向当地用户推广和销售工程机械产品，并提供售后服务和技术支持。制造商通过与经销商合作，能够更好地覆盖市场，提高产品的销售效率。

3）代理商模式

代理商模式是指制造商委托代理商在特定区域或市场上销售产品，并提供售后服务。代理商通常具有较强的市场渗透能力和客户关系，能够更好地了解当地市场需求和竞争情况。

举例来说，某工程机械制造商与代理商签订合作协议，将产品的销售和售后服务权委托给代理商，代理商负责在特定区域或市场上销售工程机械产品，并与当地用户建立长期合作关系。制造商通过与代理商合作，能够充分利用代理商的市场资源和客户网络，提高产品的市场份额和销售效果。

图6-1所示为工程机械分销渠道模式图。

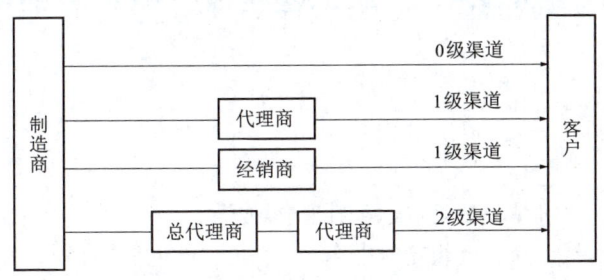

图6-1 工程机械分销渠道模式图

• 同步拓展

全球工程机械巨头三一重工在其混凝土机械的销售渠道上，以人员直销为主（包括派驻分公司驻点），以经销代理和关系代理为辅，多渠道覆盖，有重点渗透，销售效率高。三一重工的人员直销采用团队协作模式，在拜访客户时，销售、服务、市场、技术线一同走访客户，协同开发客户、获取订单、回访客户及进行服务满意度调查等，阵容强大、配置专车，让客户震撼和感动，甚至一些客户因为三一重工的营销团队来拜访过而感到自豪，最后不自觉地成为三一重工的"义务宣传员"。特别要提到的是三一重工的6S店模式，强化终端店面销售和服务。相比汽车4S店，集整车销售（Sale）、零配件供应（Sparepart）、售后服务（Service）、信息反馈（Survey）、产品展示（Show）、专业培训（School）六位一体的6S店，具有更宏大的店面（每个6S店占地上百亩），具备更加强大的营销和服务功能。

任务评价

1. 根据任务的内容，对任务进行评分。

序号	考核要点		所占分值	评价标准	得分
1	素养层面	对待学习的态度和积极性	10分	推迟提交，按推迟天数扣分	
2		沟通与表达能力	10分	对文档进行流畅地演讲	
3	能力层面	报告架构能力	20分	文档完整性高	
4		报告撰写能力	30分	任务内容图文并茂	
5		报告呈现能力	10分	WORD格式规范程度高	
6	知识层面	基础概念的识记与理解程度	20分	能够熟知市场营销的各种主要概念	
		总分			

2. 掌握技能与知识。

3. 新的体会及感悟。

4. 其他收获。

任务二 认识工程机械分销渠道的构建

学习目标

1. 知识目标
(1) 了解影响工程机械分销渠道选择的因素。
(2) 熟悉工程机械分销渠道构建的决策。
2. 能力目标
(1) 能够根据已有信息对工程机械企业分销渠道进行分析。
(2) 能够基于已有信息学会如何构建工程机械企业的分销渠道。
3. 素养目标
(1) 养成善于分析和解决问题的职业习惯。
(2) 发挥不断进取的斗志,形成不断持续改善的意识。

任务描述

基于对友商在该省的分销渠道概况,李小明分析总结后要准备一份公司进入该省如何建立分销渠道的报告,以便提供给上级领导做出合理、客观的决策。

任务要求:搜集和整理公司的相关资料,并梳理对标友商的相关资料,形成调研报告,报告以 PPT 的方式呈现,不少于 8 页。

任务实施

1. 任务准备

班级 4~5 人一组,学习理论知识,通过互联网、书籍、影音资料等渠道查阅资料。

2. 任务操作

(1) 根据任务要求,搜集影响工程机械企业分销渠道构建的相关因素。
(2) 小组根据分销渠道构建的决策步骤,分工形成书面分析报告。
(3) 小组成员全部上台,推荐 1 名小组成员介绍该企业的案例,介绍完之后,所有组员接受同学提问。
(4) 对于给出建立分销渠道的方案,鼓励同学们给出进一步优化的建议。

3. 任务提示

(1) 任务完成过程中,通过多渠道,全面搜集资料。
(2) 文档内容具体、翔实,条理清晰,具有逻辑关系。

知识链接

1. 影响工程机械分销渠道选择的因素

工程机械分销渠道的构建是指工程机械企业通过一系列策略和行动,建立和优化一个将其产品从生产地移动到客户手中的网络。这个网络通常包括一系列中间环节，如经销商和零售商等，它们在产品从生产商到客户的过程中起到关键的桥梁作用。所以，要建设工程机械分销渠道，必须充分考虑方方面面的各种因素，并在此基础上做出合适的决策。工程机械分销渠道构建必须考虑产品特性、市场环境、制造商与分销商的资源和能力、分销商的资源和能力以及社会环境等多方面因素，以确保产品能够有效地到达目标市场，满足客户需求。

1）产品特性

产品特性是影响分销渠道选择的一个重要因素，工程机械产品的特性对其分销渠道的影响主要包含以下几个方面：

（1）产品复杂性：工程机械通常具有高度的技术性、大而笨重且使用寿命长，这可能需要经销商具有专业知识与技能来销售和提供长期的服务，并与能够处理大型与重型货物的物流和分销商合作，以确保产品能安全、有效地到达目标市场。

（2）产品价值和价格：工程机械通常具有高价值和高价格，这可能会对分销渠道的选择产生影响。企业可能需要选择信誉良好、财务稳健的分销商，同时可能需要对分销商进行信用审查，以减少信用风险。

（3）产品更新频率：如果工程机械的更新频率较高，那么分销渠道的选择和管理就需要更加灵活，以便能够快速应对产品更新。企业可能需要选择能够快速适应新产品的分销商，同时可能需要建立有效的产品信息通信机制。

2）市场环境

市场环境包括市场规模和地域分布、市场竞争环境、市场需求特性等因素。

（1）市场规模和地域分布：在大规模和广泛分布的市场中，企业可能需要构建复杂的分销网络，包括多层级的分销商和在各地的销售点，以覆盖整个市场。在小规模或集中的市场中，企业可能只需要较简单的分销渠道。

（2）市场竞争环境：在竞争激烈的市场中，企业可能需要选择具有较强竞争力的分销商，或者提供更好的支持和激励，以提高分销商的销售效果。在竞争较弱的市场中，企业可能有更大的选择余地。

（3）市场需求特性：如果市场需求稳定，企业可能更倾向于选择有稳定业务和良好信誉的分销商；如果市场需求波动大，企业可能需要具有较强应对变化能力的分销商，同时可能需要更灵活的分销策略。

3）企业的资源和能力

企业的资源和能力主要包括其财务资源、人力资源、技术和管理能力以及品牌影响力等。

（1）财务资源：财务资源能力决定了在分销渠道建设上投入多少。对于财务实力强的企业，可能会选择构建自己的销售团队或者设立自己的零售点；对于财务资源相对有限的企业，可能会选择与已经有一定规模和销售网络的分销商合作。

（2）人力资源：如果企业有能力招聘和培训自己的销售人员，可能会选择自主销售；如果企业人力资源有限，可能会倾向于与已有销售团队的分销商合作。

（3）技术和管理能力：对于技术能力和组织管理能力强的企业，特别是在产品服务和销售过程控制方面，可能会选择自主销售，比如直销，因为这样可以更好地保证产品的服务质量；相反，能力较弱的企业可能会选择与有一定技术服务组织销售能力的分销商合作。

（4）品牌影响力：对于有较强品牌影响力的企业，可能会选择自主销售，这样可以更好地控制品牌形象；对于品牌影响力较弱的企业，与知名分销商的合作可能有助于提升品牌知名度。

因此，企业的资源与能力对其分销渠道的选择和管理有重要影响，需要根据各自的资源与能力来选择和优化其分销策略，以确保产品能够有效地到达目标市场，满足客户需求。

4）社会环境因素

社会环境因素比如国家文化背景、法制环境、整体社会经济和科技水平等都对企业工程机械分销渠道的选择和管理有重要影响，企业需要根据这些因素来优化其分销策略，以确保产品能够有效地到达目标市场，满足客户需求。

工程机械分销渠道选择是一个复杂的决策过程，需要制造商综合考虑多种因素。制造商应该根据自身的产品特性、市场环境、公司资源与分销商的能力和信誉，选择最适合自己的分销渠道。

2. 工程机械分销渠道构建的决策

构建工程机械分销渠道的决策一共需要经过分析市场对分销渠道的要求、确定分销渠道的目标和约束条件，以及制定可行的分销渠道方案并持续监控、调整和优化三个阶段。

1）分析工程机械市场对分销渠道的要求

分析工程机械市场对分销渠道的要求主要考虑以下因素：

（1）客户需求：这包括了解他们需要什么类型的工程机械和购买偏好，这些机械将在哪些类型的项目中使用，以及他们对机械性能、维护和服务的具体预期。

（2）市场规模和地理位置：了解市场规模和地理位置对确定最有效的分销渠道至关重要。例如，如果企业的目标市场主要分布在广大的农村地区，那么可能需要建立对应的分销点以保证覆盖，或者考虑使用在线销售和配送。

• 同步拓展

三一重工作为全球领先的工程机械制造商，在全球市场上具有广泛的分销网络。针对不同的市场规模和地理位置，三一重工采取了差异化的分销策略。

在国内市场，三一重工建立了一个覆盖全国的分销网络，包括自营店、授权经销商以及服务中心。这样密集的分销网络确保了三一重工能够覆盖广阔的地理区域，满足各地客户的需求，并且能够提供及时的售后服务。此外，三一重工在主要城市设立了区域物流中心，以实现高效的物流配送，减少运输时间和成本。

在国际市场，三一重工根据各个地区的市场规模和地理特点，采用灵活多变的分销模式。例如，在市场规模较大且基础设施完善的地区，如欧洲和北美，三一重工通过建立子公司、收购当地经销商或与当地强有力的经销商合作，以确保分销网络的稳定性和服务的本地化。在这些地区，三一重工的分销策略旨在提供接近客户的服务，同时利用当地成熟的物流系统。相比之下，在市场规模较小或地理位置较为偏远的地区，三一重工可能采取更为集中的分销方式，选择少数几个强有力的合作伙伴，或者直接通过国际贸易的方式进行销售，以降低分销成本和管理难度。

（3）价格敏感度：客户的价格敏感度也会影响企业对分销渠道的选择。如果客户非常关注价格，那么可能更倾向于选择价格较低的在线渠道；反之，如果客户更注重服务和支持，那么可能愿意在实体店购买。

（4）售后服务要求：工程机械需要定期维护且可能需要维修，所以客户可能会对能提供这些服务的渠道有高度的倾向，这可能意味着需要建立服务中心，或者与现有的服务提供商建立合作关系。

（5）竞争状况：需要考虑市场上的竞争状况。如果有一家公司已经建立了强大的分销网络，那么可能需要考虑如何区别对待自己的渠道策略，或者寻找可以利用的市场缝隙。

2）确定工程机械分销渠道的目标和约束条件

确定工程机械分销渠道的目标和约束条件需要考虑以下一些关键因素：

（1）业务目标：企业的分销渠道应该与企业的整体业务目标保持一致。如果企业的目标是扩大市场份额，那么可能需要考虑如何通过增加分销点或扩大销售网络来实现这一目标；如果目标是提高利润，那么需要考虑如何提高分销效率或降低分销成本。

（2）资源和市场约束：资源约束可能包括资金、人力和时间等因素。如果预算有限，那么可能需要考虑如何以最小的投入获取最大的回报；如果是人力资源有限，那么可能需要考虑如何通过自动化或外包等方式提高分销效率。市场约束包括法规、竞争和客户需求等因素。如市场上的竞争非常激烈，那么可能需要考虑如何通过差异化的服务或产品来获得竞争优势；如果客户对产品的需求有特殊的要求，那么可能需要考虑如何满足这些需求。

（3）技术约束：技术约束可能包括分销系统的能力、信息系统的能力以及其他相关的技术因素。例如，如果分销系统无法处理大量的订单，那么可能需要考虑升级系统或寻找其他的解决方案。

（4）环境约束：环境约束可能包括社会环境、经济环境和自然环境等因素。例如，如果经济环境不稳定，那么可能需要考虑如何降低风险；如果自然环境有特殊的要求，比如地理位置偏远，那么可能需要考虑如何解决物流问题。

3）制定可行的分销渠道方案

基于客户的渠道服务需求以及工程机械分销渠道的目标和约束条件，可以按照以下步骤制定可行的分销渠道方案并选出最优方案：

（1）确定可能的渠道选择：根据客户的需求和约束条件，确定可能的分销渠道，这可能包括直销、经销商、网络销售等。

（2）分析每个渠道的优缺点：对每个可能的渠道进行深入的分析，包括其可能带来的销售额、成本、风险以及对目标和约束条件的满足程度。

（3）比较不同渠道方案：基于分析结果，比较不同渠道方案的优缺点。考虑其对业务目标的支持程度，以及其对约束条件的满足程度。

（4）选择和实施最优方案：选择最能满足客户需求、业务目标和约束条件的渠道方案，并进行实施。最优方案应该是一个平衡了收益、风险和成本的方案。

4）持续监控、调整和优化

在实施过程中，实时监控渠道的性能，并根据结果进行调整。如果在实施过程中发现某个渠道的性能没有达到预期，或者客户的需求发生了变化，那么可能需要重新评估和调整渠道方案。需要注意的是，制定和选择最优的分销渠道方案是一个需要深入思考和持续优化的过程，可能需要经过多次试验和调整才能找到最适合的方案。

工程机械分销渠道模式如图6-2所示。

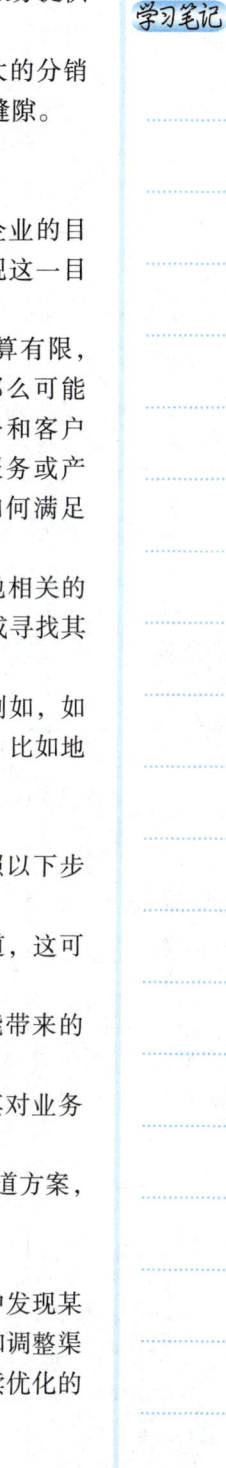

分析工程机械市场对分销渠道的要求	确定工程机械分销渠道的目标和约束条件	制定可行的分销渠道方案并从中选择最优方案实施	持续监控、调整和优化
➢ 客户需求 ➢ 市场规模和地理位置 ➢ 价格敏感度 ➢ 售后服务要求 ➢ 竞争状况	➢ 业务目标 ➢ 资源和市场约束 ➢ 技术约束 ➢ 环境约束	➢ 确定可能的渠道选择 ➢ 分析每个渠道的优缺点 ➢ 比较不同渠道方案 ➢ 选择和实施最优方案	在实施过程中,实时监控渠道的性能,并根据结果进行调整持续优化

图 6-2　工程机械分销渠道模式

任务评价

1. 根据任务的内容,对任务进行评分。

序号	考核要点		所占分值	评价标准	得分
1	素养层面	对待学习的态度和积极性	10 分	推迟提交,按推迟天数扣分	
2		沟通与表达能力	10 分	对文档进行流畅地演讲	
3	能力层面	报告架构能力	20 分	文档完整性高	
4		报告撰写能力	30 分	任务内容图文并茂	
5		报告呈现能力	10 分	PPT 格式规范程度高	
6	知识层面	基础概念的识记与理解程度	20 分	能够熟知市场营销的各种主要概念	
		总分			

2. 掌握技能与知识。

3. 新的体会及感悟。

4. 其他收获。

任务三　管理工程机械分销渠道和分销渠道变革

学习目标

1. 知识目标
(1) 熟悉管理工程机械分销渠道的主要内容。

（2）熟悉工程机械分销渠道需要遵循的原则。
（3）了解工程机械分销渠道的主要变革和趋势。
2. 能力目标
（1）能够知道从哪些方面去管理好工程机械分销渠道。
（2）顺应工程机械渠道管理的发展现状和趋势，未来能培养自己的分销渠道管理风格。
3. 素养目标
（1）养成善于融入团队和团队协作的职业素养。
（2）提升对分销渠道发展方向的职业敏感度。

任务描述

在该省的分销渠道已经按照既定方案建立起来了，现在李小明需要根据现有情况去管理好分销渠道，以达到降本增效和提高销售的目的。请根据现有情况提供一份分销渠道管理报告，以便汇报给上级领导。

任务要求：搜集和整理公司的相关资料，并梳理对标友商的相关资料，形成调研报告，报告以PPT的方式呈现，不少于8页。

任务实施

1. 任务准备

班级4~5人一组，学习理论知识，通过互联网、书籍、影音资料等渠道查阅资料。

2. 任务操作

（1）根据任务要求，搜集渠道管理需要注意的方面和原则的资料。
（2）小组根据分销渠道管理的内容和原则，分工形成书面分析报告。
（3）小组成员全部上台，推荐1名小组成员介绍该企业的案例，介绍完之后，团队所有成员接受同学提问。
（4）小组所有成员都要回答同学问题。

3. 任务提示

（1）任务完成过程中，通过多渠道，全面搜集资料。
（2）文档内容具体、翔实，条理清晰，具有逻辑关系。

知识链接

1. 分销渠道管理及其内涵

工程机械分销渠道管理是指企业为了实现产品销售和目标市场占领，选择合适的渠道成员，对渠道成员进行指导和激励，协调渠道成员之间的冲突以及对渠道成员进行绩效考核的过程。在工程机械营销中，分销渠道管理至关重要，这是因为工程机械产品具有较高的技术复杂性和价格，需要专业的销售代表和售后服务来满足客户需求。因此，企业需要选择合适的中间商，构建高效的分销渠道，以实现产品销售、品牌推广以及市场覆盖等目标。

通过有效的分销渠道管理，企业可以更好地适应市场变化，提高渠道效率和竞争力。同时，良好的渠道管理还可以加强与中间商和客户的合作关系，提高客户满意度和忠诚度，从而实现企业的长期发展目标。

2. 分销渠道管理的内容

企业需要不断地加强对分销渠道的管理，主要包括对渠道成员的选择、对渠道成员的指导和激励、对渠道成员的冲突协调，以及对渠道成员的绩效考核和优化，如图6-3所示。

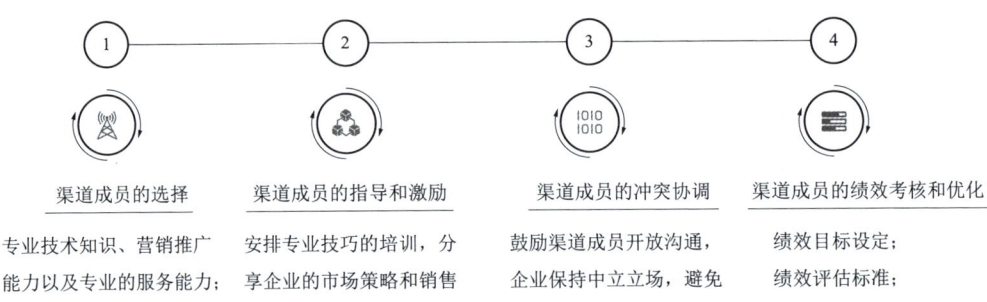

1	2	3	4
渠道成员的选择	渠道成员的指导和激励	渠道成员的冲突协调	渠道成员的绩效考核和优化
专业技术知识、营销推广能力以及专业的服务能力；覆盖企业规划的关键区域；与目标市场或目标客户群体一致等	安排专业技巧的培训，分享企业的市场策略和销售目标，保持良好的沟通和反馈机制，根据销售业绩施以奖惩，定期举办合作伙伴会议等	鼓励渠道成员开放沟通，企业保持中立立场，避免偏袒任何一方，以维护公平和信任；设置明确的合作规则和冲突处理机制等	绩效目标设定；绩效评估标准；绩效反馈

图6-3

1）渠道成员的选择

工程机械分销渠道的成员选择是一个关乎企业产品分销效率与市场竞争力的重要决策过程。在选择分销渠道成员时，企业需要考虑渠道成员是否具备足够的专业技术知识、营销推广能力以及专业的服务能力，是否覆盖企业规划的关键区域，是否与目标市场或目标客户群体一致，是否有主观合作的意愿以及财务状况是否健康等，以确保最佳的分销效果。

2）渠道成员的指导和激励

对于工程机械分销渠道成员指导和激励包括但不限于对其安排产品知识和销售技巧的培训，分享企业的市场策略和销售目标，保持良好的沟通和反馈机制，根据销售业绩施以奖惩，定期举办合作伙伴会议，加强与渠道成员的互动和关系维护等，以保证分销渠道成员工作效率的最大化。

3）渠道成员的冲突协调

在工程机械分销渠道中，可能会出现渠道成员间的各种冲突，需要第一时间识别出冲突类型，如价格冲突、市场覆盖冲突、角色冲突等，在此基础上鼓励渠道成员之间开放沟通。处理冲突时，企业保持中立立场，避免偏袒任何一方，以维护公平和信任。此外，也可以采用谈判的形式来协商解决冲突，寻求双方都能接受的解决方案。在渠道管理中需要设置明确的合作规则和冲突处理机制，以预防和合理处理可能出现的冲突。

4）渠道成员的绩效考核和优化

在工程机械分销渠道中，对渠道成员的绩效考核是关键的管理步骤，它不仅影响渠道成员的工作积极性，也直接关系到分销效率和企业利益。以下是绩效考核应注意的几个方面：

（1）绩效目标设定：考核的目标设定要非常明确，即设定明确、多维度且量化的销售目标，如销售量、销售额等，这样便于实际的跟踪考核。但也不能只局限于某一方面，除了销售业绩，考核目标还应当包括客户服务水平、市场拓展情况等复合的考核目标。考核的目标设定要具有一定的挑战性，既符合实际情况努力能够达到，也不能太过于简单，这样才能对渠道成员产生一定的激励。

（2）绩效评估标准：实际评估渠道成员的绩效达成情况，要注意严格按照之前设立的标准来执行，确保评估客观公正，所有渠道成员应一视同仁，避免因主观因素的干涉影响评估结果。评估标准也要注意与时俱进，特别是要关注国家政策、社会和市场环境、新技术和新产品的发展等，合理地动态调整评估标准，以适应最新发展的需求，从而确保绩效评估起到应有的作用。

（3）绩效反馈：在完成绩效评估后，应及时向渠道成员反馈评估结果，明确指出渠道成员的优点和不足，给出具体的改进建议。同时也要鼓励渠道成员对绩效评估结果提出疑问或反馈，以促进双向沟通和理解。绩效评估和反馈的过程，也是工程机械渠道商和制造商之间加深彼此认知、促进相关进步的过程。如果渠道商屡次考核不合格，应根据绩效考核办法对不合格的渠道商及时淘汰优化，以保证分销渠道的通畅和效率。

绩效考核都是为了实现一个目标，即通过有效的分销渠道管理，使产品能够顺利地从制造商传递到客户，满足客户的需求，实现企业的市场和业务目标。

3. 分销渠道管理遵循的原则

1）目标明确

分销渠道管理应明确渠道目标，即通过渠道实现的产品销售、市场拓展、客户获取等具体目标。在制定渠道策略和政策时，应根据产品特点、市场需求、竞争状况等因素，明确渠道的规模、性质和运作方式，确保渠道目标的实现。

2）择优合作

在选择渠道成员时，应遵循择优合作的原则。要评估潜在的中间商或代理商的实力、业绩、营销网络和声誉等方面的因素，选择与自身业务和发展目标相匹配的合作伙伴。同时，要关注合作伙伴之间的协同效应，实现渠道整体效益的最大化。

3）合理分工

在分销渠道管理中，应明确生产商和中间商或代理商之间的职责和分工。生产商应关注产品研发、品质控制和供应链管理等方面，中间商或代理商应关注市场开拓、销售促进和客户关系维护等方面。通过合理分工，可以提高渠道效率和客户满意度，降低渠道冲突的风险。

4）有效沟通

分销渠道管理需要建立有效的沟通机制。生产商和中间商或代理商之间应保持及时、准确的信息传递和沟通，共同应对市场变化和客户需求。同时，要建立畅通的投诉和建议反馈机制，及时解决渠道中存在的问题和矛盾，确保渠道的稳定性和持续性。

5）动态调整

分销渠道管理应根据市场变化和业务发展需求进行动态调整。要密切关注市场竞争状况、客户需求变化、技术发展等因素，及时调整渠道策略和政策，优化渠道结构和运作方式，以保持渠道的适应性和竞争力。

6）合规合法

分销渠道管理应遵循国家与地区的法律法规和行业规定，确保渠道运行的合规性和合法性。同时，生产商和中间商或代理商之间的合作应遵循合同约定和商业伦理，维护市场秩序和商业信誉。

7）持续发展

分销渠道管理应关注渠道的持续发展和长期效益，要制定渠道发展的战略规划，关注人才培养和团队建设，加强与合作伙伴的战略合作，提升渠道整体的竞争力和发展潜力。

分销渠道管理需要遵循目标明确、择优合作、合理分工、有效沟通、动态调整、合规合法和持续发展等原则，这些原则是实现分销渠道高效运作和长期成功的重要保障。

4. 工程机械分销渠道的变革和趋势

随着科技的进步和市场环境的变化，工程机械的分销渠道也在发生深刻的变化。当前，工程机械营销渠道的最新趋势和革命主要体现在以下几个方面：

1）数字化和网络化

随着互联网和数字化技术的发展，网络营销成为工程机械分销的重要渠道。这种变革主要包括销售平台的数字化，如电商、社交媒体等，以及销售过程的数字化，如 CRM 客户关系管理系统的应用、大数据分析等。这使得分销更加高效，能够更快地响应市场变化，同时也使得公司能够获取更多关于市场和客户的数据，指导决策，以适应日益变化的市场环境。

传统企业走向
数字化转型

• 同步拓展

作为行业龙头企业，三一重工一直关注于练"内功"——数字化战略，面对变化的客户需求，三一重工正加速数字创新进行满足，从 2016 年至 2023 年分别推出了 CRM、三一客户云、智慧服务系统、SanyLink + 等一系列数字系统，解决了客户设备管理难、服务过程不透明等一度困扰广大客户的难点、重点问题。

2）个性化和定制化

针对不同的客户群体，工程机械企业需要制定个性化的销售策略。这包括针对不同地域、行业或客户类型的销售策略，以及根据客户的购买历史和行为特征，制定个性化的营销信息和促销活动等。针对不同的市场和客户，工程机械企业需要构建定制化适应性的分销渠道，这包括选择适合特定市场或客户的销售渠道，以及根据客户的需求和习惯，提供便捷的购买方式和交付服务等。

3）服务化

服务在分销渠道中的作用越来越重要，这包括售前咨询、售中支持、售后服务等。优质的服务不仅能够提高客户满意度，也能增强品牌形象，提高客户忠诚度。服务作为产品的延伸，意味着除了提供针对产品本身的服务外，还需要提供与产品相关的各种服务，如安装、维护、培训、咨询等。这些服务不仅能够提高产品的价值，而且能够提高客户的满意度和忠诚度，增强与客户的关系，提高品牌的知名度和好评度，帮助企业取得竞争的优势，赢得更多的市场份额。

4）全球化和本地化

随着全球化的推进，工程机械分销渠道也开始全球化。全球化主要表现在企业销售网络的全球覆盖，通过建立全球性的分销网络，企业可以将产品销售到世界各地，扩大销售市场，提高销售额。本地化主要体现在提供本地化的服务和支持，这包括设立本地的服务中心和零部件仓库，提供本地语言的服务，以及根据本地的文化和习惯进行服务方式的调整等。针对不同的市场，企业需要同时制定本地化的市场策略，这包括根据本地市场的特点和需求，进行产品设计和价格设定，以及根据本地的竞争环境，进行市场推广和竞争策略的制定等。

• 同步拓展

工程机械巨头三一重工，积极拓展海外分销渠道和市场，不仅收购了普茨迈斯特成立三一欧洲的产业集群，而且分别建立了三一美国、三一印度和三一巴西等分销渠道和产业集群。此外，三一重工同样在中国本土市场深耕多年，有着自有的庞大分销渠道。因此，要想在全球市场有一席之地，就必须在全球化和本地化之间找到一个平衡点，一方面，企业需要利用全球化的优势，扩大销售市场，降低成本；另一方面，企业也需要注重本地化，以满足不同市场的特定需求，提高市场竞争力。

以上四个层次的趋势和革新正在深刻地影响工程机械分销渠道的发展。在面对这些变革时，工程机械公司需要不断更新自身的分销策略，以适应新的市场环境。

任务评价

1. 根据任务的内容，对任务进行评分。

序号	考核要点		所占分值	评价标准	得分
1	素养层面	对待学习的态度和积极性	10 分	推迟提交，按推迟天数扣分	
2		沟通与表达能力	10 分	对文档进行流畅地演讲	
3	能力层面	报告架构能力	20 分	文档完整性高	
4		报告撰写能力	30 分	任务内容图文并茂	
5		报告呈现能力	10 分	PPT 格式规范程度高	
6	知识层面	基础概念的识记与理解程度	20 分	能够熟知市场营销的各种主要概念	
	总分				

2. 掌握技能与知识。

3. 新的体会及感悟。

4. 其他收获。

任务四　掌握工程机械的促销

学习目标

1. 知识目标
（1）了解工程机械促销的基本概念。
（2）熟悉工程机械促销的主要手段和各自适用的情况。
2. 能力目标
（1）能够灵活运用工程机械促销的各种手段。
（2）能够根据具体营销需求采用合适的促销组合。
3. 素养目标
（1）养成关注社会问题和需求的职业习惯。
（2）提升创造性思维。

项目六　制定营销策略：渠道与促销　115

任务内容

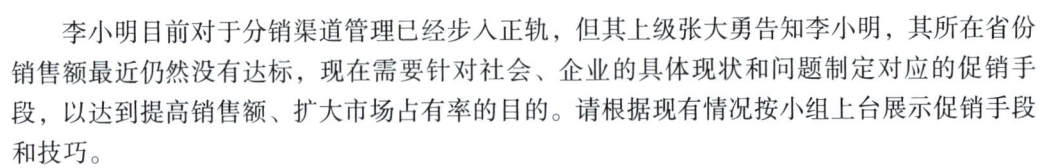

李小明目前对于分销渠道管理已经步入正轨，但其上级张大勇告知李小明，其所在省份销售额最近仍然没有达标，现在需要针对社会、企业的具体现状和问题制定对应的促销手段，以达到提高销售额、扩大市场占有率的目的。请根据现有情况按小组上台展示促销手段和技巧。

任务实施

1. 任务准备

班级 4~5 人一组，通过互联网、书籍、影音资料等渠道查阅与促销相关的资料。

2. 任务要求

班级 4~5 人一组，通过情景模拟的方式演示不同情况下的促销，角色可以根据具体情况设定，每人都需要扮演一个角色且有展示的机会，展示过程注意突出促销手段的具体传播及沟通了什么信息，能否真正地能起到促进销售、提高市场占用率及增加企业的收益的目的。

3. 任务操作

（1）根据任务要求，注意交代清楚具体的现状和场景。

（2）根据角色设定，借助必要的道具和布置，尽可能准确地表达当前遇到的问题或者痛点，以及通过何种形式的促销方式来针对性地解决问题，从而达到促进销售的目的。

（3）在演绎过程中需要对一些重要的知识点或者重点想传达的内容尽可能可视化地展现出来。

（4）展示完成后，小组所有成员回答老师和同学问题。

4. 任务提示

（1）准备时可以找到具有代表性的场景，问题的表达和促销方案的展示尽可能准确、易懂。

（2）重要节点包括结尾的小结展示需要有一定的设计，能够突出新颖性。

知识链接

1. 工程机械促销的概念

工程机械促销是工程机械市场营销的一部分，是指为了提升工程机械产品的销量和市场份额而采取的一系列策略和活动。这些策略和活动旨在吸引潜在客户的注意力，刺激购买欲望，增强品牌的市场认知度，并最终促进销售。其本质是通过传播与沟通信息，以达到促进销售、提高企业市场占有率从而增加企业收益的目的。工程机械促销通常包括但不限于价格优惠、融资方案、贸易展览参展、产品演示、售后服务承诺以及客户培训等多种形式。

2. 工程机械促销的手段

工程机械促销活动要紧密结合工程机械的市场定位、目标客户群以及产品的具体特点来制定。由于工程机械产品通常具有高价值、使用周期长、维护成本高等特点，故促销活动需要特别强调产品的可靠性、先进技术、操作便捷性和长期的经济效益。同时，有效的促销还需突出产品如何满足特定工程需求，以及提供全面的售后支持和服务。通过这些促销活动,制造商和经销商能够加深与客户的联系,建立起长期的合作关系,从而在竞争激烈的市场中取得优势。工程机械促销的主要手段包括广告、人员推销、公共关系和营业推广,以下是这些手段的主要内容,如图 6-4 所示。

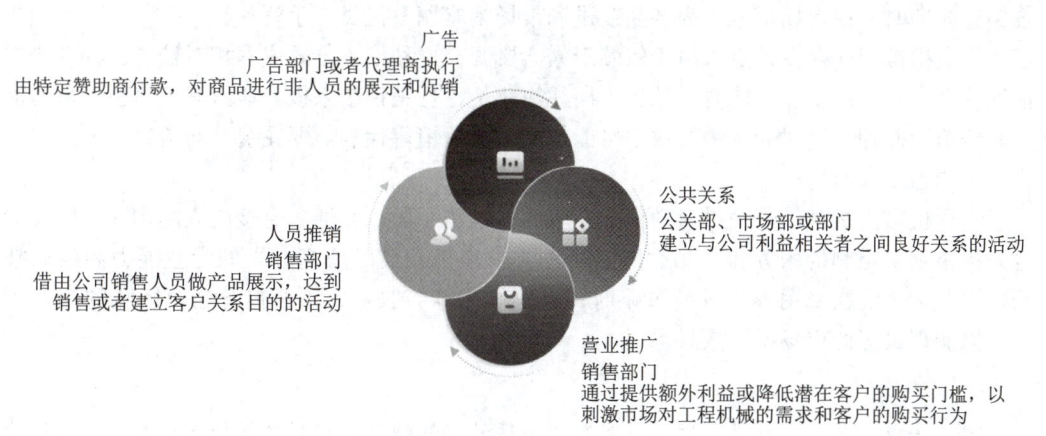

广告
广告部门或者代理商执行
由特定赞助商付款,对商品进行非人员的展示和促销

公共关系
公关部、市场部或部门
建立与公司利益相关者之间良好关系的活动

人员推销
销售部门
借由公司销售人员做产品展示,达到销售或者建立客户关系目的的活动

营业推广
销售部门
通过提供额外利益或降低潜在客户的购买门槛,以刺激市场对工程机械的需求和客户的购买行为

图 6-4

1) 广告

工程机械广告促销是一种常用的市场营销手段,其主要目的是通过各种媒介渠道传播工程机械的品牌信息,展示产品特性,以吸引潜在客户并促进销售。广告促销可以借助传统媒体如行业杂志、电视、广播,以及数字媒体(包括社交平台、搜索引擎和专业网站)等形式进行。

工程机械广告促销优点明显,可提高品牌的市场知名度,通过视觉和听觉元素传达产品的优势,从而吸引潜在客户的注意力。此外,广告促销可以针对特定的目标市场和客户群体,通过精准的市场细分和定位,达到更高的市场渗透率。广告还能够帮助建立品牌形象,通过持续的市场沟通,形成品牌的长期价值,并在客户心中建立起正面印象。

然而,广告促销也存在一些缺点:首先是成本问题,尤其是在高竞争度的市场中,广告成本可能非常高昂,而且效果的衡量并不总是直接和明确的;其次,公众可能对广告产生抗拒,特别是当广告内容与实际经验不符时,可能导致负面影响。此外,广告促销往往是一种单向沟通方式,缺乏与客户的直接互动和反馈。

工程机械广告促销是一种强有力的市场工具,能够有效提升品牌认知度和市场份额。但是,公司必须精心策划广告内容,控制预算,并通过市场反馈不断优化广告策略,以实现最佳的投资回报率。

● 同步案例

某家知名的工程机械制造商曾经通过电视广告和 YouTube 视频,展示其工程机械在极端环境下的耐用性和高效性能。这些广告在全球范围内播放,不仅提升了该公司的品牌形象,也帮助客户理解了产品的实际应用情况和价值。然而,这种广告策略要求其投入巨额的广告费用,并且需要精心设计内容,以确保信息的准确性和吸引力,以免引起潜在客户的误解或反感。

2) 人员推销

工程机械人员推销是指销售团队通过直接与客户进行面对面的交流,来促进工程机械产品的销售。这种销售方式侧重于个人关系建设,利用专业知识和沟通技巧,解释产品特点,回答技术问题,以及根据客户需求提供定制化的服务方案。

人员推销的优点在于其高度的个性化和灵活性。销售代表可以根据客户的具体情况和需求，即时调整销售策略和产品介绍，使其更贴合客户实际情况，从而增加销售的成功概率。此外，直接的人际互动有助于建立信任和忠诚度，为长期合作关系打下良好基础。人员推销还能即时回馈市场信息，为产品改进和市场策略调整提供一手资料。

人员推销同样存在缺点。由于依赖于人力资源，这种推销方式成本相对较高，特别是在前期建立客户关系阶段。同时，销售周期往往较长，且销售结果极大地依赖于销售人员的能力和经验。此外，面对面推销的效率可能较低，因为销售代表需要花费时间与每一个潜在客户个别沟通。

工程机械人员推销是一种有效但成本较高的销售手段。它通过直接的人际沟通，能够为客户提供量身定制的服务和产品，但同时也要求销售人员具备高水平的专业能力和沟通技巧。因此，企业在采用人员推销策略时，应权衡成本与收益，不断提升销售团队的专业素质，以实现最优的市场推广效果。

● 同步案例

以三一重工为例，其销售团队针对不同地区的工程项目，提供具体的咨询和产品选择建议。在一次针对欧洲市场的推广中，销售代表首先通过市场调研明确了当地对工程机械的特殊需求，如环境保护规定和工作效率要求，随后推出了满足这些需求的挖掘机和装载机系列。销售人员通过详细解读产品的环保特性和经济效益，成功说服了多个建筑公司采购了三一重工的设备。在这个过程中，销售人员的专业知识和针对性解决方案是赢得合同的关键。

3）公共关系（Public Relations，PR）

工程机械公共关系促销是一种通过建立与维护良好的公众形象来支持工程机械销售和品牌建设的市场策略。它涉及媒体沟通、品牌故事、事件赞助、危机管理和社区关系等方面，旨在塑造正面的行业声誉和增强客户信任。

公共关系促销的优点在于其能够为企业与公众之间建立起一种非直接的销售关系，有助于长期品牌价值的塑造。良好的公共关系可以提高企业的市场能见度，传递品牌核心价值，同时在市场中树立专业和可靠的形象。在处理危机时，有效的公共关系策略能够减少负面新闻对品牌的损害。此外，通过社区参与和行业合作，企业可以建立良好的行业网络，为未来的市场拓展打下基础。

公共关系促销的缺点在于其效果难以立即体现，且难以量化。公共关系活动的投入与产出之间往往没有直接的线性关系，因此在预算分配和效果评估上存在挑战。另外，如果公共关系活动没有得到妥善执行或管理，可能会产生负面的公众反馈，对品牌形象造成损害。

工程机械公共关系促销是一个涉及综合沟通和品牌塑造的复杂过程，它强调在公众心目中建立积极形象，而非单纯的销售推广。公共关系的成功在于对品牌价值的长期投入和对公众情感的深入理解。企业应当注重公共关系活动的策略规划和执行质量，确保它们与公司的整体市场营销目标相一致。

● 同步案例

三一重工就是一个在工程机械公共关系促销方面做得较为出色的例子。三一重工通过赞助国际建筑和工程项目，例如帮助建设体育馆和基础设施，提高了其品牌在全球的知名度。同时，三一重工通过社交媒体发布了一系列展示其机械在抗疫救灾中发挥作用的视频和文章，如日本福岛核电站救援及火神山和雷神山基建等，这些内容不仅宣传了产品的实际应用，而且传达了企业的社会责任感，从而在公众中形成了良好的品牌形象。

4）营业推广

工程机械营业推广促销是指一系列直接刺激客户或经销商购买决策、加速产品销售流通的短期激励措施。这些措施通常包括新品发布会、产品展示、行业展览、现场演示、优惠租赁条款、金融贷款优惠等。这类促销旨在通过提供额外利益或降低潜在客户的购买门槛，以刺激市场对工程机械的需求和客户的购买行为。

营业推广促销的优势在于其直接性和即时性。首先，通过展览和现场演示，客户可以直观地了解产品的功能和性能，增强产品体验，从而促进购买决策。其次，租赁和金融购机方案可以降低客户的初期投资成本，吸引那些对购买大型工程机械犹豫不决的客户。此外，这些活动往往能快速提升产品销量，对于清理库存或推广新产品具有显著效果。

这些促销措施也存在一定的缺点，由于开展活动通常需要额外的成本投入，如展览会参展费、租赁折扣等，因此可能会压缩利润空间。此外，如果促销活动频繁进行，可能会影响客户对产品价值的长期认知，客户可能会习惯于在有促销时才购买，长此以往，可能会损害品牌的正常销售节奏和形象。

工程机械营业推广促销在提升销量、增加市场份额方面发挥着重要作用，但同时也应注意其可能对品牌和利润造成的长期影响。企业在采取促销措施时，应根据市场反应灵活调整，确保活动的有效性，同时维护产品价值和品牌形象。

• 同步案例

世界工程机械制造商巨头三一重工，在推出新型液压挖掘机时，便开展了一系列营业推广活动。公司通过在行业展览会上展出新机型，结合现场专家解说和实机演示，成功吸引了大量专业买家和行业媒体的关注。此外，三一重工还利用数字营销，在社交媒体和专业工程机械论坛上发布产品介绍和用户评价，增加了产品的在线曝光度。这些活动加上限时折扣等配套金融优惠政策，极大地提升了产品的市场销售。

综上可以看到每种促销手段都有其独特的优势和局限性，有效的市场营销策略往往需要结合多种手段构成促销组合，以达到最佳的促销效果。

任务评价

1. 根据任务的内容，对任务质量进行评分。

序号	考核要点		所占分值	评价标准	得分
1	素养层面	对待学习的态度和积极性	10分	推迟提交，按推迟天数扣分	
2		沟通与表达能力	10分	对角色语言进行清晰的定位	
3	能力层面	问题的展现能力	20分	交代清楚具体的现状和问题点	
4		演绎流程度	30分	沟通中获流畅自然，卡顿和停滞扣分	
5		外部设计	10分	借助必要的道具和布置，场景清楚	

项目六 制定营销策略：渠道与促销 119

续表

序号	考核要点		所占分值	评价标准	得分
6	知识层面	基础概念的识记与理解程度	20 分	能够熟知市场营销的各种主要概念	
总分					

2. 掌握技能与知识。

3. 新的体会及感悟。

4. 其他收获。

项目实施

制定营销策略：渠道与促销项目工作单

姓名：_____ 班级：_____ 学号：_____

所查阅资料情况			
序号	资料内容	资料来源	备注

三一主要产品的主要分销方式			
序号	主要分销方式	所起到的作用	备注

项目过程中出现问题	解决办法

项目评价

序号	考核要点		所占分值	评价标准	得分
1	素养层面	团队合作与沟通表达	10 分	具备良好的沟通能力和团队合作能力	
2		创新意识	10 分	具备市场洞察力和创新能力	
3		勤奋与进取精神	10 分	具备持续学习和自我提升的意识	
4	能力层面	能够开展市场营销活动	20 分	能够运用市场营销理念分析工程机械市场营销活动	
5		营销策划能力	20 分	根据工程机械市场营销的特点，理解行业发展趋势，具备正确的品牌与营销策划能力	
6	知识层面	基础概念的识记与理解程度	10 分	了解市场营销的基本概念	
7			10 分	掌握工程机械营销的基本概念和发展趋势	
8			10 分	熟悉工程机械产品的特点、分类和应用领域	
		总分			

拓展项目

一、任务内容

班级分成若干小组，通过各种方式查阅资料，以三一重工为例，简述其分销渠道和促销发展的基本情况，并在此基础上，分析公司为什么如此构建分销渠道和采用促销模式。根据你的观点，分析后续如何进一步对其分销渠道和促销进行升级。

请查阅资料进行总结，以 PPT 的方式进行呈现

二、任务要求

1. 在任务过程中，通过小组分工查询资料得到全面的报告。
2. 内容要求详细、翔实，条例清晰，具有逻辑性

三、任务实施

1. 组建小组，4~5 人为一小组，选出组长。
2. 围绕三一集团这一工程机械品牌，多渠道分工查阅资料。
3. 根据查询资料，对数据进行整理分析，得出调研结论。
4. 根据分工编写 PPT 汇报材料。
5. 对汇报材料进行练习，选出 2 个代表进行汇报

四、任务评价

序号	考核要点		所占分值	评价标准	得分
1	素养层面	对待学习的态度和积极性	10 分	推迟提交，按推迟天数扣分	
2		沟通与表达能力	10 分	对文档进行流畅地演讲	
3	能力层面	报告架构能力	20 分	文档完整性高	
4		报告撰写能力	30 分	任务内容图文并茂	
5		报告呈现能力	10 分	PPT 格式规范程度高	
6	知识层面	基础概念的识记与理解程度	20 分	能够熟知市场营销的各种主要概念	
		总分			

五、指导老师评语

日期：　年　月　日

项目训练

1. 单项选择题

（1）企业选择分销渠道时，经常会受到所在国家或地区经济形势及有关法规的影响，当出现经济萧条、衰退时，企业市场需求下降，通常会减少一些中间环节，此时采用的是（　　）。

A. 密集式分销　　　　　　　　B. 选择型分销
C. 独家分销　　　　　　　　　D. 短渠道

（2）长渠道和短渠道相比，下列哪个是不正确的？（　　）

A. 长渠道的覆盖面比较广　　　B. 长渠道更加容易发生窜货
C. 采取长渠道的企业风险大　　D. 短渠道的价格更加有竞争力

（3）下列哪项不属于影响工程机械分销渠道选择的因素？（　　）

A. 产品特性　　　　　　　　　B. 市场环境
C. 企业资源和能力　　　　　　D. 自然环境因素

（4）下列哪项不属于渠道成员调整的步骤？（　　）

A. 分销渠道的成员评估　　　　B. 增减某分销渠道成员
C. 增减某分销渠道　　　　　　D. 增减某市场渠道

（5）广告促销往往是一种（　　）沟通方式，缺乏与客户的直接互动和反馈。

A. 单向　　　　　　　　　　　B. 双向
C. 直接　　　　　　　　　　　D. 间接

2. 多项选择题

（1）分销渠道在工程机械营销中的主要作用有（　　）。

A. 提高市场覆盖率　　　　　　　　B. 提供销售和服务支持
C. 提高效率，降低成本　　　　　　D. 获取市场信息

（2）选择渠道成员时需要对渠道成员的能力进行能力评估，主要是（　　）。

A. 专业能力　　　B. 营销能力　　　C. 公关能力　　　D. 服务能力

（3）分销渠道管理遵循的原则有（　　）。

A. 目标明确　　　B. 择优合作　　　C. 合理分工　　　D. 有效沟通

（4）渠道成员的绩效考核主要有（　　）。

A. 绩效目标设定　　　　　　　　　B. 绩效监督
C. 绩效反馈　　　　　　　　　　　D. 绩效评估标准

（5）当前，工程机械营销渠道的最新趋势和革命主要体现在（　　）几个方面。

A. 数字化和网络化　　　　　　　　B. 个性化和定制化
C. 服务化　　　　　　　　　　　　D. 全球化和本地化

3. 判断题

（1）分销商介入渠道交易能够减少渠道交易次数，因此使用的分销商越多，渠道销量就越高。（　　）

（2）一般来说分销渠道越长越好，一方面可以提升企业的产品价格竞争优势，另一方面会提高产品和服务对市场的响应速度。（　　）

（3）为了节省成本，三一重工目前只采用直销的模式。（　　）

（4）分销渠道主要考虑企业的资源和能力，产品特性本身对渠道没有影响。（　　）

（5）企业要想在全球市场有一席之地，就必须在全球化和本地化之间找到一个平衡点。（　　）

4. 案例分析题

案例一：凝心聚力　共赢未来！三一路机土方代理商齐聚长沙，共商发展大计

2023年1月8—9日，以"凝心聚力，共赢未来"为主题的三一路机土方代理商会议暨C10国四新品品鉴会在长沙隆重举行，来自全国各地的代理商朋友们莅临此次盛会，与厂家面对面真诚沟通，品鉴三一路机C10国四新品，献计献策，共绘三一路机土方发展宏伟蓝图。三一路机公司各级领导出席了本次代理商年度会议。会议中，路机研究院各领导与代理商们举行了国四新品交流会，详细介绍了土方设备新产品的升级亮点，各代理商均在会上踊跃发言、群策群力，对产品、服务、配件及合作的模式等方面共谋美好未来。各位代理商参观了路机涟源灯塔工厂压路机及平地机生产装备线、自动化下料车间、自动化焊接线等，并对三一路机C10系列新品现场品鉴。灯塔工厂高度自动化、智能化、无人化的作业场景给代理商留下了极为深刻的印象，惊艳亮相的C10新品极大地坚定了代理商对三一土方设备产品品质的信心。各位代理商一行还前往三一产业园参观了"最聪明的工厂"，近距离观摩了三一智能制造工厂与路机设备，对三一制造、三一品质的认同感进一步加深。展望新的一年，三一路机将持续火热招商，与广大代理商携手向前，凝心聚力，共赢未来。

案例二：三一魔塔1165挑战半挂式电动卡车单次充电行驶最远距离吉尼斯世界纪录称号

跨省际、跑高速、全程直播！6月6日"一次充电，征战800 km"，三一魔塔1165电动牵引车道路首航正式发车。挑战全球新能源重卡最长续航

三一重卡魔塔1165创造吉尼斯世界纪录

项目六　制定营销策略：渠道与促销　　123

纪录，从长沙到深圳，超 13 h 极限直播时长，记录魔塔 1165 第一次长续航载货道路首航。

拥有 7 项自主研发技术、20 余项专利技术的魔塔 1165，正式开启一台电动重卡的跨省际马拉松，踏上"一次充电，征战 800 km"挑战半挂式电动卡车单次充电行驶最远距离吉尼斯世界纪录称号的新征程。

作为目前全球新能源商用车领域续航最长的纯电动牵引车，魔塔 1165 拥有 1165 kW·h 行业最大电量、超 800 km 的最长续航，百公里能耗小于 135 kW·h，是当下快递快运的一种纯电解决方案，每公里运营成本不到 1 元，相比燃油车 5 年可多盈利近百万元，3 年可回本，整车运营寿命超过 100 万 km。车子刚驶离长沙，即有包括中国外运股份有限公司、合肥国轩高科动力能源有限公司、云南滇中好运物流集团有限公司、华通汽车投资（集团）有限公司、安徽省智慧交通科技有限责任公司、湖南融城物通天下物流有限公司 6 家企业与三一重卡签下共计 138 台魔塔 1165 采购订单。

思考题：阅读本案例一和案例二，思考以下问题：

（1）从案例一中我们能看出，三一路基土方公司至少用到了什么渠道？为什么需要此渠道？

（2）案例一中，为什么三一路基土方公司要邀请全体代理商来长沙召开本次大会？通过会议的召开能起到什么作用？

（3）案例二中三一重卡的魔塔 1165 创造吉尼斯世界纪录的营销活动，主要用到了什么促销方式？你认为还可以结合什么促销方式以达到更好的效果？

项目七　实施工程机械销售管理

学习目标

【知识目标】
1. 了解工程机械销售人员的综合素质要求。
2. 掌握工程机械销售人员的销售技巧。
3. 掌握工程机械营销团队的管理策略。

【能力目标】
1. 能满足工程机械销售人员所需的基本综合素养。
2. 能运用基本销售技巧开展销售工作。
3. 具备制定工程机械营销团队管理策略的能力。

【素养目标】
1. 具备工程机械销售人员坚韧不拔、锐意进取、勇于开拓的职业精神。
2. 具备良好的学习能力，与时俱进，勇于创新。
3. 具备良好的团队合作精神。

知识全景图

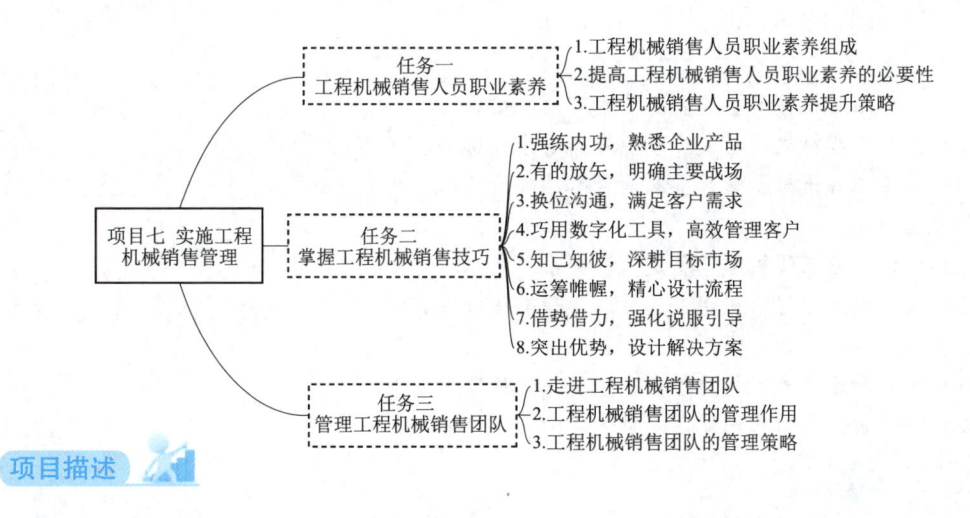

```
                        ┌─ 任务一            ┌─ 1.工程机械销售人员职业素养组成
                        │  工程机械销售人员   ├─ 2.提高工程机械销售人员职业素养的必要性
                        │  职业素养          └─ 3.工程机械销售人员职业素养提升策略
                        │
                        │                    ┌─ 1.强练内功，熟悉企业产品
                        │                    ├─ 2.有的放矢，明确主要战场
                        │                    ├─ 3.换位沟通，满足客户需求
项目七 实施工程         ├─ 任务二            ├─ 4.巧用数字化工具，高效管理客户
机械销售管理            │  掌握工程机械      ├─ 5.知己知彼，深耕目标市场
                        │  销售技巧          ├─ 6.运筹帷幄，精心设计流程
                        │                    ├─ 7.借势借力，强化说服引导
                        │                    └─ 8.突出优势，设计解决方案
                        │
                        │                    ┌─ 1.走进工程机械销售团队
                        └─ 任务三            ├─ 2.工程机械销售团队的管理作用
                           管理工程机械      └─ 3.工程机械销售团队的管理策略
                           销售团队
```

项目描述

工程机械销售中的那些事儿

在三一北非大区营销管理团队与三一众创孵化器创新工作经验交流会上，时任三一集团董事兼高级副总裁段大为向三一北非销售将士做了工作部署，主要从"抓市场、抓管理、

抓创新"三个方面进行了交流。

第一是"抓市场"。"抓市场"是销售人员基本任务，是"天职"。连续几年我们完成了任务，业绩也不错。但是大家要清醒地认识到，我们今年虽然完成了预算，但是相比于去年的实际销售额是在下降的，这一点大家要引起充分的重视、警示。当然我们也会面临很多的挑战，一些石油国家收入下降，带来的开支的减少，影响到本国的一些建设，但是总还是有机会的，要将市场逐年地提升起来。

第二是"抓管理"。"抓管理"是什么意思呢？北非大区从大区经理开始，每一位同志，不能把北非大区仅仅视作一个销售员队伍，只知道在前面冲锋陷阵，这是不够的。要把我们当作一个公司来管理，公司是什么概念？公司是一种企业组织，是一种长期经营的企业组织，是要有目标、有战略、有管理系统的，要来推动我们长期持续稳定发展的。目前我们每年还是以任务为导向，包括完成今年的销售任务，搞完之后明年的事明年再说，这就是典型的"海盗式"的组织，"海盗式"的组织是什么呢？下任务，出去抢，搞回来一批东西，大碗喝酒、大碗分金，搞差不多了，家里没存粮了再出去抢，下一步能抢到什么不知道，抢到哪儿算哪儿。在经营北非市场的时候，不能只追求战术上的胜利，我们要有战略性的目的，必须很好地抓销售管理，把我们的短板补齐。

第三要"抓创新"。抓创新是一种方法，是为了实现目标。第一是产品，第二个是国别，第三个是商业模式。

项目要求：请以小组为单位，通过查询资料、交流研讨、拓展学习，了解三一集团销售管理策略，完成对三一集团销售管理的案例分析。

任务一　工程机械销售人员职业素养

学习目标

1. 知识目标
（1）了解工程机械销售人员职业素养的必要性。
（2）熟悉工程机械销售人员职业素养的组成部分。
（3）掌握工程机械销售人员职业素养的提升策略
2. 能力目标
（1）能够运用工程机械销售人员职业素养基本理论知识。
（2）能够制定工程机械销售人员职业素养提升方案。
3. 素养目标
（1）培养勤于反思、见贤思齐、不断修正的职业心态。
（2）养成良好的改革创新、锐意进取的职业素养。

任务描述

李小明在开展一系列工程机械市场营销活动后，销售业绩没有取得预期的成果，他结合市场情况，也在不断自我反思。作为工程机械销售人员应该具备哪些综合素质呢？该如何提升销售人员的综合素质呢？上级主管要求每一位初入职销售人员开展自我审视，系统学习销售人员必备的职业素养和提升策略，并形成分析报告。

任务要求：查阅销售人员职业素养相关资料，总结销售人员职业素养维度及销售人员职业素养提升策略，以 WORD 文档的方式呈现分析报告，字数不少于 600 字。

任务实施

1. 任务准备

班级 4~5 人一组，学习销售人员职业素养知识，通过互联网、书籍、视频等渠道查阅资料。

2. 任务操作

（1）根据任务要求，搜集销售人员职业素养相关案例资料。

（2）小组学习销售人员职业素养内容，讨论销售人员职业素养维度，对标自身能力素养，提出销售人员职业素养提升策略。

（3）确定销售人员职业提升策略，并形成书面分析报告。

（4）小组推荐 1 名成员进行任务汇报。

（5）小组所有成员针对其他同学问题进行解答。

3. 任务提示

（1）任务完成过程中，通过多渠道，全面搜集资料，重点关注现代商业时代销售人员职业素养提路径。

（2）文档内容具体、翔实，条理清晰，具有逻辑关系。

知识链接

新技术的迭代让工程机械市场竞争更为激烈，销售人员不再仅仅销售工程机械产品，而是包含丰富的产品、服务、文化为一体的一揽子方案。每一个具体可行的营销方案都需要销售人员来实现，其职业素养对方案的实施起到了决定性作用。

1. 工程机械销售人员职业素养组成

1）遵守法律法规和职业道德

工程机械销售人员职业素养养成的前提是对法律法规和职业道德的遵循。在法律层面上，专门规范销售活动的法律法规较少，遵守国家法律法规是每个公民的义务，也是销售人员最基本的素质要求。

基于工程机械产品规格复杂、造价高昂的特点，工程机械销售人员应严格遵守法律法规，切勿钻法律漏洞，谋取不当得利，其主要表现为不违法乱纪、不贪污、不挪用公款、不泄露商业机密等。在道德层面上讲，工程机械销售人员在从事销售活动时必须具备基本的道德准则、道德情操与道德品质。

2）销售活动相关的基本知识

工程机械销售人员必须掌握销售活动相关的基本知识才能合格地履行岗位职责。基本知识包括工程机械企业相关知识、工程机械产品知识、客户管理知识、行业知识、产品营销理论知识。工程机械企业相关知识能使营销人员了解企业优劣势及企业文化；工程机械产品知识能使销售人员了解产品品种规格、性能用途、产品水平、价格、售后服务等，便于工程机械销售人员开展推介；客户管理知识能使销售人员掌握客户的购买方式、购买习惯、购买频度以及相关社会学、心理学等有关的知识，让销售活动更具针对性；工程机械行业知识能使销售人员了解行业发展态势、竞争格局等，有利于销售策略的差异性；对于工程机械产品营销理论知识的掌握有利于对前四种知识活学巧用，统摄全局。

图 7-1 三一营销体系培训会议现场

学习形式主要借鉴了三一集团 DAMA 学习模式，采用学考结合、场景演练、表彰评比等方式，让学员全身心投入，将想法变成做法，将目标转化为行动。

2）构建适应工程机械销售人员的薪酬模式与激励机制

工程机械销售人员的稳定性和积极性对企业而言非常重要，企业应不断探索符合企业发展需要的销售人员薪酬模式和激励机制。现阶段工程机械销售人员的薪酬结构主要是高弹性薪酬模式，绩效薪酬是薪酬的主要组成部分，基本薪酬处于非常次要的地位，员工缺乏安全感和归属感，这也是导致工程机械销售人员流动频繁的主要原因之一。企业在不同的发展阶段，要采用与发展阶段相适应的薪酬模式，尽量做到稳定人员和提高薪酬激励作用之间动态的平衡，即物质激励与精神激励相结合，激励手段和方式要多样化，通过岗位晋升、企业分红、股权激励等政策多方位激励，同时激励兑现要及时。

3）加强工程机械销售人员自我学习和提升的意识

工程机械销售人员职业素养提升最后的落脚点在于销售人员自身。销售人员首先要有继续学习和提升的意识，有针对性地制订阶段性学习计划。面对工程机械行业变革，企业需要有不断创新的产品及时刻满足用户的优质服务，销售人员也要积极思考如何应对行业变局。在互联网思维影响下，工程机械行业销售模式不断变革，销售人员更要有敏锐的嗅觉，不断提升自我，时刻迎接挑战。

4）做好工程机械销售人员的职业生涯规划

工程机械销售人员要对自身的职业生涯进行规划，明确个人发展方向和目标。同时工程机械企业也要对销售人员进行职业生涯辅导，根据企业发展需要和个人目标为销售人员制定职业发展规划，实现组织与个人的共同成长。

• 同步知识

一份完整的职业生涯规划包括 10 个方面的内容：

（1）题目及时间坐标。

（2）职业方向和总体目标。

（3）社会环境、职业环境分析。

（4）行业、企业分析。
（5）角色（贵人）及其建议。
（6）目标分解、选择、组合。
（7）明确成功标准。
（8）自身条件及潜能测评结果。
（9）差距分析。
（10）缩小差距的方法及实施方案。

任务评价

1. 根据任务内容，对任务进行评分。

序号	考核要点		所占分值	评价标准	得分
1	素养层面	自我反思、总结能力	10分	能结合自身情况积极反思，开展策略制定	
2		改革创新、锐意进取	10分	方案制定中体现现代销售人员创新进取精神	
3	能力层面	学习能力	20分	资料收集、整理完整	
4		知识运用、报告撰写能力	30分	方案制定策略完善，可行性强	
5		报告呈现能力	10分	WORD格式规范程度高	
6	知识层面	基础概念的理解程度	20分	能够熟知销售岗位职业素养各类概念	
	总分				

2. 掌握技能与知识。

3. 新的体会及感悟。

4. 其他收获。

任务二　掌握工程机械销售技巧

学习目标

1. 知识目标
（1）了解工程机械销售人员面临的市场环境。
（2）掌握工程机械销售人员的销售技巧。
2. 能力目标
（1）能够敏锐洞察工程机械不同的市场销售环境。
（2）能够灵活运用不同的销售技巧促成交易。

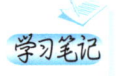

3. 素养目标

（1）积极向上，与时俱进，进一步提升职业适应性。

（2）培养良好的销售服务理念与利他思维。

任务描述

李小明通过系统了解工程机械销售人员职业素养后，根据自身情况做了综合素养提升方案，在系统增加销售知识方面做了不少功课，但是工程机械的销售技巧方面还有待提升。李小明开始认真观察，虚心向优秀的销售人员学习，不断磨炼工程机械销售技巧，并进行总结提炼，积极运用到工程机械销售实际中去。

任务要求：各组认真学习、提炼工程机械销售技巧，设计工程机械销售场景，在场景中融入工程机械产品销售技巧，以小组为单位进行情境演练，并进行总结阐述。

任务实施

1. 任务准备

班级4~5人一组，通过与各行业，特别是工程机械行业优秀的销售人员访谈、交流，以及通过互联网、书籍等渠道查阅资料的方式，学习工程机械销售人员销售技巧。

2. 任务操作

（1）根据任务要求，以小组为单位学习工程机械优秀销售人员销售技巧。

（2）小组根据学习资料，研讨工程机械销售场景，进行角色分工和情境设计。

（3）小组进行工程机械销售情境演练。

（4）小组结合情境演练内容，对情境模拟中涉及的工程机械销售技巧进行解读。

（5）小组所有成员针对其他同学问题进行解答。

3. 任务提示

（1）任务完成过程中，小组成员通过多渠道，全面搜集资料。

（2）小组成员分工明确，积极参与到情境演练各个环节，销售技巧巧妙融入情境，贴合实际销售情境。

知识链接

工程机械设备销售中，因工程机械产品单位产品价值大，一般客户成交周期较长，成交过程中的变数较多，客户决策相对理性，因而对销售人员的要求较高。要做好工程机械产品销售，需要针对产品、价格、渠道、促销采取一系列组合策略，熟练运用工程机械行业销售技巧，方能较好地完成销售任务。

1. 强练内功，熟悉企业产品

销售人员必须了解工程机械产品。对与企业产品有关的资料、说明书、广告等，均需仔细研讨、熟记，同时要收集竞争对手的广告、宣传资料、说明书等，加以研究、分析，以便做到"知己知彼"。明确自身产品的定位，思考关键卖点说服客户，是技术的领先，是生产设备的完备高级，还是产品运行的速度、精准与平稳，销售人员要完整、准确地掌握产品特征，并能够在面对不同的客户时精准匹配客户需求，高效进行产品推介。

汽车销售大王的七个武器

2. 有的放矢，明确主要战场

相对于不同的机械设备，产品使用场景决定了不同的市场。工程机械销售人员应当分析主要的市场在哪些区域、主要的客户分布在哪些区域。例如哪些行业使用挖机，销售人员就应根据挖机的使用场景来明确主要的战场。

如挖机的主要使用行业如下：

（1）公路建设、养护行业。
（2）铁路建设行业。
（3）水利、水电建设行业。
（4）火电建设行业。
（5）核电、风电建设行业。
（6）港口、码头建设行业。
（7）市政建设行业。
（8）环境卫生、绿化行业。
（9）建筑行业。
（10）矿产开发行业。
（11）冶金、有色行业。
（12）建材行业。
（13）拆除清理行业。

当销售人员面临的市场属于重要的市场，且该市场具有相对较大的需求，使用公司产品的客户相对较多时，更有利于销售人员借势销售，为成交创造更多、更好的条件。

3. 换位沟通，满足客户需求

成功的沟通在于双方强烈的共鸣感，工程机械销售人员要站在客户角度去考虑使用者感受，可从"机械经费的构成""设备作业经费的核算""设备投资回投估算"等方面参与计算，综合考虑其会对客户家庭、工作等方面产生的影响，并进行相应的换位沟通，才能更好地引起客户思想的共鸣。

• **知识拓展**

工程机械客户投入产出：

购买成本 = 价格 + 按揭（分期）利息 + 按揭费用

使用成本 = 收益（每台班、每月）- 耗用（油耗、易损件等）

自己品牌的优势。
竞争对手的劣势。
旧机价值：三年后的价值。
其他优势点：服务、配件、融资、优惠条件（赠送配件、免费送货到工地、培训机手等）。

作为销售人员，一定要思考产品和服务如何满足客户，在"不能满足"的情况下，如何加以化解，让客户明白工程机械设备怎样为他创造价值。同时要根据客户的选择标准与尺度来决定销售工作的重点与解决方案，匹配最恰当的切入点与接触技巧。

4. 巧用数字化工具，高效管理客户

工程机械行业数字化转型正在如火如荼地开展。工程机械销售人员可利用数字化管理工具，对公司的成交客户、成交区域、成交量、客户背景做深入分析，明确客户选择产品的

原因。销售人员必须定期对已成交客户的数据进行分析，不同类型客户的成交过程分析得越充分，销售策略的选择就越明确。同时，基于客户数字化管理，了解历史成交数据及客户售后服务清单，针对不同价值的客户制定不同的管理策略，根据客户重要程度及紧急程度设定拜访周期，有针对性地开展资源投入。

5. 知己知彼，深耕目标市场

工程机械销售人员对于所要开发的区域市场结构要做全面了解，包括企业、竞争对手的运营情况、前期市场基础、目前面临问题等。

客户群需求有以下几种：

（1）在经营状况一般的情况下，设备确实出现各种问题，难以满足现在的作业需要，考虑添加。

（2）客户的经营状况良好，设备效率低，满足不了现在的作业需要，做业务扩张需要添加。

其次，必须了解区域内其余竞争对手的活动状态：

（1）竞争对手是否设有办事处。

（2）我们所接触的客户，竞争对手是否已经接触过。

（3）竞争对手的产品性能、价格、配套服务的哪些方面比我们的条件优越。

（4）怎么做才能让客户对我们有更高的期待，更信任，更愿意作为优先考虑对象。

• 同步案例

突破重围的挖机销售

某一天，公司接待上门看挖掘机的客户张老板，前台通知挖掘机主管刘经理接待。刘经理首先了解客户情况：家住N县城，有7辆自卸车搞土方工程，一直租用挖掘机，现在四人合作准备购买20 t挖掘机一台，以当地县乡公路工程为主，计划在2个月内购买。刘经理详细介绍了××品牌挖掘机，并介绍了几位正在使用同机型的客户。张老板没有看到样机很遗憾，又去看现代、日立、小松等品牌。

刘经理将张老板作为重点跟踪客户。两天以后通知张老板挖掘机样机到货，刘经理得知日立、卡特的销售都在N县，开车到了张老板家，约好晚上介绍挖掘机。

合伙人晚上被卡特销售经理请去吃饭了，等到9点刘经理才有机会介绍挖掘机技术特点及与同类品牌相比的优势等。三天后，得知张老板正在准备县乡公路土方工程的投标，预计10天后开标，工程确定后立即购买。刘经理每两三天电话跟踪，在开标前一天，再次开车去N县。得知小松销售经理已经在N县住了4天，每天向张老板及合伙人做工作。

第二天，陪同张老板参加开标会，预计张老板中标可能性很大。再次与四位合伙人洽谈时感到已有两位合伙人对小松PC220感兴趣。

第四天张老板中标，当即邀请到公司看样机，并且试操作。当晚营销总监出面宴请，张老板再次提出最低价问题，营销总监表态：一定按品牌最低价。

张老板又去看了小松、日立的挖掘机，说明还要再研究，一周内确定。

刘经理每两天联系一次。有其他客户看中现有样机，要以按揭方式购买。考虑张老板是全款，电话向张老板施加压力：现在不买，将在10天后才能有样机，张老板答应尽快决定。

刘经理第三次开车去N县，以89万元为最终成交价。张老板四人确定购买，第二天拉四人到公司，签订合同时，一位合伙人提出希望赠送保养油品，经请示公司领导，决定赠送4桶保养油品、两套斗齿。当天顺利完成签单、交款、提车。

思考：在本场竞争激烈的挖机客户争夺战中，刘经理赢得客户的秘诀在哪里？

6. 运筹帷幄，精心设计流程

为进一步增强客户开发的有序性与有效性，销售人员要根据具体的客户情况设计不同的开发流程，列出每一阶段的时间规划与工作重点，有步骤、有策略、有深度地经营成交过程。客户开发流程如下：

增强信息对称→增强客户信心→寻求公司有机配合→突破成交障碍→进入成交区间。

在信息对称方面，对客户目前还需要接触哪些关键人物，需要进行何种程度的说明，是否需要到公司考察，进行充分的沟通。

在增强客户信心层面，需要准确判断客户表现淡漠、不愿接触或不愿深入接触的内在原因，对症下药，一定要有针对性。

在寻求公司有机配合方面，根据客户关注的层面、重点、需求的特点有所不同，寻求公司配合。

突破成交障碍一般在客户考察之后进行。客户会同时考察好几个工程机械厂家，做好考察后的关键性接触。分析客户在考察过程中的细节，每一句话、每一个表情、每一个动作，判断其内在的心理活动，以此设计下一步接触要领，然后以合适的理由约见客户，对于客户担心的、未确认的、不认同的内容，做重点探讨。

最后进入成交区间，趁热打铁，及时消除客户的疑虑，把握时效，及时成交。

7. 借势借力，强化说服引导

对于大型工程机械设备制造厂家来说，客户的参观考察有着非同寻常的价值和意义。作为工程机械销售人员，对不同客户的参观考察，应当提前向公司说明时间、参观考察人数、客户的考察重点、客户的选购意向、客户对厂家的大致要求等内容，让公司制定针对性的客户接待策略，高度体现对客户的重视，巧妙地介绍产品，把公司的技术、设备、生产工艺的先进性与客户的需求紧密结合起来。对客户在考察过程中的反馈与表现进行评估，以利于销售过程顺利推进到下一阶段。

8. 突出优势，设计解决方案

在工程机械产品销售过程中，销售人员要善于突出整体优势，为客户设计专项个性化解决方案。对于重要的、对公司有长远价值的客户，销售人员要对客户的需求进行辩证分析，为客户设计专项解决方案，体现公司的专业与重视。整体优势需要严谨周密的整套流程来体现，需要专业成熟的话术体系来呈现，需要从客户见面起，就能够让客户自然而然地进入公司为他所设计的成交系统之中。

销售是一种以结果论英雄的游戏，销售的目的在于成交。没有成交，再好的销售过程也只能是水月镜花。工程机械销售人员要善于总结，随机应变，修炼内功，深耕市场，把握好客户需求，匹配合适的销售技巧，方能解开顾客"心中结"，实现有效转化。

任务评价

1. 根据任务的内容，对任务质量进行评分。

序号	考核要点		所占分值	评价标准	得分
1	素养层面	职业素养	10 分	情境中融合现代服务理念、利他思维	
2		思维创新性	10 分	能结合时代特征，涵盖数字销售技巧	

续表

序号	考核要点		所占分值	评价标准	得分
3		情境架构能力	20 分	情境设计完整、真实	
4	能力层面	销售技巧运用能力	30 分	销售技巧融入恰当，能融合 3 类以上销售技巧，缺少酌情扣分	
5		表演呈现能力	10 分	情境设计符合真实销售场景，具有一定的参考价值	
6	知识层面	销售技巧知识要点	20 分	销售技巧总结准确，且具有一定创新性	
		总分			

任务三　管理工程机械销售团队

学习目标

1. 知识目标
（1）了解工程机械销售团队的定义。
（2）明确工程机械销售团队管理的作用。
（3）掌握工程机械销售团队管理的策略。
2. 能力目标
（1）能够开展工程机械一般性团队管理工作。
（2）能够制定工程机械销售团队管理提升方案。
3. 素养目标
（1）养成良好的团队合作意识，提升团队凝聚力。
（2）养成积极开拓、勇于挑战、不畏艰难的职业精神。

任务描述

李小明通过对销售技巧的学习与实践，销售工作慢慢有了起色，开始带领销售团队开始负责华东地区销售工作。面对十几个人的销售团队管理，李小明再一次面临挑战。如何培养一个目标明确、有战斗力的优秀销售团队，真正担负起区域市场的全部销售责任呢？李小明开始在工程机械销售团队管理问题上进行学习和思考，形成了一整套行之有效的销售团队管理办法。

任务要求：选取一家工程机械企业，通过与优秀销售管理人员访谈，协同多渠道查阅相关资料，总结工程机械销售团队管理策略，形成 1~2 个典型案例，进行 PPT 汇报。

任务实施

1. 任务准备

班级 4~5 人一组，通过与工程机械销售管理人员访谈、交流，借助互联网、图书等查阅资料，学习工程机械销售团队管理方法。

2. 任务操作

（1）根据任务要求，选取工程机械企业，通过与优秀销售管理人员访谈及其他渠道，搜集工程机械销售团队管理相关案例资料。

（2）小组学习工程机械销售团队管理案例，并进行研讨。

（3）确定汇报内容，形成 PPT 汇报材料。

（4）推荐 1 名小组成员进行优秀销售团队管理案例汇报。

（5）小组所在成员针对其他同学问题进行解答。

3. 任务提示

（1）在任务完成过程中，积极与销售团队管理人员交流、沟通，通过多渠道，全面搜集资料。

（2）文档内容具体、翔实，条理清晰，具有逻辑关系。

知识链接

营销从企业革命的始端移向终端，是企业经营的核心，而销售是营销活动的关键环节。在市场竞争日益规范和政策法规日益健全的形势下，工程机械销售团队的专业化管理已是必然趋势。

1. 走进工程机械销售团队

如何通过销售管理创新，打造一支有战斗力的销售团队，这是企业管理的一项重要课题。工程机械营销成败的关键是销售团队管理问题。所谓团队，就是指为了共同目标，互相影响和相互协作的两个或两个以上的人所组成的单位。工程机械销售团队是一个以团队领导为核心，其他销售人员紧密配合，能够有效沟通、分工、合作、共同进步，形成一个目标明确、有战斗力的组织，共同承担起相应市场的销售任务。

- 知识拓展

优秀工程机械营销团队的特点

- 敞开式交流
- 相互信任
- 能解决冲突
- 成员间相互关心
- 积极、勤奋的态度
- 健康的竞争
- 都是成功者
- 相互支持
- 以成果为导向
- 负有责任
- 对工作有激情
- 协同作用
- 灵活/合作
- 目标一致

2. 工程机械销售团队的管理作用

1）提升团队凝聚力

工程机械销售团队有着不同的学历、背景、专业、特质、诉求等，个体层面存在客观差异性，如果没有科学的管理，将会使团队成为一盘散沙，很难形成凝聚力。通过销售团队管理，让团队成员统一目标，形成良好的合作意识，减少内耗，实现凝聚力的提升。

2）提升团队战斗力

战斗力是指销售团队在复杂的营销环境下完成艰巨销售任务的能力。目前在工程机械市场同质化、饱和度双重压力下，销售人员的压力与日俱增，对于工程机械销售团队来说，要完成销售目标往往需要付出艰辛的努力以及巨大的代价。销售团队管理的关键就是要提升团队打硬仗的能力，能够充分激发团队成员的工作积极性，开发团队成员的潜力，形成合力，实现团队战斗力的有效提升。

3）提升团队向心力

团队的向心力主要体现在团队成员对于团队领导的拥护、对团队决策的支持，以及对团队目标的认同等。销售团队的管理创新，重点就是要构建共同愿景，形成一个"核心"，提升团队成员对于团队的认同以及支持，实现团队向心力的提升。

3. 工程机械销售团队的管理策略

一个优秀的工程机械销售团队至少应具备4个条件：合格的人员、优秀的核心、制度完善、团队文化。

1）选择和培养合格的工程机械销售团队成员

杰克·韦尔奇说过："我们所能做的一切就是把赌注押在我们所选择的人身上。"寻找适合工程机械行业的销售人员是优秀团队的首要任务。

其次就是要加强销售人员培训。一方面建立行为规范系统，将企业精神和价值理念与个人目标相结合；另一方面就是要建立使员工"渴望成功"的平台，让员工与企业的成长相辅相成。此外还要通过系统培训打造核心竞争力，这对提高员工的知识和能力、传播公司文化、贯彻战略方针政策有很大的作用。

趣说销售管理

最后就是要善用人。目前很多工程机械营销团队都面临着：新人进不来、好人留不住、庸人赶不走的窘境，这是因为缺乏公平、公正、科学、合理的用人体制。在普通员工的任用上要采用赛马制而非相马制，建立平等竞争的平台；领导实施竞争上岗，以保证企业的决策高度；注重后备人才的储备和管理者继任计划。

2）形成营销团队领导核心，打造团队向心力

任何组织模式都需要一个团队的领导核心，一个优秀的工程机械营销团队要想在市场中处于不败之地，必须由一个核心管理者来领导并指挥其运作。在工程机械销售团队的领导核心选择上要求更严格，团队核心的工作和领导风格将决定团队建设的方向。另外，在销售团队的管理中，很多是体现合作协调的管理，而不是行政管理，因而销售团队领导需要具备良好的协调管理能力、业务能力和团队建设意识。

3）建立完善的工程机械销售团队制度，促进管理规范化

优秀、高效的工程机械销售团队的建立，离不开相对完善的企业制度。这里所指的企业制度，主要是指针对工程机械销售部门制定的销售团队管理制度，比如工程机械销售人员的精神风貌、服饰仪容、举止谈吐、出勤规定、市场操行规定、保密制度、会议制度等。同时制定销售人员量化考核规定和标准，并严格付诸实施，保障公司销售工作有"章"可循、

有"法"可依。

4）加强工程机械销售团队文化建设，形成团队凝聚力

团队文化是践行公司企业文化和发展战略过程中形成的一种积极、易沟通、学习的精神状态。团队文化的外在表现是团队有共同的工作目标、集体活动以及学习制度。共同的工作目标是指团队成员愿意把自己的才能奉献给团队。集体活动是团队文化建设的重要内容，比如举行足球赛、篮球赛等。学习也是工程机械销售团队文化建设的重要内容，学习的态度反映团队的精神面貌，是团队工作技能的保证，只有学习型的团队才能取得好的业绩。

拓展项目

一、任务描述

　　班级分成若干小组，通过各种方式查阅资料，通过拓展学习了解三一集团销售管理现状，探究三一集团销售管理策略，假设你是三一集团工程机械销售人员，你认为当前的销售管理还存在哪些问题，形成三一集团销售管理案例分析报告，并以PPT的方式进行呈现

二、任务实施
1. 组建小组，3~4人为一小组，选出组长。
2. 围绕三一集团工程机械销售管理这一主题进行调研。
3. 根据查询资料、人员访谈等，对数据进行整理分析，得出调研结论。
4. 根据分工编写PPT汇报材料。
5. 对汇报材料进行练习，选出2个代表进行汇报

三、任务成果
1. 销售管理案例分析PPT，内容包括销售管理现状、销售管理策略、销售管理建议等部分。
2. 以演讲的方式进行呈现，呈现时间每组不少于8 min

四、任务评价

序号	考核要点	所占分值	评价标准	得分
1	上交情况	15分	推迟提交，按推迟天数扣分	
2	文档完整	30分	PPT不少于10张，图文并茂	
3	PPT精美程度	20分	PPT美观程度，大方美观	
4	演讲呈现	35分	完成对PPT的演讲	
总分				

五、指导老师评语

日期：　　年　　月　　日

一、任务描述

选择自己感兴趣的国内工程机械品牌，通过互联网、书籍、请教专业人士等渠道去搜集营销案例资料，并制作介绍 PPT，在课程中介绍其品牌

二、任务实施

1. 组建小组，3~5 人为一小组，选出组长。
2. 围绕工程机械品牌介绍这一主题，学生查找资料，整理分析，提交任务单。
3. 各小组编写 PPT，选出 2 个代表进行汇报

三、任务成果

1. 介绍该品牌的 PPT，内容包括品牌介绍、产品介绍、品牌发展、营销案例、总结部分。
2. 以演讲的方式进行呈现，呈现时间每组不少于 8 min

四、任务评价

序号	考核指标	所占分值	评价标准	得分
1	上交情况	10 分	推迟 1 天提交扣 3 分	
2	完整度	20 分	文档完整程度，少一部分扣 5 分	
3	内容丰满度	30 分	PPT 不少于 10 张，图文并茂	
4	PPT 精美程度	10 分	PPT 美观程度，大方美观	
5	演讲呈现	30 分	完成对 PPT 的演讲	
总分				

五、指导老师评语

日期： 年 月 日

任务评价

1. 根据任务的内容，对任务进行评分。

序号	考核要点		所占分值	评价标准	得分
1	素养层面	团队协作	10 分	团队成员任务分工明确，各项交付符合要求	
2		创新性	10 分	资料收集方式创新，采用访谈、与销售管理人员面对面沟通等方式	
3	能力层面	内容架构能力	20 分	文档完整性高	
4		内容撰写能力	30 分	任务内容新颖，具有一定的学习、借鉴意义	
5		内容呈现能力	10 分	销售团队管理案例格式规范、呈现流畅	

续表

序号	考核要点		所占分值	评价标准	得分
6	知识层面	团队管理知识要点	20 分	团队管理策略总结准确、具有一定创新性	
		总分			

2. 掌握技能与知识。

3. 新的体会及感悟。

4. 其他收获。

项目实施

实施工程机械销售管理项目工作单

姓名：_____ 班级：_____ 学号：_____

所查阅资料情况

序号	资料内容	资料来源	备注

三一销售管理策略

序号	主要销售管理策略	实施效果	备注

项目过程中出现问题	解决办法

项目七　实施工程机械销售管理

学习笔记

项目评价

序号	考核要点		所占分值	评价标准	得分
1	素养层面	锐意进取，勇于开拓	10分	不畏困难，积极挑战，具备持续学习和自我提升的意识	
2		创新意识	10份	与时俱进，积极对接一线市场，具有较好的创新意场	
3		团队合作精神	10分	具备良好的团队合作能力	
4	能力层面	销售岗位职业认知	10份	能够全面掌握销售岗位标准	
5		销售技巧运用能力	20分	能够灵活运用销售技巧开展工程机械销售活动	
6		销售团队管理能力	10分	能够根据团队特点制定销售团队管理策略	
7	知识层面	基础概念的识记与理解程度	10分	了解销售人员职业素养涵盖内容	
8			10分	掌握工程机械销售技巧	
9			10分	熟悉工程机械销售团队挂历策略	
	总分				

项目训练

1. 单项选择题

(1) 提高销售人员职业素养是工程机械企业（　　）管理的需要。

A. 简约化　　　　　　　　　　B. 精细化
C. 粗放化　　　　　　　　　　D. 以上都不对

(2) 现代工程机械营销情景不包括（　　）。

A. 工程机械营销工作不再受地域和时间的限制
B. 营销人员不仅要掌握传统营销理论和知识，还需要掌握互联网的相关知识以及不断涌现的新的营销方法和方式
C. 工程机械产品的营销必须直接面对消费者才能成交
D. 数字营销成为现代营销的重要方式

(3) 提高工程机械销售人员职业素养的策略不包括（　　）。

A. 加强工程机械销售人员专业知识教育和岗位技能培训
B. 探索适合工程机械企业发展的营销人员薪酬模式与激励机制
C. 加强工程机械销售人员自我学习和提升的意识
D. 做好工程机械销售人员的家庭理财规划

（4）关于工程机械产品营销，下列说法错误的是（　　）。

A. 对于一些重要的、对公司有长远价值的客户，销售人员还要进一步思考如何突出公司的整体优势

B. 突破成交障碍一般在客户考察之前进行

C. 工程机械销售人员对于自己所要开发的区域市场结构要做全面了解，包括企业、竞争对手的运营、前期市场基础、目前面临问题等

D. 已成交的客户是机械设备销售人员的宝库，销售人员必须定期对客户成交数据进行分析

（5）一个优秀的工程机械营销团队应具备（　　）。

A. 合格的人员

B. 优秀的核心

C. 完善的制度及团队文化

D. 以上都是

2. 多项选择题

（1）工程机械销售人员综合素质的主要组成包括（　　）。

A. 遵守法律法规和职业道德

B. 基本知识

C. 岗位技能

D. 心理素质

（2）工程机械产品销售人员在从事职业活动时必须具备哪些基本知识才能合格地履行岗位职责？（　　）。

A. 工程机械企业相关知识

B. 工程机械产品知识

C. 与用户有关的知识

D. 工程机械行业有关知识

E. 工程机械产品营销理论知识

（3）提高工程机械销售人员职业素养的必要性包括（　　）。

A. 提高工程机械销售人员职业素养符合企业发展需要

B. 提高工程机械销售人员职业素养符合市场竞争需要

C. 提高销售人员职业素养是工程机械企业精细化管理的需要

D. 提高工程机械销售人员职业素养是适应营销情景变化的需要

（4）工程机械营销技巧包括（　　）。

A. 熟悉企业工程机械产品

B. 明确主要战场

C. 巧用数字化工具，高效管理客户

D. 换位沟通，满足客户需求

E. 巧用数字化工具，高效管理客户

（5）下列关于工程机械销售团队的描述正确的是（　　）。

A. 工程机械销售团队是一个以销售代表为核心，其他业务相关者紧密配合为支撑的区域市场营销团体

B. 工程机械销售团队担负的责任是一定区域市场范围内工程机械营销工作的全部内容

C. 优秀工程机械销售团队是以结果为导向的

D. 销售团队在工作中要有效沟通、分工、合作，共同进步，形成目标明确、有战斗力的团队

3. 判断题

（1）工程机械企业没有市场和销售之分，要求营销人员具备知识掌握的综合性。（　　）

（2）工程机械营销团队管理的目的是提升团队的凝聚力、向心力、战斗力。（　　）

（3）现代市场营销活动中，工程机械销售代表只需完成工程机械产品销售工作。（　　）

（4）现阶段工程机械营销人员的薪酬结构主要是低弹性薪酬模式。（　　）

（5）一般情况下集团客户较重视工程机械设备的整体性能与公司的整体配合能力和服务水准；区域内较有实力的客户考虑的多是该设备能够怎么提升其产品的竞争力。（　　）

4. 案例分析题

城郊客户购买小挖

A 代理商接待了两位客户，经了解：李姓父子二人是城郊的农民，原来的承包田已被征用，看到别人购买挖掘机赚钱，也想购买挖掘机；以自己村周边的大学城、房产开发区为工程对象；资金不足，只有征地补偿款；有使用农用车的经验，没有使用过挖掘机。

A 代理商公司张总（营销总监）安排赵经理接待，赵经理根据客户的实际情况，建议客户购买小挖，详细介绍 B 品牌小挖的性能、技术特点，老李关注价格，小李关注性能和油耗。由于是初次接触，赵经理报一虚价，并讲明价格可谈。

李姓父子留下手机号码、家庭住址，拿了产品样本和赵经理名片，又去看其他品牌小挖。

当天晚上，赵经理打小李的手机，小李告诉他：今天看了小松、日立、大宇的小挖，以及 B 品牌，都感到价格高，对 B 产品是国产品牌质量不放心。赵经理希望再认真谈谈。小李答应考虑。

第二天上午，赵经理向张总汇报了电话联系情况，再次打电话，李姓父子已经坐火车去上海，看二手小挖。

第四天上午，再次联系，李姓父子已经回来，对二手机的破旧不满意，还是准备购买新机。赵经理立即上门拜访。

在客户家里，赵经理再次介绍 B 品牌的特点，介绍 B 品牌的国内销售量、出口量，说明主要技术配置：发动机、液压件、控制原件全是进口的，介绍售后服务措施。小李动心，老李不表态：我们再商量。

赵经理回公司，向张总汇报跟踪情况，张总指示：继续抓紧跟踪，直至成功或失销。张总找当地另外客户刘老板，联系后，刘老板认识李姓父子，但不是很熟，刘老板答应帮助做工作。

赵经理充满信心，再次上门拜访，到李家门口，看见 D 品牌的车辆停在李家门前。赵经理进门后，就看见 D 品牌两位销售人员正在与李姓客户洽谈。老李请赵经理坐下。老李与 D 品牌在砍价。送走 D 品牌的销售人员，老李说："我们买小挖，肯定要质量好、价位低。"赵经理询问对 B 品牌小挖是否还有哪些要了解的问题。李姓父子说明：对国产品牌质量的担心。赵经理立即联系刘老板，带小李父子到刘老板工地上看 B 品牌小挖使用情况。

到工地后，B 品牌小挖正在作业，刘老板请小李上机试操作，并让司机介绍使用情况，明确告诉老李：B 品牌小挖质量已经过关，自己使用半年了，效果不错。老李基本满意了。

回到公司，赵经理按公司规定的最低限价高出 1 万元报价，老李坚决要求降价，否则就买其他品牌；赵经理请出张总，张总首先以刘老板为例，说明 B 品牌的小挖质量好、服务好，然后说明小挖已经涨价，但刘老板已经打招呼要给老李优惠。这时，老李频频点头，告诉张总：我们就是学刘老板的，希望一定给予优惠。

　　张总决定：在赵经理报价的基础上，让价 3 000 元，再送 2 000 元的保养用油。小李已经同意，老李还想能够再让价。张总告诉：这是公司的底线，没办法再让了。李姓父子答应：明天签合同、办首付、交机。

　　第二天上午，赵经理一直等到 10 点，李姓父子人没来，也没有电话。立即电话询问，小李告诉：正在信用社取款，D 品牌代理商的领导来家里，老李正在接待。赵经理向张总汇报，张总立即约上刘老板，一起去李家。见面后，刘老板首先发难："老李，昨天定好的事怎么能变了？"老李说："没有变，有你刘老板说话，坚决不变。"D 品牌的范总迎上张总握手："祝贺你，打了个漂亮仗！"

　　中午，老李坚持要请张总和刘老板吃饭（有目的：想与刘老板合作，感谢张总只是借口）。张总和赵经理极力撮合刘老板与李姓父子合作，并承诺：积极提供小挖工程信息、提供良好的服务。

　　思考题：
　　1. 与客户洽谈时，客户最为关心的问题是什么？
　　2. 在销售过程中，用什么办法解决客户疑虑？

项目八　工程机械客户关系管理

学习目标

【知识目标】
1. 理解工程机械行业客户关系管理的内涵及作用。
2. 掌握工程机械行业中，客户满意度与忠诚度提升的策略。
3. 掌握工程机械营销活动中客户投诉处理技巧。

【能力目标】
1. 能正确理解客户关系内涵，积极发挥客户关系管理在工程机械行业中的重要作用。
2. 能根据工程机械企业实际，制定相应的客户满意与客户忠诚提升计划。
3. 能处理工程机械销售过程中的一般性客户投诉问题。

【素养目标】
1. 树立正确的世界观、人生观、价值观，锻造优秀的职业品质。
2. 具备良好的服务匠心，精益求精，锐意进取。
3. 具有较好的抗挫折能力，随机应变、积极解决问题。

知识全景图

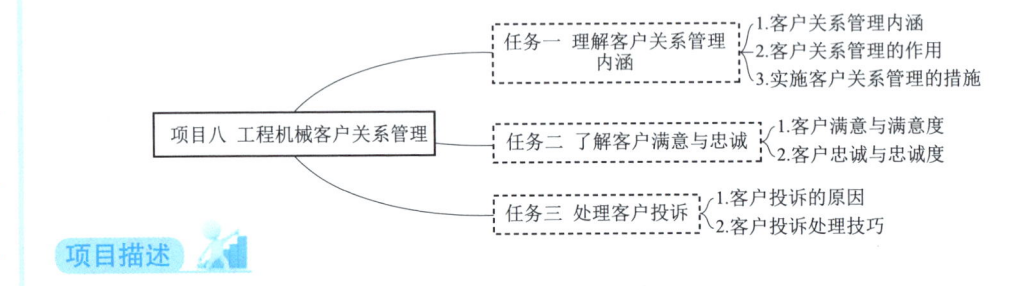

项目八 工程机械客户关系管理
- 任务一　理解客户关系管理内涵
  1. 客户关系管理内涵
  2. 客户关系管理的作用
  3. 实施客户关系管理的措施
- 任务二　了解客户满意与忠诚
  1. 客户满意与满意度
  2. 客户忠诚与忠诚度
- 任务三　处理客户投诉
  1. 客户投诉的原因
  2. 客户投诉处理技巧

项目描述

千人集结，万里出征 2023 三一服务万里行启动

1. 匠心服务，奔赴全球

2023 年 5 月 20 日，昆山产业园，彩烟冲天，汽笛齐鸣，随着一声号令，三一重机服务万里行正式出征，如图 8-1 所示。

此次，三一重机将调派服务工程师 2 500 余名、服务车辆 2 100 余台，奔赴全球各地，重点围绕客户需求、设备使用、售后服务、配件需求等方面开展巡检。

本届服务万里行中，三一重机将聚焦智能服务，通过三一服务数字化平台"易维讯"，

图 8-1　三一重机 2023 年服务万里行启动仪式

推进服务智能化、信息化、可视化变革，优化服务新体验，切实解决客户痛点，为客户创造更大利益。

2. 即刻出发，使命必达

"我将竭尽全力，穷尽一切手段，克服一切困难，扫除一切障碍，攻必克、战必胜，即刻出发，使命必达！"

2023 年 5 月 21 日，沈阳产业园，三一重装服务将士们的铮铮誓言通过直播镜头响彻全球。

言出必行，一诺千金。此次，三一重装服务万里行共设置 19 个国内战区和 1 个国际战区，计划巡检设备 6 060 台，100% 输出健康体检报告，开展客户集中培训 129 场，培养金牌操作手 100 名，做到客户满意率 100%。

3. 传承十四载，踏上新征程

2010 年，三一在中国工程机械行业首创"服务万里行"活动，致力于在服务中为客户创造价值。

传承十四载，三一服务工程师始终用实际行动践行着对客户的承诺："超越客户期望，超越行业标准""用偏执的态度，穷尽一切手段，把服务做到无以复加的地步"，将三一服务打造成了工程机械行业中一张亮眼的名片。

今天，秉承着"客户第一"的基石价值观，三一服务正通过数字化、智能化手段不断提升服务效率和质量，提升行业服务竞争力，始终引领行业服务方向的变革。

项目要求：通过学习项目内容，多渠道收集三一重工客户关系管理相关资料，完成对三一重工客户关系管理案例撰写，以 PPT 方式呈现。

任务一　理解客户关系管理内涵

学习目标

1. 知识目标

（1）理解客户关系管理的基本内涵。

（2）了解工程机械企业实施客户关系管理的作用。

（3）熟悉客户关系管理实施的措施。

2. 能力目标

（1）能够运用客户关系管理基本理论知识。

（2）能够为工程机械企业制定客户关系管理方案。

3. 素养目标

（1）以人为本，养成良好的客户服务意识。

（2）培养敏锐的商业嗅觉，积极更新管理理念。

任务描述

经过一段时间的拼搏，李小明在工程机械市场上不断拓展客户资源，在业务量不断增加的同时，李小明一时间难以高效科学地应对各种大小客户，服务水平开始有所下降，他开始正视客户管理工作，决定好好研究客户关系管理，不断提升企业核心竞争力，以此来提高企业的经济效益。

任务要求：选取国内一家工程机械企业，为其设计客户关系管理实施改进方案，并以WORD文档的方式呈现分析报告，字数不少于800字。

任务实施

1. 任务准备

班级4~5人一组，学习客户关系管理理论知识，通过互联网、书籍、视频等渠道查阅资料。

2. 任务操作

（1）根据任务要求，采用多种调研方法，搜集一家国内工程机械企业客户关系管理相关案例资料。

（2）小组学习客户关系管理理论知识，调研该企业实施客户关系管理的情况，包括企业客户关系理念、实施策略、取得的效果。

（3）为该公司设计客户关系管理实施改进方案。

（4）推荐小组成员进行客户关系管理改进方案介绍。

（5）小组其他成员回答其他同学问题。

3. 任务提示

（1）任务完成过程中，通过多渠道，全面搜集资料。

（2）文档内容具体、翔实，条理清晰，具有逻辑关系。

知识链接

随着经济全球化的不断发展，传统的工程机械企业将面临更多的竞争对手和市场挑战。工程机械行业产品逐步趋于同质化，在激烈的竞争中如何确保市场占有率，客户关系管理逐渐成为企业的核心竞争力之一。通过数字化手段，对客户进行有效管理，科学地进行资源配置，可大大减少管理成本，提升管理实效。在当前情况下，工程机械企业不仅要提供优质的产品，更要为广大客户提供优质的服务，为客户创造更多价值。

1. 客户关系管理内涵

客户关系管理（Customer Relationship Management，CRM）是指企业为了提高核心竞争力和增强客户忠诚度，通过应用信息技术和互联网技术，对企业与客户之间的销售、营销和服务交互进行协调，以提供创新的个性化服务的过程。客户关系管理的目的是吸引新客户、保留老客户并转化现有客户成为忠实客户，以此来扩大市场份额。目前，部分工程机械企业越来越重视客户关系管理，纷纷引进 CRM 管理理念及系统，并将客户管理作为企业总体战略进行布局，积极探索数字化客户服务与管理业务。工程机械行业客户关系管理的涵义可以从以下客户关系铁三角来进行解读，如图 8-2 所示。

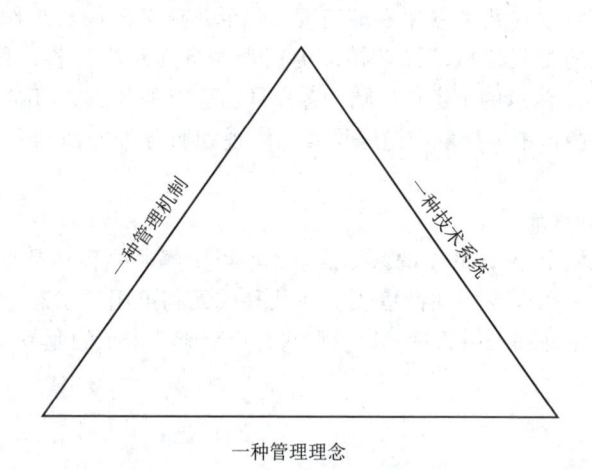

图 8-2 客户关系铁三角模型

首先，客户关系管理是一种管理理念。其核心思想是将工程机械企业的客户（包括最终客户、分销商和合作伙伴）作为最重要的企业资源，通过完善的客户服务和深入的客户分析来满足客户的需要，保证实现客户的终生价值。

其次，客户关系管理是一种新型的管理机制，是工程机械企业战略的一种。它实施于企业的每个部门和经营环节，涉及战略、过程、组织和技术等各方面的变革，使工程机械企业更好地围绕客户行为来有效地管理自己的经营，降低企业经营成本。

再次，客户关系管理也是一种技术系统，它将最佳的商业实践与数据挖掘、数据仓库、一对一营销、销售自动化以及其他信息技术紧密结合在一起，为工程机械的销售、客户服务和决策支持提供一个业务自动化的解决方案，实现传统企业向现代企业的转化。

2. 客户关系管理的作用

1) 保留客户

企业与客户之间是一种互动式关系，工程机械企业实施 CRM 后，在系统的辅助下，可以向客户提供主动关怀，根据工程机械产品销售和服务历史提供个性化的服务，并在知识库的支持下，向客户提供更专业化的售后服务以及严密的客户跟踪。客户可以选择自己喜欢的方式与企业进行交流，方便地获取信息。客户的满意度和忠诚度可以帮助企业保留住更多老客户，吸引更多新客户。

2) 拓展产品市场

CRM 使得任何客户都能通过互联网了解、熟悉、尝试或购买工程机械产品或维护维修售后服务。企业也可以在互联网上不断发布有关工程机械产品的信息、成功案例及市场最新技术状态信息等，让客户随时了解企业的发展情况。CRM 通过在线提高处理客户需求的能力，获得更多的新客户，并借助完善的商业分析手段，不断地发现新的市场机会，拓展市场活动影响力，提高企业效益。

3）提高管理效率

新的技术手段实现了工程机械企业规定范围内的信息共享，客户与企业之间可以线上完成多项业务，企业内部能更高效运转。业务处理流程自动化程度的提高，让很多重复性工作都由计算机系统完成，其工作的效率和质量都是人工无法比拟的。

4）降低交易成本

CRM大大提高了团队销售的效率和准确度，降低了服务时间和工作量，从而降低了企业的运作成本。传统的工程机械产品营销多为销售人员面对面销售，拜访客户效率较低，CRM的实施让客户接受信息的渠道更广阔，客户拜访更有的放矢；CRM也降低了开发新客户的成本，节约了市场营销、接触、追踪调查、实现和服务等方面的开支；CRM还能够减少促销活动的成本。

5）评估客户的创利能力

通过分析工程机械企业CRM中的数据信息，可以了解哪些客户是真正的创利客户，哪些客户是可以通过交叉销售或增加销售改变其低利或无利可图的状态，哪些客户永远无利可图，哪些客户可以用外部渠道管理，以及哪些客户能驱动未来的业务，从而明确如何提高市场创利能力。

• 同步案例

徐工集团的 CRM 实施

徐工集团成立于1989年3月，始终保持中国工程机械行业排头兵的地位，目前位居世界工程机械行业第5位，是中国工程机械行业产品品种与系列最齐全、最具竞争力和影响力的大型企业集团，年销售额超千亿元。

在169个国家构建起了由5 000余名营销服务人员组成的庞大、高效的网络，可以一站式为全球用户提供涵盖销售、售后、融资的一体化高效便捷服务。

工程机械市场竞争激烈、产品价值大、成交周期长，如何多渠道触达客户、规范销售过程、提升大客户经营，以实现业务的持续增长？让我们来看看徐工CRM解决方案。

➢ 建立统一的客户数据库：建立统一的客户信息管理机制与平台，整合客户数据，形成客户360°视图，让销售和管理者全面了解市场覆盖情况。

➢ 建立标准化的销售体系：建立商机闭环管理流程，对商机过程进行全面跟踪，实现销售过程可视化，销售主管聚焦高可能性项目，帮助销售加速结单。

➢ 团队协作移动化：客户拜访、信息跟进、数据查询等全面移动化，让销售人员可以随时进行业务处理，随时呼唤"炮火"支持，赋能团队效率提升。

3. 实施客户关系管理的措施

1）转变观念，树立以客户为导向的理念

随着工程机械市场的成熟，买方市场的形成，工程机械客户多样化、个性化的需求越来越高，产品也不断更新换代、层出不穷，依靠产品来维持企业与客户的关系将变得十分脆弱，即并不是企业拥有高质量的产品或服务就一定拥有大量的客户群。客户的需求变得越来越挑剔，不仅要求高质量的产品和服务，而且要求企业拥有快捷的反应速度，能够全面满足他们的个性化要求。工程机械企业应转变观念，树立以客户为导向的理念，以满足客户的需要为前提来组织协调企业的所有活动，提高客户的满意度和留住客户，从而建立和保持企业的竞争优势。

2）改变企业内部流程

工程机械企业在实施客户关系管理时，除了转变观念以外，还要对企业的业务流程进行改变与重组。不仅要改变营销和服务部门的业务活动，而且要改变计划、生产和物流等所有部门的业务活动。客户关系管理是企业级的应用，而非某一个或几个部门的应用，企业内部必须使各个部门间的工作衔接好，建立跨部门、跨业务的以客户事件为线索的跟踪管理，确保为客户提供及时、有效的服务。

3）保持与客户之间互动的学习型关系

客户与工程机械企业的关系要经历一个由远及近、由浅入深的发展过程，这是一项长期、深入、细致的工作。企业与客户之间要建立新型的、互动的学习型关系，尤其要通过对客户的分类，找出那些能够为企业带来长期可观利润且企业也能长期为其提供最佳价值的现实客户。企业根据客户提出的需求改进产品和服务，客户甚至可以通过网络直接参与产品开发和设计活动。

4）选择合适的 CRM 软件系统

客户关系管理的软件系统有不少，且各自存在着不同的差异。工程机械 CRM 软件系统的选择原则如下：

（1）对软件的选择要依据企业对客户关系管理系统的远景规划和近期实施目标来进行，选择最能贴近工程机械企业需求的产品。

（2）软件系统融入的管理思想与模式是否与工程机械企业一致，软件本身的架构、业务流程是否满足工程机械企业的要求。

（3）选型时要看供应商本版软件的成功用户如何，是否有成功实施的经验，功能模块能否覆盖企业业务的基本应用，界面是否友好。

（4）软件系统应具有良好的拓展性能，系统架构应比较灵活，且能自动实现版本升级或较方便地适当增加或删除一些功能。

（5）注意 CRM 软件与其他应用软件系统的集成。

● 同步案例

三一客户云

三一客户云是三一重工开发的一款面向重工行业的客户关系管理（CRM）应用软件，它通过集成各种功能模块，帮助企业管理客户信息、销售流程和市场营销活动，提高客户服务质量和销售效率，如图 8-3 所示。

三一客户云

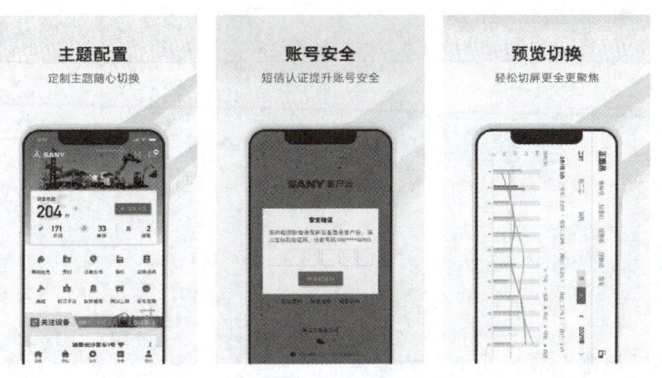

图 8-3 三一客户云界面

三一客户云特色：

（1）客户全生命周期管理：提供从潜在客户到成交客户的全过程管理，包括客户信息收集、客户分类、客户维护等，帮助企业建立完整的客户数据库并进行精准的客户分析和管理。

（2）销售团队协作：支持多个销售人员协同工作，能够实时查看和更新销售机会、合同进展等信息，提高销售团队的工作效率和合作能力。

（3）数据分析和报告：提供详细的数据报告和分析功能，可根据自定义的指标与维度进行数据统计和分析，帮助企业了解销售情况、市场趋势和客户需求，制定更有效的销售策略和营销计划。

三一客户云主要功能包括客户信息管理、销售机会跟踪、合同管理、市场活动管理等。

任务评价

1. 根据任务的内容，对任务进行评分。

序号	考核要点		所占分值	评价标准	得分
1	素养层面	以人为本，服务意识	10分	报告中呈现以人为本、以客户为中心的服务意识	
2		创新性	10分	报告中体现CRM管理理念	
3	能力层面	学习能力	20分	资料收集、整理完整	
4		知识运用、报告撰写能力	30分	方案制定策略完善，可行性强	
5		报告呈现能力	10分	WORD格式规范，讲解流畅，展示效果好	
6	知识层面	基础概念的理解程度	20分	能够熟知客户关系管理基础概念	
	总分				

2. 掌握技能与知识。

3. 新的体会及感悟。

4. 其他收获。

任务二　了解客户满意与忠诚

学习目标

1. 知识目标

（1）理解客户满意与客户忠诚的内涵。

（2）掌握客户满意与客户忠诚的提升策略。

2. 能力目标

（1）能够运用客户满意知识提升工程机械企业客户的满意度。

（2）能够运用客户忠诚知识提升工程机械企业客户的忠诚度。

3. 素养目标

（1）培养学生匠心服务的职业素养。

（2）培养学生全局观念，坚持长期主义。

任务内容

李小明在学习完客户服务与管理知识后，积极践行以客户为中心的管理理念，他发现客户满意与客户忠诚是提升客户关系、促成成交的有效路径，但是对于客户满意与客户忠诚的了解还停留在浅表层次，如何立足工程机械企业，系统地开展客户满意与客户忠诚管理计划，是李小明接下来的重要工作任务。

任务要求：调研国内一家工程机械企业，分析该企业客户满意与客户忠诚的策略，并以PPT方式呈现分析报告。

任务实施

1. 任务准备

班级 4~5 人一组，学习客户满意与客户忠诚管理理论知识，通过互联网、书籍、视频等渠道查阅资料。

2. 任务操作

（1）根据任务要求，搜集一家国内工程机械企业客户满意与客户忠诚管理策略的相关资料。

（2）小组学习客户满意与客户忠诚理论知识，总结分析该企业客户满意与客户忠诚管理策略。

（3）确定任务内容，小组合理分工，形成书面分析报告。

（4）小组选派成员介绍该企业客户满意与客户忠诚的案例，并积极解答同学疑问。

3. 任务提示

（1）任务完成过程中，通过多渠道，全面搜集资料。

（2）文档内容具体、翔实，条理清晰，具有逻辑关系。

知识链接

1. 客户满意与满意度

1）客户满意

客户满意（Customer Satisfaction，CS）是一种感觉水平，它来源于对产品或者服务所设想的绩效或产出与人们的期望所进行的比较。工程机械企业客户满意是客户对企业和员工提供的产品和服务的直接性综合评价，是客户对企业、产品、服务和员工的认可。

客户满意度 RATER 指数

2）客户满意度

客户满意度（Consumer Satisfactional Research，CSR），也叫客户满意指数，是客户期望值与客户体验的匹配程度。进行工程机械客户满意度研究，旨在通过连续性的定量研究，获得消费者对特定服务的满意度、消费缺陷、再次购买率与推荐率等指标的评价，找出内、外部客户的核心问题，发现最快捷、有效的途径，实现最大化价值。

3）客户满意提升策略

客户对企业的满意程度与企业利润生成相辅相成，对工程机械企业而言要努力采取各项措施培养并提高客户对企业产品和服务的满意度。

（1）把握客户预期。

以客户为中心的理念已成为大多数工程机械企业经营的共识。客户期望以更低的价格获取更好的产品与服务，而企业则需要用合理的成本，获得更高的利润。目前，价格战与服务战愈演愈烈，管理好客户预期成为很多企业面临的关键现实问题。

①了解客户当前预期。

工程机械企业可以借助现代信息化、数字化手段，通过海量数据，开展各类市场调查，掌握客户基本属性、客户消费水平、个人偏好，充分了解客户当前预期，使企业的措施更具目标性，更容易达成客户满意效果。

客户预期过高、过低都不行，企业必须主动出击，对客户预期加以引导，即以当前的努力和成效引导客户的良好预期，认真做好当前服务与管理，用优质体验锚定客户的合理预期。

②留有余地的承诺和宣传，引导合理预期。

工程机械产品在承诺和宣传中一定要实事求是，不刻意隐瞒产品不足，引导客户合理的预期。

③通过理念、宗旨、制度、价格、包装、环境等有形展示来引导客户预期。如试图使客户形成高预期，可以通过豪华的包装、高档的装修、现代化的设施与装备来实现。

（2）让客户感知价值超越客户预期。

培养客户满意的另一个重要策略是让客户感知价值超越客户预期，也就是要使客户获得的总价值大于客户付出的总成本，一方面提高客户获得的总价值，另一方面降低客户付出的总成本。

客户获得的总价值包括产品价值、服务价值、人员价值、形象价值。工程机械企业不断进行研发创新、技术变革及个性化定制产品，就是通过各种举措来提升产品的价值。在服务价值方面，工程机械企业依托大数据、云计算技术，建立智慧化服务洞察反应机制，打通线上线下平台，为客户提供卓越的服务体验。而企业统一服务标准，提升员工形象，并开展各类公益活动、募捐及庆典展览等来提高人员价值和形象价值。

降低客户付出的总成本，包括货币成本、时间成本、精神成本、体力成本。例如，工程机械企业开启CRM系统，工程机械产品开启直播带货、秒杀，以及线上商城等数字化新业态，就是在竭尽全力地降低客户付出的总成本。此外，还可通过网上销售降低客户的时间成本，通过简易友好的操作平台降低客户的精力成本，通过方便快捷的物流服务降低客户体力成本等。

• 同步案例

三一"一生无忧"服务承诺

三一敢为天下先，在行业内率先推出并采取四大措施全力保障"一生无忧"服务承诺。"一生无忧"服务标志着三一产品质量、性能、服务达到新高度，也标志着三一服务平台、配件供应平台上了新台阶，即三一首次在工程机械行业实现服务量化，如图8-4所示。

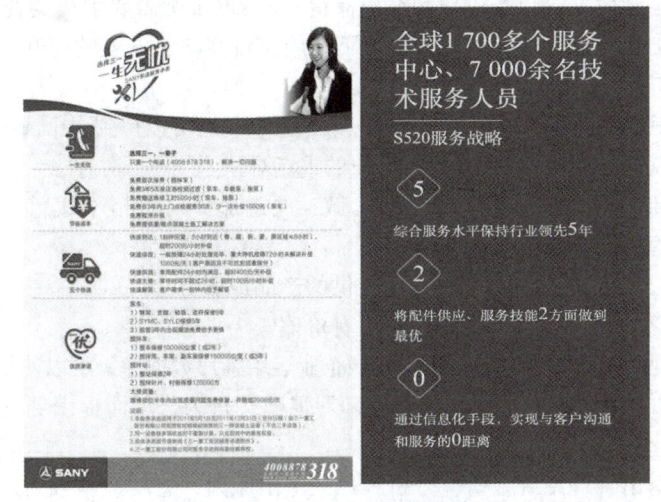

图 8-4　三一一生无忧活动宣传

三一重工从四大方面保障"一生无忧"服务承诺的实现。第一，服务人员、网点规模不断扩大。现有服务师 7 000 多人，1 700 多个服务网点。下个目标是每个县级城市都设立网点，每个地级市都设立仓库。第二，从信息化方面提升。三一开发设计的手机服务平台，在上面可以查询资料、配件、库存等信息，方便快捷。第三，加强培训。只有培养高素质人才，才能将设备使用与维护好。第四，加大监控力度。将承诺量化，所有客户需求通过 4008 派工，实行阳光下管理，客户需求在总部都有备案。通过电话回访，2 h 内到达客户现场，每季度抽取 1/3 进行抽查回访，解决服务死角。同时，到现场模拟，监督整个服务流程。

2. 客户忠诚与忠诚度

1）客户忠诚

工程机械领域中的客户忠诚是指客户对工程机械企业的产品或服务的依恋或爱慕的感情，是客户对某企业或某品牌长久的忠心，并且一再指向性地重复购买。当忠诚客户想购买曾经购买过的工程机械产品或服务时，他们会主动去寻找原来向他们提供过这一产品或服务的企业，甚至有时因为某种原因没有找到，也会主动抵制其他品牌的诱惑，甚至搁置需求，直到所忠诚的品牌出现。

培养消费忠诚

客户忠诚主要通过客户的行为忠诚、情感忠诚和意识忠诚表现出来。其中行为忠诚表现为客户再次消费时对工程机械企业的产品和服务的重复购买行为；情感忠诚表现为客户对工程机械企业的理念、行为和视觉形象的高度认同和满意；意识忠诚则表现为客户做出的对工程机械企业的产品和服务的未来消费意向。

2）客户忠诚度

工程机械客户忠诚度是指客户因为接受了产品或服务，满足了自己的需求而对品牌或供应（服务）商产生的心理上的依赖及行为上的追捧。客户忠诚度是消费者对产品感情的量度，反映出一个消费者转同另一品牌的可能程度。

3）客户忠诚提升策略

工程机械营销管理者都面临着这样一个现实：产品差异性越来越小，竞争对手却越来越多，而客户正在变得越来越挑剔。在这种环境下工程机械企业该如何生存？企业获得稳定发展的驱动力在于运营效率、市场份额和客户保留，而 CRM 所需要解决的两个重点问题是提高市场份额和增加客户保留度，可以通过以下措施实现客户忠诚度的提升。

（1）建立客户数据库。

①建立核心工程机械客户识别系统。通过以下三个问题可以得到一个清晰的核心工程机械客户名单，而这些核心客户就是企业忠诚客户的重点对象。

➤ 你的哪一部分客户最有利可图，最忠诚？注意那些对价格不敏感、付款较迅速、服务要求少、偏好稳定的经常购买的客户。

➤ 哪些客户将最大购买份额放在你所提供的产品或服务上？

➤ 你的哪些客户对你比你的竞争对手更有价值？

②建立客户购买行为参考系统。工程机械企业运用客户数据库，可以使每一个服务人员在为客户提供产品和服务时，明了客户的偏好和习惯购买行为，从而提供更具针对性的个性化服务。

③建立客户退出管理系统。研究分析客户的退出原因，总结经验教训，利用这些信息改进产品和服务，最终与这些客户重新建立起正常的业务关系，这样也有助于树立企业的优质形象，使客户在情感上倾向于企业的产品和服务。

（2）制定合理的产品价格。

在当前市场环境下，价格仍是工程机械客户选择消费的主要决定因素。企业要努力实现产品价值的最优化，生产物美价廉的产品。产品价格的制定，不但要使终端消费者满意，还要为各级经销商留有使其满意的利润空间。

（3）提高工程机械企业内部服务质量，重视员工忠诚的培养。

客户保持率与员工保持率是相互促进的，具有高层次客户忠诚度的公司一般也具有较高的员工忠诚度。因为企业为客户提供的产品和服务都是由内部员工完成的，他们的行为及行为结果是客户评价服务质量的直接来源。一个忠诚的员工会主动关心客户，热心为客户提供服务，并积极为客户解决问题。工程机械企业在培养客户忠诚度的过程中还要重视内部员工的管理，努力提高员工的满意度和忠诚度。

（4）提升客户转换的"门槛"。

客户转换品牌或转换卖主会面临一系列有形或无形的转换成本。转换购买对象需要花费时间和精力重新寻找、了解和接触新产品，放弃原产品所能享受的折扣优惠，改变使用习惯，同时还可能面临一些经济、社会或精神上的风险。提升客户转换的"门槛"，可以削弱竞争对手的吸引力，减少客户的退出，最常用的策略是对忠诚客户进行财务奖励。如对重复购买的客户根据购买数量的多少、购买频率的高低实行价格优惠、打折销售或者赠送礼品等。其次为客户提供有效的服务支持，包括质量保证、操作培训、维修保养等，借此增加客户的感知价值。再次可以通过有效沟通，与客户建立长期的伙伴关系，其中，沟通方式灵活多样，比如召开客户座谈会、成立客户俱乐部、开通回访专线等。

（5）利用公关传媒手段引导和教育客户。

品牌与消费者之间存在着无数链接点，如果企业想培养品牌的忠诚度，则需要从传播阶段开始与受众建立链接，并从各个链接点上发展持续有效的互动契机。有效的公共关系活动就是较好的关系链接点，公关活动不仅能建立品牌美誉度，也能提高知名度和忠诚度，通过公关活动和传媒来传递企业正向信息，从而培养和教育客户。如举办促销或公益活动，通过情感或物质性的激励，使参与者及外部观众产生聚焦，吸引其参与到营销互动之中。另外，口碑建设也是公关的重点方向，口碑的传播将为品牌提供无形价值，提升公众影响力。

• 同步案例

真正的朋友会在黑夜中出现

2023年2月6日，土耳其连续发生两次7.8级地震，造成重大人员伤亡和财产损失。面对灾情，三一集团迅速驰援救灾，一天内连发3支救援队，是第一支与中国救援队对接上的企业救援队，并成功营救24人。在三一捐赠给当地的物资包装箱上，印有一句土耳其谚语："Dost kara günde belli olur 真正的朋友会在黑夜中出现"。作为一家国际化的中国企业，三一集团万里驰援只为生命至上，于患难处伸援手、现真情，携手共筑人类命运共同体！

图8-5所示为三一驰援土耳其救灾现场。

图8-5 三一驰援土耳其救灾现场

在营销观念发展的历程中，只有充分地考虑、发掘工程机械客户的潜在需求，真正地站在客户立场上思考问题并能够如实做到，想客户所想、急客户所急，这样才能够真正地达到提升客户忠诚度的目标，才是真正的"待客之道"。

• 任务评价

1. 根据任务的内容，对任务质量进行评分。

序号	考核要点		所占分值	评价标准	得分
1	素养层面	匠心服务意识	10分	报告中充分体现匠心服务意识	
2		全局观念、长期主义	10分	体现客户关系管理的全局战略及长期主义思想	
3	能力层面	学习能力	20分	资料收集、整理完整	
4		知识运用、案例撰写能力	30分	企业客户满意、客户忠诚策略完善，具有较好的应用推广价值	
5		报告呈现能力	10分	PPT制作美观，讲解流畅，展示效果好	
6	知识层面	基础概念的理解程度	20分	能够熟知客户满意、客户忠诚基础概念	
		总分			

项目八 工程机械客户关系管理

2. 掌握技能与知识。

3. 新的体会及感悟。

4. 其他收获。

任务三　处理客户投诉

学习目标

1. 知识目标
（1）了解客户投诉的内涵及原因。
（2）了解客户投诉的类型区分。
（3）掌握一般投诉与严重投诉的处理技巧。
2. 能力目标
（1）能够准确判定客户投诉的原因。
（2）能够区分客户投诉的类型，具备解决客户投诉的能力。
3. 素养目标
（1）培养学生匠心服务的职业素养。
（2）培养学生不畏挫折、迎难而上的奋斗精神。

任务内容

在工程机械市场营销实践中，李小明时刻将客户需求牢记在心，借助公司CRM系统把所在区域客户关系打理得井井有条，客户的满意度和忠诚度也不断提升。在与客户交互过程中，李小明最头疼的事情就是偶尔会遭遇客户的投诉，他仔细探寻客户投诉的原因，也整理出了一套处理客户投诉的技巧，我们一起来看看吧。

任务要求：各小组随机在客户投诉情境题库中抽取1个情境题，进行客户投诉分析，并进行客户投诉处理的情境演绎。

任务实施

1. 任务准备

班级4~5人一组，学习客户投诉相关知识，通过互联网、书籍、视频等渠道查阅客户投诉资料。各小组根据工程机械市场常见投诉事项出具客户投诉情境1~2个，形成客户投诉处理情境题库。

2. 任务操作

（1）小组根据情境编写客户投诉案例题库，并讨论处理对策。
（2）根据任务要求，各小组学习客户投诉原因、投诉处理技巧等内容。
（3）小组成员上台演绎客户投诉处理情境，要求贴合真实商业场景，较好地处理客户投诉问题。

（4）其他小组进行客户投诉处理评价。

3. 任务提示

（1）任务完成过程中，通过多渠道，全面搜集资料，情境设计合理。

（2）情境演练中，投诉处理具备较好的可行性。

知识链接

工程机械设备行业是一个特殊行业，其产品特性是：外表是庞然大物，内部却构造精密；工作环境上自高空、下至地球内层；可在恶劣的矿山，也可在喧嚣的市区；其价值不菲，动辄百万元甚至千万元。这些特性决定着机械设备的性能和服务必须高端、到位，一旦消费者权益得不到保障，就会面临各种各样的投诉。客户投诉是指客户因对企业产品质量或服务上的不满意，而提出的书面或口头上的异议、抗议、索赔和要求解决问题等行为。

1. 客户投诉的原因

工程机械客户投诉的根源是客户期望值与实际感知之间存在的落差，这种落差有可能是有形的产品造成的，也可能是无形的服务造成的。假如客户的这种心理落差未得到有效控制和补偿，那么客户就会把这种落差感受转变成抱怨的行为，于是就会产生投诉。具体来说，导致客户投诉的原因有企业方面的，也有客户自身方面的。

1）企业方面的原因

（1）产品问题。

产品问题主要是指由于工程机械产品质量不达标，或者产品存在重大缺陷等造成的客户投诉。例如，客户购买产品后，发现企业所生产的产品是以次充好、以假充真；产品存在严重问题，导致使用时故障频出等。

（2）服务问题。

服务问题是指由于工程机械企业提供的服务未达到客户期望值所引起的投诉。例如，工程机械产品营销人员或售后服务人员的服务态度差，服务时效性差；企业在为客户提供服务的过程中发生失误，给客户造成损失；客户服务人员能力不足，不能很好地满足客户对服务的需求等。这些都会让客户感到不满意，从而引起客户投诉。

（3）宣传误导。

企业在广告中过分夸大宣传产品外观、功能等，如过分夸大工程机械产品性能，造成实际产品与客户预期不符；或者企业对客户做了某种承诺而没有兑现，如有的企业向客户承诺对产品不满意包退、包换，但是一旦客户提出退换要求时，企业总是找理由拒绝。

（4）企业管理不善。

工程机械企业内部管理存在问题，内部运转不畅，导致客户无法及时享受应有的权益。例如，企业各个职能部门各行其是，业务流程混乱；企业各部门职责不明，出现问题后各部门之间相互指责、相互推脱，无法使问题得到及时处理等。

2）客户方面的原因。

客户投诉与客户自身也有一定的关系，如工程机械客户的个性特征、自我保护意识、经济承受能力等都会对客投诉产生一定的影响。

（1）客户的个性特征与客户投诉。

处理问题比较客观、冷静的客户，即使因自己的需求没有得到满足而提起投诉，也会保持理智，不会使矛盾升级，但他们今后可能不会再次购买企业的产品或服务；喜欢斤斤计较的客户稍有不满就容易提起投诉，若企业没有处理好这些投诉，投诉很可能会继续恶化，对企业造成负面影响。

(2) 客户自我保护意识与客户投诉。

如果客户的自我保护意识较强，一旦遭受了不公平待遇，客户就会采取行动来维护自己的合法权益；如果客户的自我保护意识较弱，即便遭受了不公平待遇，客户也可能会选择沉默，而不是想方设法地维护自己的权益。

(3) 客户经济承受能力与客户投诉。

一般来说，客户是根据自身的经济实力来选择产品或服务的，但也存在经济实力稍差的客户可能会选择高端产品，经济实力较强的客户也可能选择低端产品的场景。如果经济实力稍差的客户选择了高端产品，客户对产品的期望值往往要比其他客户的期望值高，一旦产品出现问题，投诉的概率也较高。而当一款高端产品或服务从高端市场转向中低端市场时，客户投诉往往会较之前有所增多。一方面可能是企业产品销量上升，企业对产品质量的控制和服务没有及时跟上，从而造成产品或服务质量下滑；另一方面可能是客户对高端产品的期望值较高。

2. 客户投诉处理技巧

客户投诉具有一定的普遍性，工程机械企业经营者应如何处理投诉呢？其实生活中的投诉绝大多数都是比较好处理的投诉，我们称为一般投诉。但是，一般投诉如果没有处理好，就可能上升为更为激烈或更为复杂的严重投诉，甚至导致企业出现重大危机。

● 同步案例

挖掘机维修多次，经销商面临投诉

周先生在某工程机械有限公司江西省经销商处分期购买了一台总价288万元的挖掘机，仅过了7个月时间，该挖掘机就出现发动机转速下降甚至熄火等情况。虽然经销商多次对其进行维修，但是仍没有彻底解决问题。

在购买之初，公司还建立了"一对一"售后服务微信群，专门解决其在使用期间产生的各种问题。出现问题后周先生与公司沟通维修两次，挖掘机掉速问题依然没得到解决，当他提出需要进行第三次维修时，工作人员没有回复，后面他被工作人员移出售后服务群。

根据周先生提供的售后微信群聊天记录显示，江西代理商总经理曾告诉周先生的员工（挖掘机实际操作者）："有的是设计问题，'娘胎'里带的。"

"在购买挖掘机时，他们宣称关键大件提供质保3年或1万小时，现在我的挖掘机才工作2 000多个小时就不行了。"江西经销商展示的宣传海报，其中标明了购买挖掘机质保时间及停机补偿等购机保障，但现在厂家对挖机维修问题已经置之不理了。周先生希望能以返厂维修或更换的形式解决问题，同时能遵守当时的购机保障给予停机补偿。而经销商回应称，挖掘机"憋车"属于正常现象，不属于车辆的质量问题，建议进行第三方检测。

专业律师认为，根据《产品质量法》以及《民法典》的相关规定，挖掘机经过多次修理无法解决之后，可以要求更换或者退货，双方对于更换以及换货无法达成协商的情况下，可以通过向市场监管部门投诉或向法院提起诉讼等途径解决问题。

1）一般投诉

处理一般投诉，我们采用 LSCIA 处理法。LSCIA 是 Listen（倾听）、Share（分担）、Clarify（澄清）、Illustrate（陈述）、Ask（要求）这 5 个英文单词首字母的缩写。

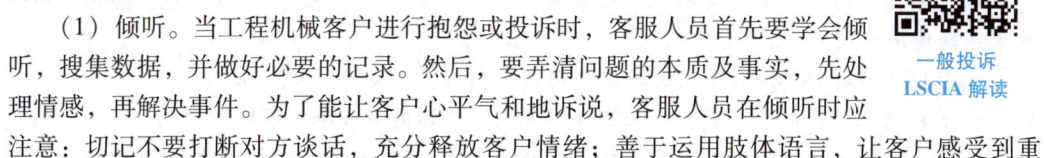

（1）倾听。当工程机械客户进行抱怨或投诉时，客服人员首先要学会倾听，搜集数据，并做好必要的记录。然后，要弄清问题的本质及事实，先处理情感，再解决事件。为了能让客户心平气和地诉说，客服人员在倾听时应注意：切记不要打断对方谈话，充分释放客户情绪；善于运用肢体语言，让客户感受到重视，委婉问询，仔细确认问题症结所在。

（2）分担。如果基本上弄清问题的实质及事件发生的原因，客服人员可以采用分担的方式安抚客户。例如，对客户说："您讲得有道理，我们以前也出现过类似的事情。"无论是产品本身的问题，还是由于客户使用不当等原因，都不能责备客户，而是应帮客户分担一份责任和压力。

（3）澄清。在已经基本了解客户投诉原因和目的的基础上，工程机械客服人员此时可以对问题加以定义。如果是产品本身的问题，应立即向客户道歉，并在最短的时间内给客户解决问题；如果是客户使用不当造成的问题，要说明问题的实质。无论如何，客服人员都要诚心诚意地对客户表示理解和同情。

（4）陈述。在客户投诉的问题得到确认之后，客服人员可提出并对客户说明处理方案，同时要用鼓励的话语感谢客户的抱怨和投诉。无论客户的投诉正确与否，必要时均可对其予以精神或物质上的奖励。

（5）要求。在基本解决客户的抱怨和投诉后，客服人员还要再次询问客户还有什么要求，以诚恳的态度确认是否还有其他问题。

2）严重投诉

对于严重投诉，前来投诉的客户心情往往不好，有很大一部分客户情绪激动，甚至失去理智。此时可采用令客户心情晴朗的 CLEAR 法，即客户愤怒清空法，可以较好地解决问题。CLEAR 是 Control（控制）、Listen（倾听）、Establish（建立共鸣）、Apologize（道歉）、Resolve（解决）这 5 个英文单词首字母的缩写。

（1）控制。客户的过激语言和行为往往会让客服人员因感觉受到攻击而不耐烦，从而被惹火或难过。为了避免客服人员以暴制暴，使客户更加激动，客服人员首先要控制好自己的情绪。要坚持的原则是，客服人员可以不同意客户的投诉内容，但一定要认可客户的投诉方式。不管面对什么样的投诉方式，客服人员都要控制好自己的情绪。

（2）倾听。我们参照一般投诉处理技巧开展，安抚客户情绪，弄清投诉缘由，了解客户背后的期望。

（3）共鸣。共鸣是指站在客户角度，理解他们的思想、感情、行为和立场的一种能力。与客户共鸣的原则是换位真诚地理解客户，而非同情。只有站在客户的角度，想客户之所想、急客户之所急，才能与客户形成共鸣。

（4）道歉。通过歉意，使双方的情绪得到控制，这就要求客服人员不能推卸责任，客服人员道歉时要真诚而坚定，不能一边道歉，一边说"但是……"，这个"但是"会否定前面的努力，使道歉的效果大打折扣。

（5）解决。对于客户的投诉，要迅速做出应对，客服人员要针对具体问题提出应急方案。同时，还要提出杜绝类似事件再次发生，或对类似事件进行处理的预见性方案，而不仅局限于消除眼前的问题。

• 同步拓展

工程机械设备用户应如何维权？

➢ 用户首先对所购买的工程机械设备进行认真接收，并接受企业的指导、培训，加强对设备的使用管理。

➢ 在使用时及时记录设备运行状态，对出现的质量问题应准确记录。

➢ 用户发现产品质量问题时，应在合同或服务承诺的有效期内及时解决。

➢ 如果遇到较严重的质量问题，经过沟通处理仍无效果并且迟迟没有得到解决，需要请求第三方帮助解决时，应在法定有效期内向社会团体投诉或申请调解。

➢ 解决问题的最高手段是诉诸法律。按照司法程序办理既是用户的权益也是企业的权益，需要用户和企业双方就所发生的问题进行举证质证。

➢ 理性维权，拒绝暴力违法。

无论多么规范、多么优秀的企业，都不能百分之百地保证自己的商品或服务没有任何瑕疵；无论多么幸运、多么豁达的人，都不能百分之百地保证不会遭遇投诉。在遇到投诉中，工程机械营销人员应做到及时回应，表明诚意，采取措施，积极应对，注意正面宣传，重塑形象，防止客户的流失。

任务评价

1. 根据任务的内容，对任务质量进行评分。

序号	考核要点		所占分值	评价标准	得分
1	素养层面	匠心服务意识	10分	情境模拟充分体现匠心服务意识	
2		不畏挫折，迎难而上的职业精神	10分	面对客户投诉，能积极应对客户提出的各类问题	
3		学习能力	20分	资料收集、整理完整	
4	能力层面	知识运用、情境设计能力	30分	能巧妙运用客户投诉知识，情境设计符合真实投诉场景，具有一定的参考价值	
5		问题解决能力	10分	情境演练能较好融合投诉处理技巧，解决客户问题	
6	知识层面	基础概念的理解程度	20分	能够熟知客户投诉基础概念	
		总分			

2. 掌握技能与知识。

3. 新的体会及感悟。

4. 其他收获。

项目实施

<table>
<tr><td colspan="4" align="center">管理工程机械客户关系项目工作单</td></tr>
<tr><td colspan="4" align="center">姓名：_____ 班级：_____ 学号：_____</td></tr>
<tr><td colspan="4" align="center">所查阅资料情况</td></tr>
<tr><td>序号</td><td>资料内容</td><td>资料来源</td><td>备注</td></tr>
<tr><td></td><td></td><td></td><td></td></tr>
<tr><td></td><td></td><td></td><td></td></tr>
<tr><td></td><td></td><td></td><td></td></tr>
<tr><td></td><td></td><td></td><td></td></tr>
<tr><td></td><td></td><td></td><td></td></tr>
<tr><td colspan="4" align="center">三一重工客户关系管理案例</td></tr>
<tr><td>序号</td><td>客户关系管理举措</td><td>实施效果</td><td>备注</td></tr>
<tr><td></td><td></td><td></td><td></td></tr>
<tr><td></td><td></td><td></td><td></td></tr>
<tr><td></td><td></td><td></td><td></td></tr>
<tr><td></td><td></td><td></td><td></td></tr>
<tr><td colspan="2">项目过程中出现问题</td><td colspan="2">解决办法</td></tr>
<tr><td colspan="2"></td><td colspan="2"></td></tr>
</table>

项目评价

序号	考核要点		所占分值	评价标准	得分
1	素养层面	服务意识	10 分	具备良好的服务匠心，精益求精，锐意进取	
2		适应能力	10 分	具有较好的抗挫折能力，积极解决问题	

续表

序号	考核要点		所占分值	评价标准	得分
3	能力层面	客户管理能力	25 分	能够运用客户满意、客户忠诚管理理念开展工程机械市场营销活动	
4		客户投诉处理能力	25 分	能找出客户投诉原因，较好地解决客户投诉问题	
6	知识层面	基础概念的识记与理解程度	10 分	掌握客户关系管理的基本概念	
7			10 分	掌握客户满意与客户忠诚的基本概念	
8			10 分	熟悉客户投诉处理技巧	
总分					

拓展项目

一、任务内容

  班级分成若干小组，通过各种方式查阅资料，分析三一重工在客户关系管理方面采取了哪些具体方式与策略，取得了哪些效果。假设你作为三一重工的营销专员，需要全面了解公司客户服务与管理的理念和策略，请查阅资料进行案例撰写，以 PPT 的方式进行呈现

二、任务实施

  1. 组建小组，3~4 人为一小组，选出组长。
  2. 围绕三一重工的客户关系管理实施情况，开展全方位调研学习。
  3. 根据查询资料，对数据进行整理分析，撰写案例材料。
  4. 对三一重工客户关系管理案例进行汇报

三、任务成果

  1. 三一重工客户关系管理案例 PPT，内容包括三一重工客户关系管理理念、客户关系管理策略、客户关系管理采用的系统工具，以及目前客户关系管理实施中存在的不足。
  2. 以演讲的方式进行呈现，呈现时间每组不少于 8 min

四、任务评价

序号	考核要点	所占分值	评价标准	得分
1	上交情况	15 分	推迟提交，按推迟天数扣分	
2	文档完整	30 分	PPT 不少于 10 张，图文并茂	
3	PPT 精美程度	20 分	PPT 美观程度，大方美观	
4	演讲呈现	35 分	完成对 PPT 的演讲	
总分				

五、指导老师评语

日期： 年 月 日

项目训练

1. 单项选择题

（1）现代工程机械行业的发展以（　　）为中心。
A. 生产　　　　　　　　　　B. 销售额
C. 利润　　　　　　　　　　D. 客户

（2）据统计数据表明，现代企业80%的（　　）来自20%的重要客户。
A. 利润　　　　　　　　　　B. 销售额
C. 成本　　　　　　　　　　D. 产量

（3）关于客户满意的说法错误的是（　　）。
A. 客户满意是人的一种主观感受
B. 客户满意的形成源于对产品或者服务所设想的绩效或产出与人们的期望所进行的比较
C. 企业应从自身的利益和观点出发来分析客户的需求，尽可能全面尊重和维护客户的利益
D. 客户服务的目标并不仅仅止于客户满意，使客户感到满意只是营销管理的第一步

（4）以下不是客户忠诚的表现的是（　　）。
A. 行为忠诚　　　　　　　　B. 情感忠诚
C. 意识忠诚　　　　　　　　D. 偶尔购买

（5）以下客户投诉不属于企业方面原因的是（　　）。
A. 产品问题　　　　　　　　B. 服务问题
C. 宣传误导　　　　　　　　D. 竞争对手

2. 多项选择题

（1）工程机械客户满意包括哪几个层次（　　）。
A. 产品满意　　　　　　　　B. 组织满意
C. 服务满意　　　　　　　　D. 社会满意

（2）工程机械企业要选择一款合适的CRM软件系统，需要做到（　　）。
A. 选择最能贴近工程机械企业需求的产品
B. 要看软件系统中所融入的管理思想与模式是否与工程机械企业一致
C. 在选型时要参考供应商本版软件的成功用户如何
D. 所选择CRM应具有良好的拓展性能与集成性

（3）一般投诉处理的技巧包括（　　）。
A. Listen（倾听）　　　　　　B. Share（分担）
C. Clarify（澄清）　　　　　　D. Illustrate（陈述）
E. Ask（要求）

（4）工程机械营销营销人员要从以下几个方面把握客户的预期（　　）。
A. 了解客户当前预期
B. 为促成客户成交，可以适当夸大产品性能
C. 通过理念、宗旨、制度、价格、包装、环境等有形展示来引导客户预期
D. 留有余地地承诺和宣传，引导合理预期

(5) 根据投诉的严重程度，客户投诉类型包括（　　）。
A. 一般投诉　　　　　　　　　　B. 严重投诉
C. 产品投诉　　　　　　　　　　D. 服务投诉

3. 判断题

(1) 工程机械客户满意是将客户体验与预期比较后形成的感受。（　　）
(2) 客户忠诚度是客户忠诚营销活动中的中心结构，是消费者对产品感情的量度。（　　）
(3) 客户投诉原因除了企业的原因外，还有客户自身的原因。（　　）
(4) 处理严重投诉一般采用 LSCIA 方法。（　　）
(5) 客户获得的总价值包括产品价值、服务价值、人员价值和形象价值。（　　）

4. 案例分析题

精诚服务，始终如一：三一服务

三一秉承"一切为了客户，创造客户价值"的服务理念，以客户需求为中心，用一流的技能、一流的速度、一流的态度实现"超越客户期望，超越行业标准"的服务目标。

(1) 三一服务理念：一切为了客户，创造客户价值。

(2) 三一服务战略：通过标准化、差异化、超值化的服务来降低客户的心理成本和使用成本，最终提高客户的让渡价值、赢利能力和购买能力，从而提升三一服务品牌竞争力，引领行业服务新潮流。

(3) 三一服务目标：超越客户期望，超越行业标准。

(4) 三一服务承诺：接到客户需求后 2 h 或约定时间内到达现场，1 天内为客户解决一般故障。

(5) 三一服务网点：目前三一在全球 200 多个国家与地区设有分公司，各事业部在国内各省市均设有分公司，在二级城市设有办事处。三一在全球各地设有配件仓库，形成了总部仓库、区域中心仓库、省级仓库和地市级仓库四位一体的配件供应保障体系，全球储存了价值达 20 亿元、8 万余种零配件供用户选择，充分保证了用户对配件的需求。

(6) 三一 6S 中心：6S 中心作为三一在业内率先引入的全新平台，集整车销售、零配件供应、售后服务、信息反馈、产品展示、专业培训六位一体，在区域内发挥了强大的营销和服务功能。

三一重工成立伊始，便将服务列为三大核心竞争力之一，并率先在全国开通 800 个客户服务电话全天候解答客户疑难问题；成立了行业首家 ECC 企业控制中心，首创行业 6S 店模式，首推服务承诺，用偏执的态度，穷尽一切手段，将服务做到无以复加的地步；三一重工自营的机制、完善的网络、独特的理念，将星级服务和超值服务贯穿于产品的售前、售中、售后全过程，为企业积聚可持续的竞争优势。

思考题：如何理解三一重工的价值服务？

项目九　走进互联网＋工程机械营销

学习目标

【知识目标】

1. 了解互联网＋工程机械营销的概念、特点、类型和发展趋势。
2. 掌握全民营销、电子商务营销、短视频营销和直播营销的基本原理、方法和技巧。
3. 熟悉各种营销平台的特点、优势、选择依据和运营策略。

【能力目标】

1. 能够分析工程机械产品的市场需求、竞争优势和客户特征。
2. 能够根据工程机械产品的特点和目标客户，选择合适的营销平台和方式。
3. 能够运用创新思维和有效方法，策划与实施具有吸引力和影响力的营销方案。

【素养目标】

1. 培养对互联网＋工程机械营销的兴趣和热情，增强自主学习和探究的动力。
2. 培养对互联网＋工程机械营销的社会责任感和职业道德，遵守相关法律法规和行业规范。
3. 培养与他人协作与沟通的能力和意识，尊重不同的观点和建议，形成共同的目标和行动。

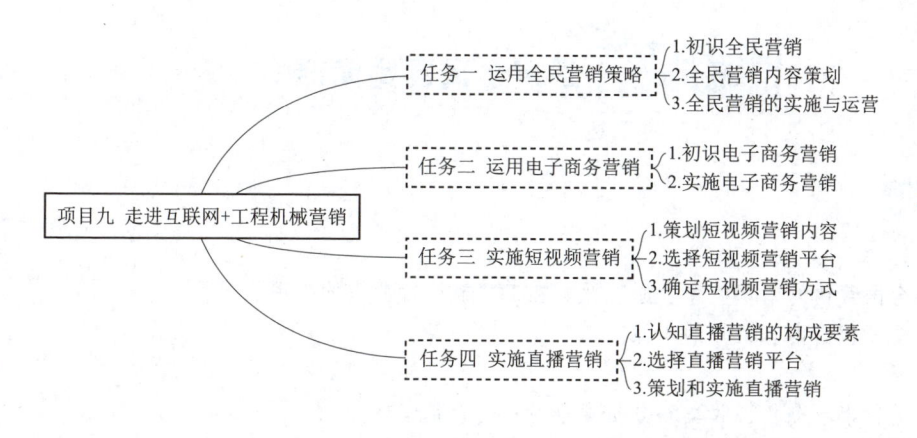

知识全景图

项目九　走进互联网＋工程机械营销

- 任务一　运用全民营销策略
  1. 初识全民营销
  2. 全民营销内容策划
  3. 全民营销的实施与运营

- 任务二　运用电子商务营销
  1. 初识电子商务营销
  2. 实施电子商务营销

- 任务三　实施短视频营销
  1. 策划短视频营销内容
  2. 选择短视频营销平台
  3. 确定短视频营销方式

- 任务四　实施直播营销
  1. 认知直播营销的构成要素
  2. 选择直播营销平台
  3. 策划和实施直播营销

工程机械互联网营销情境

项目描述

三一重工的数字化转型之路——引领行业踏入营销新时代

三一重工是中国最大、全球第五的工程机械制造商，也是全球最大的混凝土机械制造商。面对新技术的发展和市场的变化，三一重工积极进行数字化转型，探索机械制造业更多营销新方式。

三一重工的数字化转型主要包括以下几个方面：

（1）智能制造：三一重工投资近100亿元打造了工程行业领先的灯塔工厂，实现了生产过程的数字化、网络化、智能化，提高了生产效率和质量，降低了成本和能耗。

（2）数字平台：三一重工建立了以客户为中心的数字平台，包括三一云平台、三一商城、三一机惠宝等，实现了产品展示、网上购机、推荐享佣、线索下发、交易跟踪、会员赋能等功能，打造了工程机械行业首个全民经纪平台，实现了无差别拓客营销模式，降低了获客成本，有效刺激了销售转化。

（3）互联网营销：三一重工联手中企高呈在互联网营销领域进行战略布局，运用线上商城、直播、微博、短视频等各种互联网营销新手段拉近与客户的距离，实现业绩的快速增长。三一重工还举办了线上宝马展、新春欢乐汇等一系列品牌及营销活动，创造了行业全球单场线上促销活动的新纪录。

（4）智慧服务：三一重工利用物联网、大数据、人工智能等技术，建立了智慧服务体系，包括远程诊断、智能维保、智能培训、智能配件等，实现了设备的全生命周期管理，提升了客户的使用体验和满意度。

三一重工的数字化转型之路，为工程机械行业提供了一个成功的范例，展示了互联网＋工程机械营销的巨大潜力和价值。

项目要求：请以小组为单位，通过查询资料、交流研讨，分析三一重工的数字化转型对工程机械行业互联网营销的贡献。

任务一 运用全民营销策略

学习目标

1. 知识目标

（1）理解全民营销的基本概念、原理及其在工程机械行业中的应用。

（2）掌握全民营销内容策划的步骤。

2. 能力目标

（1）能够进行市场分析，收集和分析竞争对手的营销策略。

（2）能够根据用户画像和市场需求，制定有效的全民营销内容策略。

（3）能够运用多种媒体渠道发布营销内容，并根据反馈数据进行内容优化。

3. 素养目标

（1）发展团队合作能力，通过小组讨论和分工合作完成营销案例分析。

(2)增强批判性思维能力，通过分析和评估全民营销的效果来优化营销策略。

任务描述

李小明是一家工程机械企业的国际营销经理，负责该企业在东南亚市场的拓展工作。该企业主要生产挖掘机、装载机、推土机等土方机械，近年来在国内市场取得了不错的业绩，但在国际市场上还面临着激烈的竞争。为了提高国际市场的占有率，李小明决定采用全民营销的策略，即利用企业内部的所有员工，通过各种渠道和方式，向潜在的海外客户推广企业的产品和服务。但在采用全民营销前，需要收集国内外工程机械行业竞争对手的营销策略。

任务要求：选择一个国内外工程机械行业的全民营销案例，分析其营销过程是怎样的，最后起到什么样的营销效果。以 WORD 文档方式形成分析报告，字数不少于 500 字。

任务实施

1. 任务准备

通过互联网、书籍、视频等渠道查阅资料，对全民营销的概念和原理进行深入学习。

2. 任务操作

（1）根据任务要求，搜集一家国内外工程机械企业全民营销的相关案例资料。
（2）小组学习全民营销理论知识，讨论该全民营销的过程及效果。
（3）确定其内容，并分工形成书面分析报告。
（4）小组成员全部上台，推荐 1 名小组成员介绍该企业的案例，介绍完之后，接受同学提问。
（5）除介绍案例成员外，小组其他成员回答同学问题。

3. 任务提示

（1）任务完成过程中，通过多渠道，全面搜集资料。
（2）文档内容具体、翔实，条理清晰，具有逻辑关系。

知识链接

1. 初识全民营销

全民营销是一种以员工为主体，以客户为导向，以社会化媒体为平台，以内容为核心，以互动为手段，以转化为目标的营销模式。它是一种整合了企业内部资源和外部资源的营销方式，既包括了员工自身的产品推广、服务分享、口碑传播等行为，也包括了员工通过代理商、合作伙伴、社会名人、意见领袖等第三方渠道进行的营销活动。

• 同步拓展

全民营销与传统营销的区别

传统营销是指企业通过自己的营销部门或外部的专业机构，采用广告、促销、公关等方式，向目标市场与客户传递产品或服务的信息和价值，从而实现销售目标和利润目标。

传统营销有以下几个特点：

（1）信息单向。

传统营销是企业向客户单向传递信息，客户很难对信息进行反馈或互动，导致信息效果难以评估和优化。

(2) 资源集中。

传统营销是企业集中使用自己的资源或外部的资源，客户很少参与到营销过程中来，导致资源利用率低、成本高。

(3) 形式固定。

传统营销是企业采用固定的形式和内容进行营销，客户很难感受到个性化和情感化的服务，导致形式单调、内容乏味。

全民营销与传统营销相比，有以下几个区别：

(1) 信息双向。

全民营销是企业与客户双向沟通和互动，客户可以对信息进行反馈或评价，提高信息效果和质量。

(2) 资源分散。

全民营销是企业利用员工、代理商、社会化媒体等多方资源进行营销，客户可以参与到营销过程中来，提高资源利用率和降低成本。

(3) 形式多样。

全民营销是企业根据不同产品或服务、不同平台或工具、不同主题或风格等因素进行创意化和情感化的内容制作，客户可以感受到个性化和情感化的服务，提高形式多样性和内容吸引力。

表9-1给出了全民营销与传统营销的区别。

表9-1 全民营销与传统营销的区别

类别	全民营销	传统营销
营销主体	员工	企业
营销对象	客户	客户
营销平台	社会化媒体	广告媒体
营销内容	个性化、情感化	固定化、标准化
营销手段	互动、反馈	传递、宣传
营销目标	转化、忠诚	知晓、认知

2. 全民营销内容策划

全民营销是一种系统性的工程，其核心是内容，内容是吸引和留住用户的关键，也是实现转化和裂变的基础。因此，全民营销内容策划是全民营销的重要环节，需要根据目标用户、产品特点、营销目标等因素，制定合适的内容策略和执行方案。以下是全民营销内容策划的主要步骤。

1) 确定目标用户

目标用户是全民营销内容策划的出发点，需要根据用户的基础属性、用户的行为习惯、用户的兴趣偏好和用户的观念信仰等，绘制用户画像，划分用户群体，如表9-2所示。目标用户的确定，可以帮助我们了解用户的喜好、习惯、期望等，从而制定出更符合用户需求和心理的内容。

表9-2　描绘用户画像的标签

标签	说明
用户的基础属性	用户的基础属性主要有年龄、性别、职业、身高、籍贯、体型、婚姻状况、教育状况、政治面貌、民族、住宅情况、家庭组成情况、健康状况、收入情况、资产情况、性格特征等
用户的行为习惯	用户的行为习惯主要包括作息习惯、卫生习惯、社交习惯、网络使用习惯、消费行为习惯、运动习惯、理财习惯、阅读习惯、思考习惯、养生习惯和交通出行习惯等
用户的兴趣偏好	用户的兴趣偏好包括颜色偏好、饮食偏好、休闲偏好、情感偏好、风险偏好、品牌偏好、宠物偏好、产品偏好、旅行偏好和设备偏好等
用户的观念信仰	用户的观念信仰主要包括对人生的理解（人生观）、对社会或世界的认知与看法（世界观）、对金钱和消费的态度与观念（价值观）

2）设定内容目标

内容目标是全民营销内容策划的指导原则，需要根据企业战略、营销目标、产品特性等，明确内容的主要功能、预期效果、评估指标等，制定内容目标。内容目标的设定，可以帮助我们明确内容的价值主张，从而制定更有针对性和吸引力的内容。

3）选择内容形式

内容形式是全民营销内容策划的表现手段，需要根据目标用户、内容目标、平台特点等，选择适合的内容形式，如文字、图片、视频、音频、直播、H5、小程序等。内容形式的选择，可以帮助我们充分利用平台的优势，从而制定更有表现力和传播力的内容。

4）制作内容素材

内容素材是全民营销内容策划的具体实施，需要根据内容形式、内容目标、用户画像等，制作符合内容策略的内容素材，如标题、文案、图片、视频、音频、直播等。内容素材的制作，可以帮助我们提高内容的质量和效果，从而制定更有品质和影响力的内容。

5）发布内容渠道

内容渠道是全民营销内容策划的传播载体，需要根据内容形式、内容目标、用户分布等，选择合适的内容渠道。内容渠道可以分为4类，即自有媒体、分享媒体、付费媒体和赢得媒体，如图9-1所示。

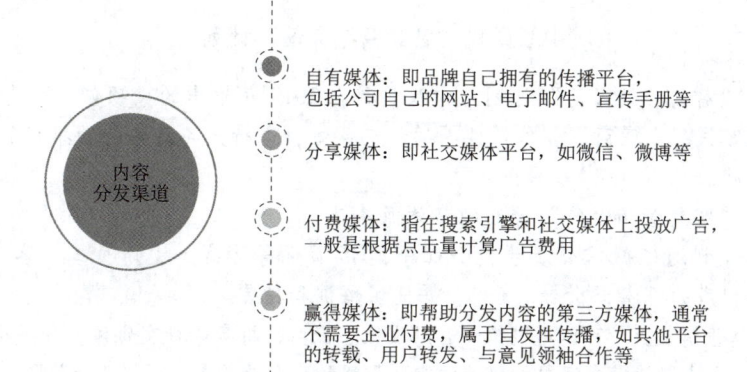

自有媒体：即品牌自己拥有的传播平台，包括公司自己的网站、电子邮件、宣传手册等

分享媒体：即社交媒体平台，如微信、微博等

付费媒体：指在搜索引擎和社交媒体上投放广告，一般是根据点击量计算广告费用

赢得媒体：即帮助分发内容的第三方媒体，通常不需要企业付费，属于自发性传播，如其他平台的转载、用户转发、与意见领袖合作等

图9-1　内容发布渠道

6）优化内容效果

内容效果是全民营销内容策划的反馈和改进，需要根据内容目标、评估指标、数据分析等，优化内容的效果，如调整内容策略、修改内容素材、变更内容渠道等。内容效果的优化，可以帮助我们持续提升内容的性能和价值，从而制定更有成效和持续性的内容。

3. 全民营销的实施与运营

全民营销的实施与运营是全民营销的关键环节，需要根据内容策划、目标用户、内容渠道等因素，制定合适的实施方案和运营流程，保证全民营销的顺利进行和持续优化。

全民营销的实施流程可以分为以下五个关键步骤，如图 9-2 所示。

目标定位 ⇨ 激励设计 ⇨ 平台选择 ⇨ 内容制作 ⇨ 效果评估

图 9-2　全民营销实施流程

1）目标定位

目标定位要明确全民营销的目的、对象、范围和期限，以及预期的效果和收益。目标定位是全民营销的出发点和导向，需要根据企业的实际情况和市场环境进行科学合理的制定。

2）激励设计

激励设计是指制定全民营销的奖励机制和评价标准，以及相应的培训和支持措施。激励设计是全民营销的动力源和保障，需要根据员工的需求与特点进行差异化和个性化的设计。

3）平台选择

选择适合全民营销的社会化媒体平台和工具，以及建立相应的管理系统和监控机制。平台选择是全民营销的载体和手段，需要根据客户的行为与偏好进行精准化和多元化的选择。

4）内容制作

内容制作是根据全民营销的目标和策略，制作吸引人的文案、图片、视频等内容素材，并进行优化和更新。内容制作是全民营销的核心和灵魂，需要根据产品或服务的特性及价值进行创意化和情感化的制作。

5）效果评估

效果评估是通过数据分析和用户反馈，评估全民营销的执行情况和达成程度，并进行总结和改进。效果评估是全民营销的检验和完善，需要根据目标定位和激励设计进行客观公正的评估。

● 同步案例

中联重科"智慧营销大使"计划

中联重科"智慧营销大使"计划是中联重科在2019年推出的一项创新的营销模式，旨在利用员工、客户、代理商、合作伙伴等的社交网络，进行产品或品牌的推广和传播，提高市场份额和品牌影响力。

中联重科"智慧营销大使"计划的具体做法是：

（1）中联重科通过微信公众号、小程序、H5页面等方式，邀请员工、客户、代理商、合作伙伴等注册成为"智慧营销大使"，并提供培训和指导。

（2）"智慧营销大使"可以通过微信、朋友圈、微博、抖音等社交媒体，分享中联重科的产品或品牌信息，或者邀请潜在客户扫码关注中联重科的公众号或小程序，从而获取线索和佣金。

（3）"智慧营销大使"可以通过中联重科的智能化营销平台，实时查看自己的推广情况、佣金情况、排名情况等，也可以通过平台与其他"智慧营销大使"交流和学习。

（4）中联重科根据"智慧营销大使"的推广效果，设计了不同的激励机制，包括现金佣金、积分兑换、荣誉认证、资源支持和政策优惠等，以激发他们的营销积极性和责任感。

中联重科"智慧营销大使"计划的效果和价值如下：

（1）提高了中联重科的品牌知名度和口碑，扩大了中联重科的市场覆盖率和渗透率，增加了中联重科的客户群体和忠诚度。

（2）提高了中联重科的营销效率和转化率，降低了中联重科的营销成本和风险，提高了中联重科的销售业绩和利润率。

（3）提高了中联重科的员工满意度和归属感，增强了中联重科的企业文化和核心竞争力，促进了中联重科的持续发展和创新。

案例思考与应用：假设您是一名中联重科的"智慧营销大使"，您想要通过微信朋友圈推广中联重科的一款新型混凝土泵车，您应该如何制作和发布内容，以吸引潜在客户的关注和兴趣？

• 同步拓展

全民营销技巧

除了以上四个基本策略外，还有以下一些常见的技巧可以帮助提升全民营销的效果。

1. 利用社会认同

社会认同是指人们倾向于模仿他人或群体的行为或态度，以获得认可或归属感。利用社会认同，可以通过展示其他客户或参与者对企业产品或服务的好评或成功案例，来影响潜在客户或参与者的决策或行为。

2. 利用社会影响

社会影响是指人们倾向于受到他人或群体对自己的期望或压力的影响，以符合社会规范或标准。利用社会影响，可以通过设置一些限时、限量、排行等因素，来刺激潜在客户或参与者的紧迫感或竞争意识。

3. 利用社会互惠

社会互惠是指人们倾向于对他人的恩惠或帮助进行回报或报答，以维持社会关系或平衡。利用社会互惠，可以通过采取免费、优惠、赠送等方式，来增加潜在客户或参与者的感激感或义务感。

4. 利用社会承诺

社会承诺是指人们倾向于遵守自己对他人或群体所做的承诺或保证，以维护自己的信誉或形象。利用社会承诺可以通过让潜在客户或参与者进行一些小的承诺或行动，来增加他们对后续的承诺或行动的一致性。

任务评价

1. 根据任务的内容，对任务进行评分。

序号	考核要点		所占分值	评价标准	得分
1	素养层面	沟通与表达能力	10分	对文档进行流畅地演讲	
2		批判性思维能力	10分	通过分析和评估营销效果优化营销策略	

续表

序号	考核要点		所占分值	评价标准	得分
3	能力层面	报告架构能力	20 分	文档完整性高	
4		报告撰写能力	30 分	任务内容图文并茂	
5		报告呈现能力	10 分	WORD 格式规范程度高	
6	知识层面	基础概念的识记与理解程度	20 分	能够熟知全民营销的各种主要概念	
		总分			

2. 掌握技能与知识。

3. 新的体会及感悟。

4. 其他收获。

任务二　运用电子商务营销

学习目标

1. 知识目标
（1）理解电子商务营销的基本概念和类型。
（2）掌握不同电子商务平台类型的特点及其适用场景。

2. 能力目标
（1）能够分析工程机械产品的市场情况和客户需求，制定电子商务营销目标和预期效果。
（2）能够运营和优化电子商务平台，包括流量获取、用户转化、用户留存和用户推荐策略。
（3）能够评估电子商务平台的效果和价值，利用数据分析、案例分析和客户反馈进行改进。

3. 素养目标
（1）培养创新思维，能够设计有特色和创意的电子商务营销方案。
（2）发展项目管理能力，能够协调团队合作，完成电子商务营销方案的制定和路演。

任务描述

李小明是一名工程机械企业的营销人员，他的上级张大勇让他负责开展一项电子商务营销的项目，目的是提高工程机械产品的在线销售和品牌影响力。同事赵小磊是他的项目助理，负责协助李小明完成项目的各项工作。他需要根据所学的电子商务营销的知识，制定并实施一个电子商务营销的方案，包括选择和建设合适的电子商务平台，运营和优化电子商务平台，评估电子商务平台的效果和价值。

任务要求：制定电子商务营销方案，以 PPT 的形式呈现，并进行路演。电子商务营销方案应包括：项目背景与目标、平台选择与依据、平台运营策略与推广措施等部分。

任务实施

1. 任务准备

班级 2~3 人一组，查阅资料，了解电子商务营销的概念与类型，确定电子商务营销的步骤。

2. 任务操作

（1）根据任务要求，了解工程机械产品的特性和市场情况，确定电子商务营销的目标和预期效果。

（2）分析并选择适合工程机械产品的电子商务平台类型，如 B2B、B2C 等，说明选择依据和理由。

（3）根据电子商务营销的目标和指标，进行平台的运营，如推广、营销、服务、交易等，注意平台的内容质量、用户体验、客户关系等，提高平台的流量、转化、销售和满意度等。

（4）路演介绍电子商务营销方案。

3. 任务提示

（1）内容完整、清晰、合理、有依据，能够体现对电子商务营销的知识和理解，能够反映工程机械产品的特点和优势，能够适应市场环境和客户需求。

（2）形式规范、美观、易读，能够使用正确的语言和格式，能够使用合适的图表、图片、视频等辅助材料，能够使用恰当的标题、目录和页码等结构元素。

（3）创新有趣、有亮点、有特色，能够展示电子商务营销的创意和想法，能够吸引和影响目标客户，能够突出电子商务平台的差异化和竞争力。

知识链接

1. 初识电子商务营销

1）电子商务营销概念

电子商务营销是指利用互联网技术和平台，结合工程机械产品的特点和客户的需求，采用创新的营销模式和手段，实现工程机械产品的在线展示、推广、交易、服务和管理，提升工程机械产品的市场占有率和客户满意度。

电子商务营销概念

2）电子商务营销类型

根据交易主体的不同，电子商务营销可以分为以下几种类型。

（1）B2B（Business to Business）。

B2B，指企业与企业之间通过互联网进行的交易活动，如采购、供应、招标等。B2B 是工程机械行业最常见也最重要的电子商务类型，可以降低交易成本，提高交易效率，扩大交易规模。

（2）B2C（Business to Customer）。

B2C，指企业通过互联网向个人消费者提供产品或服务，如零售、租赁、维修等。B2C 是工程机械行业最直接也最便捷的电子商务类型，可以增加消费者选择，提高消费者满意度，增加消费者忠诚度。

项目九 走进互联网+工程机械营销 175

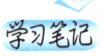

(3) C2C（Customer to Customer）。

C2C，指个人消费者之间通过互联网进行的交易活动，如二手交易、拍卖、评价等。C2C 是工程机械行业最活跃也最多样化的电子商务类型，可以促进资源循环利用，提高资源价值，增加资源效益。

(4) O2O（Online to Offline）。

O2O，指通过互联网将线上用户引导到线下场所进行消费或体验，如预约、体验、服务等。O2O 是工程机械行业最新兴也最有前景的电子商务类型，可以实现线上线下的互动和融合，提高用户体验，增加用户黏性。

● 知识拓展

工程机械电商新型模式

1. P2P 模式

P2P 模式，即点对点的电子商务模式，是指工程机械用户之间通过互联网平台，进行产品或服务的共享、协作、交换等活动的模式。这种模式可以满足用户的多元化和个性化的需求，降低用户的使用成本和风险，增加用户的社会性和互动性。例如，螳螂网就是一个 P2P 的电子商务平台，它为工程机械用户提供设备租赁、配件共享、技术协作等信息发布、查询、交易等服务。

2. BOB 模式

BOB 模式，即企业对企业对平台的电子商务模式，是指工程机械企业通过互联网平台，将产品或服务提供给其他企业或机构，再由平台方进行统一管理和运营的模式。这种模式可以利用平台方的资源和能力，为企业提供更高效、更专业、更安全的产品或服务，同时也为平台方带来更多的收益和价值。

3. SaaS 模式

SaaS 模式，即软件或服务的电子商务模式，是指工程机械相关的软件开发商或服务提供商通过互联网技术，将软件或服务以订阅或按需付费的方式提供给用户使用的模式。这种模式可以为用户提供便捷、高效、安全的软件或服务，提高用户的工作效率和管理水平，降低用户的运营成本和维护难度。

2. 实施电子商务营销

电子商务营销在工程机械行业的具体方法和策略主要包括以下几个方面：

1）平台选择和建设

平台选择和建设是指根据企业的产品或服务、目标市场和客户、竞争对手和合作伙伴等因素，选择适合自己的电子商务平台类型、模式、功能和特色等要素，以实现最佳的电子商务效果。

平台选择和建设需要考虑以下几个方面：

(1) 平台类型。平台类型分为自营平台、第三方平台、垂直平台、综合平台等。不同类型的平台有不同的优势和劣势，需要根据企业的规模、资源、能力等因素进行权衡和选择。

(2) 平台模式。典型的电子商务平台的平台模式有交易模式、广告模式、会员模式、内容模式等。不同模式的平台有不同的盈利能力和风险程度，需要根据企业的目标、策略、成本等因素进行分析和选择。

（3）平台功能。平台功能是电子商务平台提供的各种服务和工具，如产品展示、搜索引擎、购物车、支付系统、物流系统、客服系统等。不同功能的平台有不同的用户体验和服务质量，需要根据企业的需求、特点、价值等因素进行设计和选择。

（4）平台特色。平台特色包括品牌形象、技术创新、社区氛围、口碑效应等。不同特色的平台有不同的竞争力和影响力，需要根据企业的定位、核心竞争力、差异化策略等因素进行塑造和选择。

2）平台运营和优化

平台运营与优化是企业的根本目标和策略，即利用各种手段和渠道，吸引和留住目标客户，提升品牌影响力和忠诚度，增加销售收入和利润。

平台运营和优化需要实施以下几个方面的工作：

（1）流量获取。流量获取渠道有搜索引擎优化、社交媒体营销、网络广告投放、合作推广等方式，以引导更多的用户访问电子商务平台，提高平台的曝光度和知名度。

（2）用户转化。通过产品展示、促销活动、优惠券发放、购物指导等方式，促进用户在电子商务平台上进行注册、浏览、咨询、下单、支付等行为，提高平台的转化率和成交率。

（3）用户留存。通过会员制度、积分系统、客户服务、售后保障等方式，维护用户在电子商务平台上的活跃度和满意度，提高平台的复购率和留存率。

（4）用户推荐。通过口碑传播、评价晒单、分享奖励、邀请返利等方式，激励用户在自己的社交网络中推荐电子商务平台给其他潜在客户，提高平台的推荐率和忠诚度。

3）评估平台效果和价值

通过数据分析、案例分析、客户反馈等方式，评估电子商务平台的运营效果和创造的价值，如市场占有率、客户满意度、销售收入、利润率等。

平台效果和价值需要进行以下几个方面的工作：

（1）数据分析。利用各种数据分析工具，收集和处理电子商务平台上的各种数据，如访问量、点击率、跳出率、转化率等，以评估平台的运营效果和问题所在。

（2）案例分析。通过对比不同类型、模式、功能和特色的电子商务平台，或者对比同一电子商务平台在不同时间段或不同市场的运营情况，以分析平台的优势和劣势，以及成功或失败的原因。

（3）客户反馈。通过调查问卷、在线评价、电话访问等方式，收集和整理用户对电子商务平台的使用感受、意见建议、满意度评价等信息，以了解用户的需求和期望，以及提高用户的忠诚度。

● 同步案例

徐工集团的螳螂网和 Machmall

电子商务平台可以帮助工程机械企业拓展市场，提升品牌形象，降低成本，增加效率，满足客户需求。一个成功的工程机械电子商务平台的案例是徐工集团旗下的螳螂网和 Machmall。

徐工集团是中国最大的工程机械制造企业之一，也是全球工程机械行业领导者之一。徐工集团在国内外拥有多个生产基地和研发中心，并在全球 130 多个国家与地区设有销售和服务网络。徐工集团在跨境电子商务方面走在了行业前列，旗下拥有两大跨境电子商务平台：螳螂网和 Machmall，如图 9-3 和图 9-4 所示。

螳螂网是徐工集团旗下专注于国内市场的综合性工程机械产业互联网平台,提供整机、备件、二手、租赁、招聘、资讯等服务。Machmall 是徐工集团旗下专注于国际市场的综合性工程机械产业互联网平台,提供整机、备件、二手、租赁、招聘、资讯等服务,并支持多种语言和货币。徐工集团通过这两大平台,为全球客户提供了便捷、高效、安全的在线交易和服务体验。

图 9-3　螳螂网首页

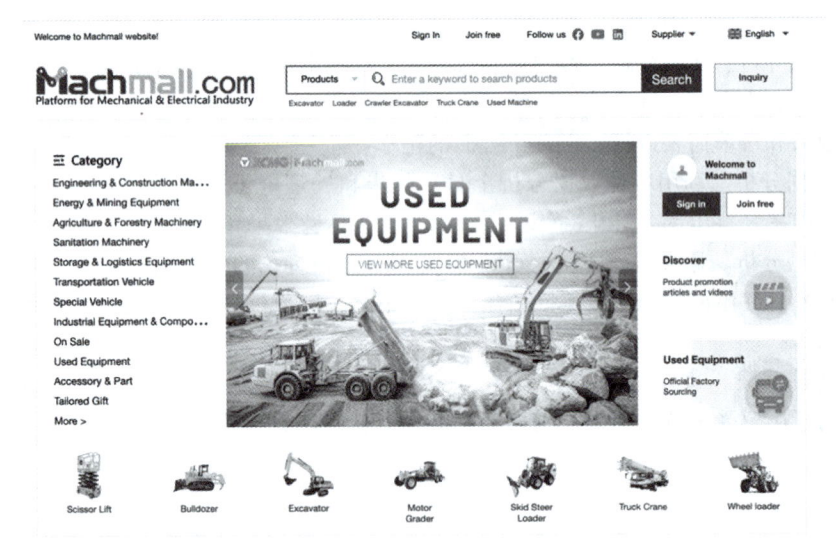

图 9-4　Machmall 首页

徐工集团利用电子商务平台进行营销的方法与策略主要有以下几点:

1. 选择合适的电商平台类型

徐工集团根据自身的产品特点和目标市场,选择了垂直电商平台作为自己的电商平台类型,专注于工程机械行业,提供专业的产品和服务,打造品牌优势和差异化竞争。

2. 利用电子商务平台提升品牌形象和知名度

徐工集团通过电子商务平台展示自己的企业文化、产品特色、技术创新、社会责任等,提高了自己在国内外市场的影响力和美誉度。

3. 利用电子商务平台提供优质的产品和服务

徐工集团通过电子商务平台提供了全方位的产品和服务，包括整机、备件、二手、租赁、招聘、资讯等，满足了客户的多样化需求。同时，徐工集团还通过电子商务平台提供了在线咨询、在线支付、在线物流、在线售后等功能，提高了客户的交易效率和满意度。

4. 利用电子商务平台建立和维护客户关系

徐工集团通过电子商务平台与客户进行直接沟通和交流，了解客户的需求和反馈，提供个性化的解决方案和定制服务，增强了客户的信任和忠诚度。同时，徐工集团还通过电子商务平台进行客户管理和维护，定期发送优惠信息、活动邀请、满意度调查等，增加了客户的黏性和活跃度。

5. 利用电子商务平台进行数据分析和优化

徐工集团通过电子商务平台收集和分析客户的行为数据、交易数据、反馈数据等，了解客户的特征、偏好、需求等，进行市场分析和预测，优化自己的产品设计、价格策略、促销活动等，提高自己的市场竞争力和盈利能力。

案例思考与应用：请比较徐工集团螳螂网与 Machmall 的功能和特色，以及它们对不同类型客户的价值和影响。

任务评价

1. 根据任务的内容，对任务进行评分。

序号	考核要点		所占分值	评价标准	得分
1	素养层面	创新思维	10 分	设计有特色和创意的电子商务营销方案	
2		项目管理能力	10 分	协调团队合作，完成电子商务营销方案的制定和路演	
3	能力层面	报告架构能力	20 分	文档完整性高	
4		报告撰写能力	30 分	任务内容图文并茂	
5		报告呈现能力	10 分	PPT 格式规范程度高	
6	知识层面	基础概念的识记与理解程度	20 分	能够熟知电子商务营销的各种基本概念和类型	
	总分				

2. 掌握技能与知识。

3. 新的体会及感悟。

4. 其他收获。

项目九　走进互联网+工程机械营销

任务三　实施短视频营销

学习目标

1. 知识目标
（1）理解短视频营销的基本概念、策略及其在工程机械行业中的应用。
（2）学习不同短视频的营销方法及其适用场景。
（3）了解各大短视频平台的特点和优势，以及如何选择合适的平台进行营销。
2. 能力目标
（1）能够分析和评估工程机械企业的短视频营销策略，提出改进建议。
（2）能够策划和制作短视频，包括确定目标、设计内容、选择平台、制作素材和编辑作品。
（3）能够运用视频编辑软件处理视频素材，生成高质量的短视频作品。
3. 素养目标
（1）培养创新思维，能够结合专业知识和创意，策划有吸引力的短视频内容。
（2）发展团队协作能力，通过小组合作完成短视频的策划和制作。
（3）增强沟通能力，能够在小组讨论与路演中有效地表达和交流想法。

任务描述

李小明是一家工程机械企业的市场部经理，他负责该企业的品牌推广和客户开发。他发现随着互联网技术的发展，短视频营销已经成为一种新兴的内容营销方式，能够有效吸引和影响潜在客户，提高品牌知名度和口碑。他决定尝试利用短视频营销来展示该企业的产品和服务，增加市场份额和竞争力。但是他对于短视频营销方面的知识一无所知，急需了解相关知识。因此，他首先要求自己了解国内工程机械企业的短视频营销策略，并根据自己的创意和专业知识，策划并制作一部短视频，展示该企业产品或服务的优势和特色。

任务要求：选择一家国内工程机械企业，了解该企业的短视频营销策略，包括目标、内容、渠道、效果等，并根据自己的创意和专业知识，策划并制作一部短视频，展示该企业产品或服务的优势和特色。短视频的时长不超过 3 min，格式为 MP4，分辨率为 1 080p 或以上，音质清晰，画面流畅，内容合规，符合平台规范。

任务实施

1. 任务准备

班级 4～5 人一组，学习理论知识，通过互联网、书籍、视频等渠道查阅资料。

2. 任务操作

（1）根据任务要求，搜集一家国内工程机械企业短视频营销案例资料。
（2）小组学习短视频营销的理论知识，讨论该企业短视频营销策略的优劣及改进建议。
（3）确定其内容，分工策划并制作短视频。建议按照以下步骤进行。

①确定短视频的目标：明确短视频的主题、风格、受众、传达的信息等。

②设计短视频的内容：撰写短视频的剧本、画面、音乐、配音、字幕等元素，确保内容吸引人、有价值、有创意。

③选择短视频的平台：根据短视频的目标和内容，选择合适的短视频平台，如抖音、快手、西瓜视频等，了解平台的特点、规则、用户群等。

④制作短视频的素材：根据短视频的内容，拍摄或收集相关的视频、图片、音频等素材，注意素材的质量、版权、合规等问题。

⑤编辑短视频的作品：根据短视频的内容，使用视频编辑软件，如 Premiere、Final Cut Pro、剪映等，对素材进行剪辑、调色，并对其特效、配音、字幕等进行处理，生成短视频的最终作品。

（4）小组成员全部上台，推荐 1 名小组成员播放并介绍该企业的短视频，介绍完之后，接受同学提问。

（5）除播放短视频成员外，小组其他成员回答同学问题。

3. 任务提示

（1）任务完成过程中，通过多渠道，全面搜集资料。

（2）短视频的呈现方式应符合任务要求，注意视频的时长、画面、声音、剧本、标题、封面等要素，使之精彩、流畅、有趣且有吸引力。

知识链接

随着互联网技术的发展和应用，工程机械行业也开始探索线上营销的新模式，其中短视频营销作为一种新兴的内容营销方式，逐渐得到行业内外的关注和认可。短视频具有内容形式多样、传播效果强、互动性高、受众广泛等特点，能够满足消费者的多元化需求和偏好，也为企业提供了一个新的营销机会和挑战。

1. 策划短视频营销内容

短视频营销是一种利用短视频平台和内容来吸引、影响和转化潜在客户的营销方式。短视频营销内容的策划是指根据目标市场、目标客户、产品特点和营销目标，设计和制作适合短视频平台的视频内容，以达到传播品牌、提升知名度、增加互动、促进销售等营销效果的过程。

策划优质短视频营销内容的方法有以下几种。

1）故事化方法

故事化方法是指通过讲述一个有情节、有冲突、有高潮的故事，来展示产品的优势和价值，引发用户的情感共鸣和认同感。故事化方法可以增加内容的趣味性和吸引力，同时也可以传递品牌的理念和态度。故事化方法需要注意故事的主题、人物、情节、结局等要素，以及故事与产品的关联性和逻辑性。例如，可以讲述一个工程机械设备在某个项目中发挥了重要作用，解决了客户的难题，或者一个工程机械设备的使用者如何通过使用该设备提高了工作效率和收入，或者一个工程机械设备的制造者如何通过创新和改进，打造了一个优质的产品。

图 9-5 所示为三一集团故事化营销案例。

图 9-5　三一集团故事化营销案例

2）案例化方法

案例化方法是指通过展示产品的使用场景、使用效果、使用感受等，来展示产品的优势和价值，让用户看到产品的实际效果和用户的真实反馈。案例化方法可以增加内容的真实性和说服力，同时也可以给用户提供参考和借鉴。案例化方法需要注意案例的选择、展示、解读等要素，以及案例与产品的匹配度和代表性。例如，可以展示工程机械设备在不同工程项目中的应用，如道路建设、桥梁建设、隧道建设等，展示设备性能、功能、操作、安全等方面，以及用户对设备的评价和建议。

图 9-6 所示为中联重科案例化营销案例。

图 9-6　中联重科案例化营销案例

3）知识化方法

知识化方法是指通过传授相关的知识、技能、经验等，来展示产品的优势和价值，让用户获得有用的信息和指导。知识化方法可以增加内容的专业性和权威性，同时也可以提升品牌的形象和信誉。知识化方法需要注意知识的选择、传授、总结等要素，以及知识与产品的相关性和适用性。例如，可以讲解工程机械设备的原理、结构、分类、参数、维护等方面的知识，或者教授工程机械设备的操作、使用、安装、调试等方面的技能，或者分享工程机械设备的行业动态、市场趋势、发展前景等方面的经验。

图 9-7 所示为三一集团知识化营销案例。

图 9-7　三一集团知识化营销案例

4) 娱乐化方法

娱乐化方法是指通过制作有趣、有梗、有创意的视频内容，来展示产品的优势和价值，让用户在娱乐中了解和接受产品。娱乐化方法可以增加内容的幽默感和创意感，同时也可以提高内容的传播力和口碑。娱乐化方法需要注意内容的风格、形式、内容等要素，以及内容与产品的契合度和品味。例如，可以制作一些搞笑、惊喜、创新的视频，如工程机械设备的魔术表演、工程机械设备的挑战赛、工程机械设备的变形金刚等，让用户在欣赏视频的同时，也能感受到产品的魅力。

以上四种方法并不是互斥的，而是可以相互结合和借鉴的，通常可根据不同的产品和目标，选择合适的方法或多种方法进行混合使用，以达到最佳的营销效果。

2. 选择短视频营销平台

目前，市场上有很多短视频营销平台，如抖音、快手、西瓜视频、皮皮虾等，每个平台都有自己的特点和优势，也有自己的用户群体和内容风格。

1）抖音

抖音是目前较火的短视频平台，截至2024年1月，抖音用户数达8.09亿人，它是企业进行短视频营销的首选平台之一。抖音于2016年9月上线，最初是一个专注年轻人的音乐短视频社区，经过几年的发展，用户数不断攀升，现已拓展成为一个面向全年龄段的短视频社区，短视频内容也更加多元化。抖音已经从一种娱乐方式变成人们的一种生活方式。

企业在营销时选择抖音平台的主要原因有以下几点：

（1）操作便捷，创作门槛低，企业可以根据需要在平台上进行或简单或复杂的短视频创作与运营。

（2）抖音是一个巨大的流量池，用户活跃度高，使用时间长，使用频次高，有助于企业增强用户黏性。打开抖音，系统默认用户进入"推荐"页面，有利于打造沉浸式体验。

（3）抖音平台技术先进，能通过智能算法实现短视频内容的个性化推送，吸引用户持续关注，并为企业定位精准用户，变现潜力大。

（4）社交互动性强，用户在抖音平台可以与他人进行交流互动，满足用户的社交需求。

2）快手

快手最初是一款处理图片和视频的工具，2012年11月，快手从"GIF快手"工具应用转型为短视频社区，2013年7月正式更名为"快手"。快手是记录和分享生活的平台，比较注重真实、生活化，"真实、有趣、接地气"是平台的调性，"普惠、简单、不打扰"是快手的产品理念。

快手是目前短视频行业的"领头羊"之一，平台对内容创作者的扶持力度较大，新手创作的短视频也可以获得一定的用户流量。

企业在营销时选择快手平台的理由如下：

（1）快手以"去中心化"思想为主要运营策略，实行"流量普惠"策略，保护创作者的利益，激励创作者创作。

（2）快手拥有大量的普通用户，其目标用户主要是三线、四线城市和农村的用户。快手重视用户的消费体验，采取封闭的电商体系，曾先后提出"源头好货""品质好物"概念，遵循"好货要真而不贵"的第一法则，不断完善供应链体系。

3）哔哩哔哩

哔哩哔哩创建于2009年，现已发展成为涉及动画、游戏、生活、娱乐、时尚等多领域的综合类视频平台。哔哩哔哩是一个聚集年轻用户的优质短视频平台，涉及范围广、包容性强，为长视频、短视频的发展提供了良性的生存环境。

企业在营销时选择哔哩哔哩平台的主要原因有以下几点：

（1）平台目标用户以年轻用户群体为主，在哔哩哔哩平台采用接地气的交流方式，更容易帮助品牌"圈粉"。哔哩哔哩的社区氛围以及它独特的沟通语境，让品牌有了得天独厚的优势，有助于凸显品牌的人格化魅力，展现品牌的温度和人情味，品牌可以更好地与用户产生情感纽带。

（2）用户观看体验佳，学习氛围浓。独特的弹幕文化可以很好地满足用户在观看视频过程中的社交和互动需求。

（3）借助圈层营销效应，实现内容精准触达。年轻消费群体的圈层化是一个非常重要的现象，不同的产品对应不同的细分市场，而这些细分市场是由不同圈层组成的。哔哩哔哩已经形成了海量的文化标签和核心文化圈层，能够帮助品牌在更多、更精确的场景中实现对

项目九　走进互联网＋工程机械营销

消费者的触达与转化。

（4）建立有成本的投币机制，构建良性的内容生态环境。哔哩哔哩智能推荐的算法侧重关注数优化，除了点赞、收藏外，多了一个投币功能，粉丝投币代表对 UP 主的喜爱和支持，粉丝的认可和支持也可以帮助品牌筛选出更适合的合作对象与内容。同时，以 UP 主为核心的路径为哔哩哔哩构建了良性的内容生态环境，平台、UP 主和粉丝之间也有了深度沟通的情感连接，形成了品牌与消费者沟通的捷径。

4）西瓜视频

西瓜视频是北京字节跳动科技有限公司旗下的一款个性化推荐视频平台，只要在短视频账号中开通商品功能就可以直接在短视频内容中植入商品链接进行销售。

企业在营销时选择西瓜视频平台的主要原因有以下几点：

（1）内容专业度高。拥有众多垂直分类，内容专业度高。

（2）精准匹配。致力于打造"最懂你"的短视频平台。

（3）横屏展现形式。横屏展现形式在短视频的题材范围、表现方式、叙事能力等方面更有优势。

（4）资源丰富。西瓜视频拥有丰富的影视和综艺短视频资源，能够更好地满足用户的多样化需求。

3. 确定短视频营销方法

企业运营短视频的最终目的是营销，掌握短视频营销方法能够帮助企业做宣传与推广，使营销获得良好的效果。常用的短视频营销方法有广告植入法、话题营销法、情感营销法、娱乐营销法。

1）广告植入法

企业借助短视频开展营销活动，即经常采用广告植入法来植入产品或品牌信息，在植入过程中要考虑既不打扰用户，不影响用户的视觉体验，又让用户看到并注意到产品信息，这就要求运用合理的广告植入方式。

广告植入方式主要有台词植入、道具植入、场景植入和奖品植入，如表9-3所示。

表9-3 广告植入方式

植入方式	说明	植入技巧
台词植入	台词植入是指通过演员之口将品牌或产品名称、特点等信息用比较直白的方式传达给用户	此方式简单直接，但植入的广告台词和剧情台词要衔接恰当、自然
道具植入	道具植入是将产品作为一种道具，呈现在视频画面中，从而在用户观看视频时进入用户的视野	道具出现的不能过于频繁，也不能有太多的特写镜头，避免喧宾夺主
场景植入	场景植入是将品牌或产品作为场景背景进行布置，通过故事的逻辑线条把品牌或产品的信息自然而然地呈现给用户	场景植入要注意合理、自然，不能让用户产生突兀感，还要让用户记住品牌或产品
奖品植入	奖品植入是指在短视频中将产品以奖品的形式呈现给用户，这样的优点是能够很好地引起用户的关注、转发和评论，并能让更多的人在有意或无意间注意到产品的存在	在植入过程中，要注意好玩、有用这两点，这样才会吸引用户积极参与互动和讨论

短视频营销策略

在选择广告植入方式时，要注意以下几点。

（1）与产品的特点和功能相匹配，避免使用与产品无关或不协调的植入方式。

（2）要注意与视频的内容和风格相融合，避免使用过于突兀或生硬的植入方式。

（3）要注意与用户的需求和喜好相契合，避免使用过于强硬或刻意的植入方式。

2）话题营销法

短视频营销的关键是促进短视频的有效传播，增强企业与用户之间的信息交流和沟通，进而提高产品、品牌的知名度，达到促进营销的效果。短视频营销本质上是在社交营销基础上的迭代和升级，核心在于与用户的互动。话题营销法就是企业策划一个能够引爆用户群体的社交话题，吸引用户在话题讨论中逐渐熟识品牌和产品，进而做出购买行为。

企业营销者通过短视频策划社交话题时，需要围绕以下几个方向来进行。

（1）用户最关切的问题。

策划社交话题需围绕用户最关切的问题展开，因为只有用户最关切的事情才能引起用户的积极关注与讨论热情。例如，可以围绕工程机械设备的性能、价格、质量、维护等问题，制作一些问答、对比、评测等类型的视频，让用户了解产品的优势和价值，解决用户的疑惑和困惑。

（2）热门话题。

热门话题是指能激发人们强烈讨论热情的话题，主要包括国际国内时事要闻、社会现象、新鲜事物，以及涉及好人、好事、好风尚的社会正能量事件。例如，可以围绕工程机械设备在某些重大工程项目中的应用，如奥运会、世博会、高铁建设等，制作一些展示、介绍、访谈等类型的视频，让用户看到产品的实际效果和社会贡献，提升产品的知名度和美誉度。

（3）争议性话题。

争议性话题是指针对某一话题，不同的人持有不同的观点，无论哪种观点都不能快速判断其是非对错。越是有争议性的话题，越能激发用户的讨论，持不同观点的人会极力证明自己观点的正确性。例如，可以围绕工程机械设备的环保、节能、安全等话题，制作一些辩论、评论、分析等类型的视频，让用户从不同的角度与层面认识和评价产品，引发用户的思考和讨论。

在短视频营销时代，企业要懂得运用社交话题开展内容互动，提升短视频的关注度，以达到推广引流的效果。

3）情感营销法

情感营销法是指企业寻找与品牌契合度较高的"红人"资源融入短视频创作中，通过"红人"为品牌和用户搭建情感纽带，以此提高品牌的曝光度。"红人"往往自带流量，"红人"资源主要是指那些意见领袖、网络达人、知名艺人等。

（1）意见领袖。

意见领袖是指某个群体中的权威人士，他们是某个群体中人们非常信任的人物，能够对群体成员的购买行为产生极大的影响。意见领袖对品牌传播信息具有概括加工和解释功能、扩散与传播功能，对于群体成员而言具有支配和引导功能、协调或影响功能。意见领袖在引导用户与品牌建立情感关系方面的作用很大。例如，可以邀请一些在工程机械行业有专业知识和声望的人物，如教授、专家、工程师等，为品牌或产品进行推荐、评价、解答等，让用户感受到品牌的权威性和可信度。

（2）网络达人。

网络达人在视频领域知名度很高，拥有庞大的粉丝群体。如果企业能够借助其强大的影

项目九　走进互联网+工程机械营销　187

响力帮助品牌或产品与用户构建情感关系，营销效率就会有极大的提高。例如，可以邀请一些在工程机械领域有实战经验和人气的人物，如操作手、维修师、工程师等，为品牌或产品进行展示、使用、分享等，让用户感受到品牌的实用性和人性化。

（3）知名艺人。

随着短视频的发展，越来越多的演艺界名人出现在短视频中。许多企业意识到知名艺人参与短视频营销所蕴含的价值，邀请他们参与品牌宣传或产品推广的短视频录制。知名艺人的粉丝多，流量巨大，企业邀请他们代言，可以在一定程度上让知名艺人的粉丝转化为品牌的粉丝。例如，可以邀请一些在工程机械领域有兴趣或相关背景的人物，如演员、歌手、主持人等，为品牌或产品进行体验、互动、赞美等，让用户感受到品牌的时尚性和亲和力。

• 同步案例

小刚是一名建筑工人，他每天都要在高空作业，面对各种危险和困难。他的工作需要用到各种工程机械，如挖掘机、起重机、钻孔机等。他曾经用过很多品牌的工程机械，但都不太满意。有些机械性能不稳定，经常出现故障；有些机械操作不便利，需要多人协作；有些机械安全性不高，容易发生事故。直到有一天，他在抖音上看到了一个神奇的品牌——卡特。这个品牌的工程机械不仅功能强大、性能可靠、操作简单，还有一个最大的特点：它们都配备了智能安全系统！这个系统可以实时监测机械的运行状态和周围环境，自动调节速度和方向，预警和避免危险情况，保障工人的安全和效率。小刚觉得这个品牌太棒了，他马上向他的老板推荐了卡特。没想到老板也很认可卡特的品质和服务，决定购买一批卡特的工程机械。从此以后，小刚的工作变得轻松和安全了。他用卡特的工程机械完成了很多精美和牢固的建筑项目，并且收到了很多赞誉和奖励。他感谢卡特给他带来了新的工作和生活。你也想像小刚一样拥有这样一款神奇的工程机械吗？那就快来试试卡特吧！只要从相关渠道订购，就可以享受八折优惠！赶快行动吧！

这个短视频内容通过讲述一个用户使用产品后获得安全和成功的故事，激发了用户的好奇、同情、羡慕等情感，从而增加了用户对产品的兴趣和信任，同时也通过设置一个优惠活动，激励用户进行咨询或购买行为。

案例思考与应用：请分析这个短视频内容中使用了哪些情感化营销的技巧，并说明为什么这些技巧有效。

4）娱乐营销法

如今，观看短视频已经成为人们一种重要的娱乐方式和生活习惯。因此，企业借助短视频开展营销活动时，应当注重娱乐化的特点，将娱乐融入营销活动中，以更好地为流量变现赋能。

企业在策划短视频营销内容方面，与用户互动时设计趣味性、娱乐性较强的内容，提高内容的吸引力，这样才能引导用户积极参与，强化品牌在用户心中的印象。

企业在运用娱乐营销法时，关键要考虑以下3点。

（1）产品娱乐性。

在短视频中植入产品的场景有很多，如果在产品曝光时赋予内容笑点、奇特点，就能促使用户对产品的记忆更深刻。

（2）话题娱乐性。

短视频内容有很多是对时下热门话题的讨论和互动，在这类内容中融入与产品相关的、有趣的话题进行讨论，容易与用户建立起密切的关系。

(3) 知识娱乐性。

知识对于很多人来说可能是枯燥的，被赋予一定的娱乐性以后，人们会更容易接受并学习。企业可以考虑用新颖、独特和有创意的方式向用户分享专业知识、科普知识、冷门知识等，如娱乐性的互动类游戏，这样短视频内容会更容易被用户接受和传播扩散。

• 同步拓展

短视频营销技巧

要想成功地实施短视频营销，除了遵循上述流程外，还需要掌握一些有效的方法和技巧。以下是一些常用的短视频营销技巧。

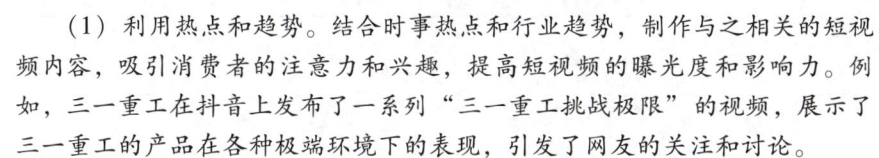

（1）利用热点和趋势。结合时事热点和行业趋势，制作与之相关的短视频内容，吸引消费者的注意力和兴趣，提高短视频的曝光度和影响力。例如，三一重工在抖音上发布了一系列"三一重工挑战极限"的视频，展示了三一重工的产品在各种极端环境下的表现，引发了网友的关注和讨论。

制造业如何做
短视频营销

（2）利用故事和情感。运用故事化和情感化的手法，讲述与产品或服务相关的故事，传递品牌的理念和价值，打动消费者的情感及得到认同感，增强品牌的影响力和忠诚度。例如，三一重工在抖音上发布了一系列"三一人"的视频，讲述了三一员工、用户、代理商等不同角色在工作与生活中遇到的挑战和成就，传递了三一品牌的实干精神和社会责任感。

（3）利用悬念和互动。运用悬念化和互动化的方式，设置一些有趣的问题或挑战，引发消费者的好奇心和参与感，促进消费者的决策和行动。例如，三一重工在抖音上推出了"三一重工挖掘机大赛"的活动，让消费者通过答题、投票、抽奖等方式参与到挖掘机的选择、比拼、评选等过程中来。

（4）利用幽默和创意。运用幽默化和创意化的方式，制作一些有趣的笑话或想法，引发消费者的笑点和思考，提高短视频的传播度和吸引力。例如，三一重工在抖音上发布了一系列"三一重工搞笑集锦"的视频，展示了三一重工的产品在各种搞笑场景下的表现，引发了网友的笑声和点赞。

任务评价

1. 根据任务的内容，对任务进行评分。

序号	考核要点		所占分值	评价标准	得分
1	素养层面	创新思维	10 分	结合专业知识和创意，策划有吸引力的短视频内容	
2		沟通与表达能力	10 分	在小组讨论和路演中有效地表达和交流想法	
3	能力层面	报告架构能力	20 分	文档完整性高	
4		报告撰写能力	30 分	任务内容图文并茂	
5		短视频制作能力	10 分	运用视频编辑软件处理视频素材，生成高质量的短视频作品	

项目九　走进互联网＋工程机械营销　　189

续表

序号	考核要点		所占分值	评价标准	得分
6	知识层面	基础概念的识记与理解程度	20 分	能够熟知短视频营销的基本概念和策略	
总分					

2. 掌握技能与知识。

_____

3. 新的体会及感悟。

_____

4. 其他收获。

_____

任务四　实施直播营销

学习目标

1. 知识目标
（1）熟悉直播营销的构成要素，包括人、货、场的选择和搭配。
（2）学习 FAB 销售法则以及如何在直播中展示产品属性、优势和利益。
（3）了解不同直播营销平台的特点和选择策略。

2. 能力目标
（1）能够策划一场直播活动，包括设计直播内容、流程和互动。
（2）能够运用直播话术和 FAB 销售法则，有效地展示产品并吸引用户。
（3）能够选择合适的直播平台，根据产品特性与目标客户进行直播。

3. 素养目标
（1）培养市场洞察力，能够分析直播营销的趋势和用户需求。
（2）发展沟通能力，通过直播与用户建立联系并引导购买行为。
（3）增强团队协作能力，通过小组合作完成直播策划和实施。

任务内容

李小明是一家工程机械企业的营销经理，他的产品是一款智能化的混凝土搅拌车，他想通过直播营销的方式来提升品牌知名度和销售业绩。他准备策划一场直播活动，形成直播策划方案，向目标客户展示产品的优势和使用效果，同时吸引他们的兴趣和购买欲望。

任务要求：根据查阅的资料，撰写一份直播方案，根据直播目标，设计直播内容和流程，包括直播主题、直播话术、直播互动、直播促销等，同时根据 FAB 销售法则介绍产品属性、优势和利益。

任务实施

1. 任务准备

班级 4~5 人一组，学习理论知识，通过互联网、书籍、视频等渠道查阅资料。

2. 任务操作

（1）根据任务要求，搜集 FAB 销售法则相关资料。

（2）小组学习直播营销的理论知识，讨论该产品的直播内容与流程，并分工形成书面策划方案。

（3）小组成员分工，现场模拟直播带货，直播时长为 5 min。

3. 任务提示

（1）任务完成过程中，通过多渠道，全面搜集资料。

（2）文档内容具体、翔实，条理清晰，具有逻辑关系。

知识链接

1. 认知直播营销的构成要素

直播营销是一种基于直播媒体的新型营销方式，它不同于传统营销，传统营销是以"货"为核心，围绕"场"进行布局，吸引"人"前来购买；而直播营销是以"人"为核心，进行"货"和"场"的布局，有效重构了"人、货、场"三要素，更符合现代用户的购物体验，是一种更加高效的新型商业模式。

1）人

直播营销构成要素中的"人"是指用户与主播。用户是直播营销的基础要素，直接决定着一场直播的营销效果，主播是直播营销中的关键人物。

一个合格的主播需具备以下能力：

（1）熟悉商品，掌握专业的商品知识，能够熟练地展示商品优点。

（2）有鲜明的特色、人设、风格及个人魅力。

（3）能够恰当运用直播话术感染用户，激发用户产生购买欲望并做出购买行为。

（4）了解工程机械行业的特点、需求、趋势，能够针对不同用户群体，提供专业的解决方案和建议。

2）货

"货"指直播间销售的商品。直播营销中的"货"涉及主播选品，主播需要考虑"有什么货源""粉丝需要什么"等问题。选品的原则是选择低价、高频、刚需、展示性强、标准化高的商品。在此基础上，选品时还要尽量满足以下几点，以获得良好的营销效果：

（1）符合定位。所选商品应符合直播间定位和主播人设。

市委书记直播带货助农

（2）亲测好用。主播只有真正用过，才能深度了解商品，才能把真实的体验分享给用户。

（3）优化品类组合。主播可以将不同商品进行组合，以保障直播间的收益。

（4）售后有保障。主播选品时要选择有售后保障的商品，以便于为用户提供完善的售后服务。

（5）适应市场需求。主播选品时要选择符合工程机械行业的市场需求和发展方向的商品，以便为用户提供更有价值的产品。

3）场

"场"即直播场景。直播场景是为连接"人"和"货"而设计的，直播场景要突出商品的特点和优势，如性能、功能、质量等，让用户一目了然，增加商品的吸引力。同时，要

项目九　走进互联网＋工程机械营销　　191

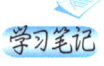

符合工程机械行业的特色和氛围,如工地、工厂、仓库等,让用户感受到商品的实用性和专业性。最后,直播场景要考虑用户的视觉和听觉体验,如光线、色彩、音效等,让用户感受到商品的美观性和舒适性。这些是直播团队在进行直播场景布局时需要重点考虑的问题。直播间的布置与直播营销的商品密切相关,合理布局才能使直播营销更有感染力和说服力。

2. 选择直播营销平台

直播营销可以理解为企业或品牌商等借助直播营销平台来触达用户,让用户了解企业产品各项功能及品牌信息,从而实现购买的交易行为。按平台性质和特征不同,直播营销平台可以分为3类,即电商直播平台、内容直播平台和社交直播平台。

1)电商直播平台

电商直播平台是以电商为主的直播平台。这类直播营销平台主要是通过在电商平台上开通直播间,引入直播主体进行直播营销,如淘宝直播、京东直播等。

(1)淘宝直播。

淘宝直播是阿里巴巴推出的直播平台,定位于消费类直播,用户可以边看边买。淘宝直播是较早的直播电商平台之一,具有完善的供应链和运营体系,与其他直播营销平台相比,淘宝直播平台用户的购物属性强、基数大、黏性强。淘宝直播的商品品类齐全,涵盖服装、美妆、家装、珠宝饰品、生活电器等。

淘宝直播的直播主体更加多元化,直播场景更丰富,商家自播占比较高,达人主播的直播内容占比较小,直播场景由固定的直播间扩展到工厂、田间、档口、商场、街头、市场等。随着直播的发展,淘宝直播的"内容+电商+服务"新生态呈现出前所未有的活力。

(2)京东直播。

京东直播是京东推出的消费类直播平台,定位于"专业+电商",致力于建立完善、健康的机构达人生态,开放全域流量,打破直播流量困局,平等对待大小主播,为直播行业树立了新风尚。

京东直播的特点如下:直播内容多元化;高流量曝光,京东直播通过主会场站内搜索推荐或站外联动,形成高流量曝光的全场景直播;京东的供应链优势较为突出,京东直播成为目前数码类新品发布的重要渠道。

2)内容直播平台

内容直播平台是以内容创作为主的直播平台,主体是以抖音、快手为代表的短视频平台,具有"社交+内容创作和推广"的性质。

(1)抖音直播。

抖音最初是短视频平台,随着直播的发展,抖音完善了直播电商的生态闭环。抖音直播营销以内容"种草"为主,聚焦年轻人潮流个性的生活态度,平台调性让"内容种草+直播带货"成为品牌品效合一的最佳组合营销方式。

抖音平台适合带货的商品品类主要包括服装、日用化妆品等,这些商品一般属于冲动型消费品、时尚型消费品和大众型消费品,基本是店铺上新和产地直销。

(2)快手直播。

快手是兼具社交属性的短视频平台,依靠内容聚集了大量用户,越来越多的企业或品牌商加入快手直播中,快手直播不仅是企业清理库存的渠道,随着新品发布的增多,企业已经开始认可快手在产品下沉和拉新方面的独特魅力。

快手直播平台的"暖春计划"以百亿流量扶持中小企业在线经商,在房产、美妆、家具、服饰、美食等行业进行专项扶持。企业选择快手直播平台,能够更快地拓展其产品与品牌的影响力，比起自建流量池，实现快手公域流量的有效获取是企业直播营销的快捷渠道。

快手直播以服饰鞋包、食品、珠宝玉石等商品品类为主，这些产品包括大众消费品、品牌商品、性价比商品、新奇特商品等。目前，快手电商平台的闭环生态系统得到进一步的拓展与加强。

3）社交直播平台

目前，具有社交特色的直播营销平台主要有微信直播和微博直播等。

（1）微信直播。

2020年，微信视频号上线直播功能，同步实现直播营销功能。微信视频号是基于私域流量建立的，主播进行直播营销时可以自主运营，无须支付费用，同时可以通过朋友点赞等方式进行广域传播，从而更好地利用微信社交圈的流量资源。

（2）微博直播。

微博作为直播营销领域的后来者，借助名人的影响力打造与其他平台差异化的直播营销模式。主播借助微博不仅可以营销商品，还可以把娱乐内容的优势与直播结合起来，进一步发挥直播的作用。目前，主播可以将微博直播的流量导入微博小店，或者导入淘宝、有赞、京东等第三方电商平台。

不同直播电商平台输入和输出的内容特点不同，企业可以从多个方面进行综合考量，根据自身条件和资源做出选择。

3种类型的直播营销平台的对比如表9-4所示。

表9-4　3种类型的直播营销平台的对比

项目	电商直播平台	内容直播平台	社交直播平台
代表平台	淘宝、京东	抖音、快手、哔哩哔哩	微信、微博等
平台特征	电商属性突出	内容+娱乐+社交	社交属性强
直播模式	淘宝商家自播+达人直播模式兼具，京东培育垂直化主播	短视频+直播带货，达人直播为主，打榜、连麦等	微博主要是话题热搜+直播+名人背书，微信主要是公众号+小程序直播
流量来源	公域流量	抖音流量获取偏公域，快手、哔哩哔哩流量获取偏私域	微信流量获取偏私域，微博流量获取偏公域
主播属性	头部主播高度集中	培育垂直化主播	微信头部主播较分散，微博头部主播较集中
用户特征	购物目的和需求明确	以娱乐为主，购物次之	以社交沟通、休闲娱乐为主，购物为辅
商品特征	商品品类丰富，供应链体系完善	以品牌商品或白牌商品为主，商品品类较丰富，供应链质量参差不齐	以垂直类商品或白牌商品为主，商品品类较丰富，供应链质量参差不齐
商品成交模式	在电商平台内实现商品交易全流程	用户点击商品链接后，有时需要跳转至第三方电商平台完成交易	微信平台的直播，用户可在平台内完成商品交易；微博平台的直播，通常会跳转至第三方平台
商品转化率	较高	较低	较低

3. 策划和实施直播营销

一场成功的直播需要经过前期的准备与精心策划，然后根据策划方案进行实施。

1）直播方案策划

提前策划好直播方案，才能使直播顺利开展；做好准备工作，才不至于在直播过程中手忙脚乱。

(1) 明确直播目标。

策划一场直播活动，首先要明确直播目标。一场直播营销活动的目标通常包括产品和用户两个方面：产品目标可以用量化的数据来表示，如产品销售量、销售额等；用户目标主要是围绕用户对产品的体验感受、对品牌或产品的认可度等，表现出来的核心目标即直播间用户数、账号新增粉丝数、关注数等，以及一些不可量化的目标，如用户对直播间的评价、对主播的喜爱与认可程度等。

(2) 确定直播主题。

直播主题是一场直播的核心。策划主题需要注意两点：一是主题要结合热点，与热点结合得好能给直播带来更多的流量，营销者要注意深刻挖掘热点所代表的核心内容和价值，并将其与直播内容深度结合，形成直播内容的亮点，如"国家提倡绿色建筑，中联重科挖掘机助力环保施工"，同时要注意热点的时效性；二是要重点突出主题，直播主题可以从产品的性能、功能、优势等方面来突出产品的独特性，如"中联重科挖掘机，高效节能，省油省钱""中联重科挖掘机，智能控制，操作便捷"等。

(3) 确定直播时间。

直播的时间安排也很重要，它直接影响着直播的营销效果。确定直播的开始时间与时长，要根据账号定位及目标用户群体观看直播的习惯来确定。企业需要注意的是直播作为一种长期的运营方式，要有固定的直播时间，直播的规律性能够帮助用户养成观看习惯，增强用户的黏性；同时，还要把握好直播的时长，不宜太短，也不宜太长，应根据直播主题内容与用户画像特征来确定。

2）直播过程实施

直播过程实施即主播向用户介绍产品的过程，这个过程是一个典型的产品销售过程，可以将营销领域比较成熟的 FAB 销售法则运用到直播营销中。FAB 销售法则是一个典型的利益推销法则，具有具体、高效、操作性强的特点。FAB 销售法则具体内容如表 9-5 所示。

表 9-5 FAB 销售法则具体内容

FAB	说明
F（Features）产品属性	F 指产品属性，包括产品的外观、质地、原产地、材料、制作工艺、规格包装等，主播可以从多个角度挖掘产品的属性
A（Advantages）产品优势	A 指产品优势，即由产品属性带来的产品功能、作用等，特别是区别于同类产品的独特优势，给用户提供购买的理由
B（Benefits）购买利益	B 指购买利益，即产品能够给用户带来的价值或者如何满足用户的某些特定需求，简单来说，就是产品的优势带给用户的好处

直播过程实施可以从文字介绍和产品展示两个方面来进行，如图 9-8 所示。

(1) 文字介绍。

在文字介绍方面，主播注意语言要浅显易懂、简洁、清晰，确保用户听得明白、理解准确。文字介绍主要是依据 FAB 销售法则进行拓展讲解，主要内容如下。

①介绍产品的核心属性。

每一种产品都有很多的属性特点，有些属性是与竞品相同的，可以称为通性，有些属性

A 文字介绍
- 介绍产品的核心属性
- 提炼产品的独特优势
- 明确带给用户的利益

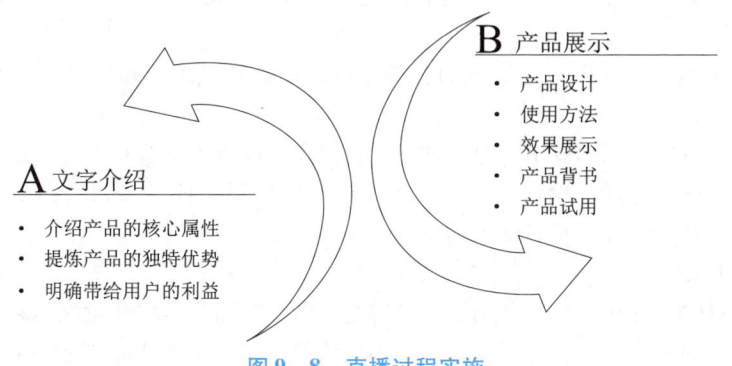

B 产品展示
- 产品设计
- 使用方法
- 效果展示
- 产品背书
- 产品试用

图 9-8 直播过程实施

是本产品独有的，称为特性。主播在进行产品介绍时，要着重介绍产品的特性，以区别于同类产品的属性。

例如，当介绍一款工程机械时，主播可以强调产品独特的性能参数、工作效率、节能环保、智能化程度等特性，而避免一直介绍工程机械的基本结构、操作原理等用户不感兴趣的内容。

主播可以从多个角度挖掘产品的核心属性，如产品成分、产品功能、品牌故事等。产品的核心属性必须满足目标用户的各种需求，如工程质量的保障需求、施工效率的提升需求、成本控制的优化需求及人际交往的情感需求等。

②提炼产品的独特优势。

确定产品的核心属性后，营销者可据此提炼这些属性带来的产品优势。提炼的产品优势必须能够切中用户的关注点，这样才能有助于打动用户，促使用户下单购买，提高销售转化率。产品独特优势的提炼可以从多个角度进行，如图 9-9 所示。

图 9-9 从不同角度提炼产品的独特优势

③明确带给用户的利益。

在直播营销中，明确产品能够带给用户哪些利益是非常重要的环节，可以这样说，对产品属性与优势的介绍的目的是更好地说明产品带给用户的利益或价值，让用户清楚拥有这件产品后将获得哪些益处，以促使用户产生购买欲望。

在直播间销售一款挖掘机时，主播采用 FAB 销售法则，按照产品属性、产品优势、购买利益的顺序来介绍产品。

a. 高效液压系统，提高了挖掘机的动力性能，降低了油耗，节约了运营成本。

b. 智能控制系统，实现了挖掘机的自动化操作，提高了施工安全性和精准性，减轻了操作员的劳动强度。

c. 人性化设计，优化了挖掘机的驾驶舱空间，增加了舒适性和便利性，提升了操作员的工作体验。

d. 优质售后服务，保障了挖掘机的正常运行，及时解决了故障问题，延长了挖掘机的使用寿命。

主播从性能参数、工作效率、节能环保、智能化程度等方面进行产品讲解，语言显得生动，有说服力，更容易打动用户。FAB销售法则可以应用于任何一款产品的介绍，对于主播把控直播间产品介绍环节有非常大的帮助。

（2）产品展示。

在直播带货时，有些产品适合用语言来描述，有些产品则需要通过展示来辅助讲解，主播可以根据产品的功能特点、应用场景、使用方法等采用不同的产品展示方式，以吸引用户的注意力，延长用户在直播间的停留时间，有效促进产品销售。

产品展示方式有很多种，如展示产品的外观设计、使用方法、制作技巧、使用效果、背书文件、试用场景等。

产品展示能够让用户更全面而真实地了解产品，更加清楚产品的优势和特点，提高用户对产品的信任度，提升直播营销效果。

主播在推荐某种混凝土搅拌车时，可以通过展示混凝土搅拌车的结构组成、搅拌原理、搅拌效果、操作方法及使用场景等方式，让用户深度了解产品，拉近用户与主播的关系，促进产品销售转化。

• 知识拓展

如何提高直播转化率

直播转化率是指在直播过程中，观众从浏览到购买的比例，是衡量直播带货效果的重要指标。提高直播转化率，可以从以下几个方面入手：

（1）做好直播前的预热和引流。可以通过发布短视频、评论，以及在个人主页公示等方式，告知粉丝直播的时间、主题、优惠等信息，吸引粉丝进入直播间。

（2）增强直播间的互动和氛围。可以通过设置福利、抽奖、连麦、话题等方式，与粉丝进行沟通和交流，提高粉丝的参与度和满意度。

（3）优化直播间的产品展示和讲解。可以通过专业术语、可视化场景、社交价值等方式，突出产品的特点和优势，增强粉丝的信任度和购买欲。

（4）利用直播间的功能和工具进行促单。可以通过上链接、设置满赠、限时秒杀等方式，给粉丝制造紧张感和冲动感，促进粉丝下单成交。

（5）做好直播后的复盘和优化。可以通过数据分析、用户反馈、竞品对比等方式，总结直播的优劣得失，找出问题和改进点，提升下次直播的效果。

• 任务评价

1. 根据任务的内容，对任务进行评分。

序号	考核要点		所占分值	评价标准	得分
1	素养层面	市场洞察能力	10分	准确分析直播营销的趋势和用户需求	
2		沟通与表达能力	10分	对文档进行流畅地演讲	

续表

序号	考核要点		所占分值	评价标准	得分
3	能力层面	报告架构能力	20 分	文档完整性高	
4		报告撰写能力	30 分	任务内容图文并茂	
5		方案策划能力	10 分	设计直播方案完整，包括直播内容、流程、直播话术和互动	
6	知识层面	基础概念的识记与理解程度	20 分	能够掌握直播营销的基本构成要素与 FAB 销售法则	
		总分			

2. 掌握技能与知识。

3. 新的体会及感悟。

4. 其他收获。

项目实施

走进互联网+工程机械营销项目工作单

姓名：_____ 班级：_____ 学号：_____

所查阅资料情况

序号	资料内容	资料来源	备注

三一重工的数字化转型对工程机械行业互联网营销的贡献

序号	转型方式	所作的贡献	备注

学习笔记

续表

走进互联网+工程机械营销项目工作单		
姓名：_____ 班级：_____ 学号：_____		
项目过程中出现问题		解决办法

项目评价

序号	考核要点		所占分值	评价标准	得分
1	素养层面	团队合作与沟通表达	10分	具备良好的沟通能力和团队合作能力	
2		创新意识	10分	具备市场洞察力和创新能力	
3		勤奋与进取精神	10分	具备持续学习和自我提升的意识	
4	能力层面	市场分析能力	20分	能够运用互联网营销理念，分析工程机械产品的市场需求、竞争优势和客户特征	
5		营销策划能力	20分	能够运用创新思维和有效方法，策划与实施具有吸引力和影响力的营销方案	
6	知识层面	基础概念的识记与理解程度	10分	了解互联网+工程机械营销的概念、特点与类型	
7			10分	掌握互联网营销方式的基本原理、方法和技巧	
8			10分	熟悉各种营销平台的特点、优势和运营策略	
总分						

拓展项目

一、任务描述

假设你是三一重工的营销经理，你需要带领你的团队，根据三一重工的数字化转型之路，制定和实施一个互联网+工程机械营销方案，包括运用全民营销、电子商务营销、短视频营销和直播营销等方式，为三一重工的产品进行宣传、推广和销售，提高市场占有率和客户满意度

续表

二、任务实施

1. 班级4人一组，每组分配一个角色，分别为：营销策划、电商运营、短视频制作、主播。
2. 查阅资源，了解三一重工的数字化转型之路，以及互联网＋工程机械营销的相关知识和案例。
3. 明确自己在团队中的职责，与其他组员沟通和讨论，确定营销方案的大纲和框架。
4. 根据营销方案的大纲和框架，撰写营销方案的文本内容，包括营销目标、策略、实施和评估等部分，注意语言规范、逻辑清晰，并用数据支撑。
5. 准备好营销方案的展示和问答，熟悉营销方案的内容和逻辑，掌握营销素材的亮点和细节，预想可能的问题和回答。

三、任务成果

1. 每组提交一个互联网＋工程机械营销方案的WORD文档，内容包括营销目标、营销策略、营销实施、营销评估。
2. 每组根据自己的角色，制作相应的营销素材，如商城截图、短视频文件、直播录像等，作为附件提交。
3. 每组在课堂上进行10 min的方案展示和5 min的问答环节，展示自己的营销方案和素材，回答老师和同学的提问。

四、任务评价

序号	考核要点	所占分值	评价标准	得分
1	营销方案的文本内容	40分	内容完整、逻辑清晰、数据支撑、语言规范	
2	WORD文档	20分	版面布局、图文搭配、视觉效果	
3	营销素材	20分	内容质量、创意表达、吸引力	
4	营销方案的展示和问答	20分	展示流畅、回答准确、态度积极	
	总分			

五、指导老师评语

日期： 年 月 日

项目训练

1. 单项选择题

（1）全民营销是一种以（　　）为主体，以客户为导向，以社会化媒体为平台，以内容为核心，以互动为手段，以转化为目标的营销模式。

A. 员工　　　　　　　　　　　B. 代理商
C. 社会名人　　　　　　　　　D. 意见领袖

（2）全民营销的内容需要根据（　　）进行创意化和情感化的制作。

A. 企业的实际情况和市场环境　　B. 员工的需求和特点
C. 客户的行为和偏好　　　　　　D. 产品或服务的特性和价值

（3）以下哪个是 O2O 模式的典型类型？（　　）

A. 第一工程机械网　　　　　　B. 天猫

C. 亚马逊　　　　　　　　　　D. 美团

（4）短视频营销是指利用（　　）这种新媒体形式，通过创作与传播具有吸引力和价值的短视频内容，实现品牌或产品的宣传推广、用户的引流和转化、社会影响力的提升等营销目标的一种营销方式。

A. 微博　　　　　　　　　　　B. 微信

C. 抖音　　　　　　　　　　　D. 知乎

（5）在直播营销中，主播通过视频或音频的形式，引导和促进客户进行产品的预约、试用、购买等行为，从而实现客户的转化和交易，这属于直播营销的（　　）方法。

A. 产品展示　　　　　　　　　B. 内容传播

C. 用户互动　　　　　　　　　D. 在线交易

2. 多项选择题

（1）全民营销的目标定位需要明确哪些方面？（　　）

A. 目的　　　　　　　　　　　B. 对象

C. 范围　　　　　　　　　　　D. 期限

（2）电子商务的模式是指在电子商务活动中，根据交易的（　　）等因素，形成的不同的交易结构和组织形式。

A. 主体　　　　　　　　　　　B. 对象

C. 内容　　　　　　　　　　　D. 方式

（3）短视频营销的平台选择需要考虑哪些因素？（　　）

A. 平台的类型和功能

B. 平台的用户规模和分布

C. 平台的内容风格和质量

D. 平台的推荐机制和运营策略

（4）短视频营销的效果评估需要根据哪些指标进行？（　　）

A. 曝光量　　　　　　　　　　B. 播放量

C. 互动量　　　　　　　　　　D. 转化量

（5）在工程机械行业进行直播带货时，选择的平台有以下哪些类型？（　　）

A. 专业化平台　　　　　　　　B. 社交化平台

C. 电商化平台　　　　　　　　D. 娱乐化平台

3. 判断题

（1）全民营销是企业向客户单向传递信息，而客户很难对信息进行反馈或互动。（　　）

（2）全民营销是一种整合了企业内部资源和外部资源的营销方式。（　　）

（3）电子商务的模式与类型是电子商务的核心和灵魂。（　　）

（4）短视频营销是一种利用新媒体形式，通过创作与传播具有吸引力和价值的短视频内容，实现品牌或产品的宣传推广、用户的引流和转化、社会影响力的提升等营销目标的营销方式。（　　）

（5）直播营销是一种整合了产品展示、内容传播、用户互动、在线交易等多个环节的营销方式。（　　）

4. 案例分析题

柳工集团是一家专业生产各种工程机械的大型企业，拥有多年的技术积累和市场经验，产品涵盖了挖掘机、推土机、起重机、装载机等多个品类。该企业面临着来自国内外竞争对手的压力，尤其是在海外市场，其产品的知名度和认可度还不够高，导致销售业绩和利润率不理想。为了提升自己的品牌形象和市场份额，该企业决定采用短视频营销的策略，让自己的员工、用户、代理商、合作伙伴等都成为工程机械的展示者和推荐者。该企业在短视频营销中采用了以下几种方式：

（1）利用抖音等社交媒体平台，发布一系列以"柳工在世界各地"的主题为核心的短视频，展示柳工产品在不同地区与行业中的应用和效果，突出其高效、稳定、安全等优点，并邀请当地用户、代理商、合作伙伴等参与分享和评论。

（2）利用优酷等视频分享媒体平台，发布一系列以"柳工故事"的主题为核心的短视频，讲述柳工产品在不同项目和场景中的故事，如帮助非洲村庄修建水井、参与南极科考站建设等，并注入人文和情感元素，增加用户的共鸣和好感。

（3）利用工程机械网等行业专业媒体平台，发布一系列以"柳工技术"的主题为核心的短视频，介绍柳工产品的技术参数和操作方法，并邀请行业专家与媒体人士进行评价和推荐。

（资料来源：柳工集团官网，有删改。）

思考题：（1）根据以上资料，柳工集团在短视频营销中采取了哪一种战略定位方式？

（2）柳工集团在短视频营销中采取了哪些有效的方式和方法？

项目十 熟悉工程机械国际化营销

学习目标

【知识目标】
1. 了解工程机械国际化营销的基本概念和理论知识。
2. 熟悉国际工程机械市场的文化差异。
3. 熟悉国际工程机械营销的步骤和流程。

【能力目标】
1. 具备制定国际工程机械营销计划和营销策略的能力。
2. 能够进行国际工程机械产品的营销和推广。
3. 具备处理国际工程机械营销过程中问题和挑战的能力。

【素养目标】
1. 具备跨文化交流的能力，能够与不同国家与地区的客户和合作伙伴建立良好的关系。
2. 具备持续学习和自我提升的意识，能够不断更新国际营销知识和技能。
3. 具备解决问题和决策的能力，能够在复杂的国际环境中做出正确的判断和决策。

知识全景图

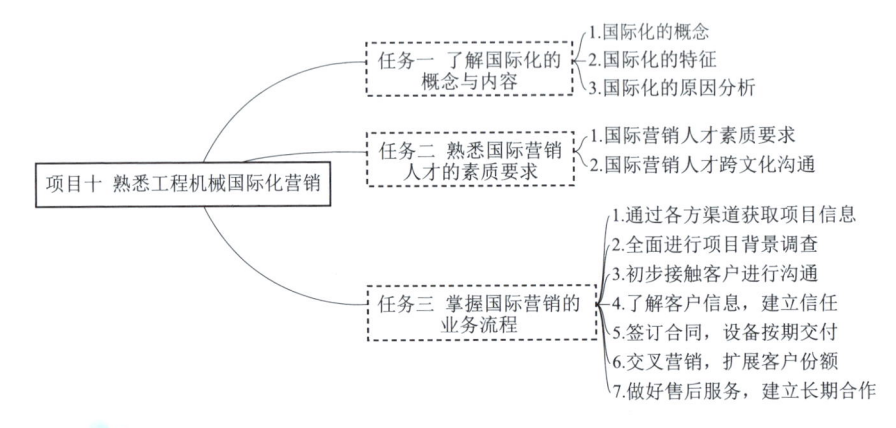

项目十 熟悉工程机械国际化营销
- 任务一 了解国际化的概念与内容
  1. 国际化的概念
  2. 国际化的特征
  3. 国际化的原因分析
- 任务二 熟悉国际营销人才的素质要求
  1. 国际营销人才素质要求
  2. 国际营销人才跨文化沟通
- 任务三 掌握国际营销的业务流程
  1. 通过各方渠道获取项目信息
  2. 全面进行项目背景调查
  3. 初步接触客户进行沟通
  4. 了解客户信息，建立信任
  5. 签订合同，设备按期交付
  6. 交叉营销，扩展客户份额
  7. 做好售后服务，建立长期合作

项目描述

目前众多中国企业都面临着全球化的挑战，在国际营销中，了解当地文化十分重要，认识文化差异并针对性地提出应对方案是国际营销取得成功的重要条件。社会文化的差异是影响国际营销最为复杂的因素，文化对国际营销的影响贯穿整个营销过程，包括定价、分销、促销、产品乃至包装，成功跨越文化障碍是国际营销取得成功的重要前提。

三一重工泵送事业部在邀请沙特阿拉伯客户回公司考察时，专门在会议室为穆斯林客户准备有祷告的地毯以及伊斯兰教祈祷广播，使客户能在熟悉且舒畅的环境中进行商务谈判，会后安排客户到长沙穆斯林餐厅就餐，把对异国文化的重视落实到了营销的各个具体环节。三一重工泵送事业部在进入该市场短短一年时间后，在沙特阿拉伯的销售取得了巨大的成功，市场占有率提升到了30%，其中根据当地的文化来开展国际营销，是取得成功的重要因素。

项目要求：请以小组为单位，通过查询资料、交流研讨，列出三一重工泵送事业部在跨文化沟通方面的成功之处。

任务一　了解国际化的概念与内容

学习目标

1. 知识目标

（1）了解国际化的概念与特征。

（2）熟悉国际化的影响因素。

（3）了解工程机械企业国际化的原因。

2. 能力目标

（1）能够运用国际化的基本理论知识。

（2）能够分析国际化的影响因素，并选择合适的营销策略。

3. 素养目标

培养起全球视野，能够站在更高的角度审视与理解不同文化背景下的市场行为和企业决策。

任务描述

李小明在国内市场部表现出色，在公司国际化的背景下，通过职业定位分析后，采用内部应聘的方式，顺利通过面试，调入海外营销部任职，岗位为国际营销专员。李小明对于国际化方面的概念和知识一无所知，急需了解相关知识。部门要求每名新员工查阅国内工程机械企业国际化资料，形成分析报告。

任务要求：查阅国内一家工程机械企业资料，分析该企业国际化的影响因素及原因，并以WORD文档的方式呈现分析报告，字数不少于1 000字。

任务实施

1. 任务准备

班级4～5人一组，学习理论知识，通过互联网、书籍、视频等渠道查阅资料。

2. 任务操作

（1）根据任务要求，搜集一家国内工程机械企业国际化的相关案例资料。

（2）小组学习国际化理论知识，讨论该企业国际化的影响因素及原因。

（3）确定其内容，并分工形成书面分析报告。

（4）小组成员全部上台，推荐1名小组成员介绍该企业的案例，介绍完之后，接受同

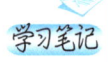

学提问。

(5) 除介绍案例成员外，小组其他成员回答同学问题。

3. 任务提示

(1) 任务完成过程中，通过多渠道，全面搜集资料。

(2) 文档内容具体、翔实，条理清晰，具有逻辑关系。

知识链接

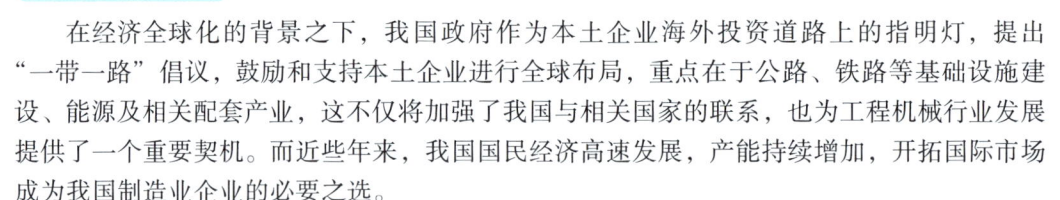

在经济全球化的背景之下，我国政府作为本土企业海外投资道路上的指明灯，提出"一带一路"倡议，鼓励和支持本土企业进行全球布局，重点在于公路、铁路等基础设施建设、能源及相关配套产业，这不仅将加强了我国与相关国家的联系，也为工程机械行业发展提供了一个重要契机。而近些年来，我国国民经济高速发展，产能持续增加，开拓国际市场成为我国制造业企业的必要之选。

1. 国际化的概念

国际化是企业根据国外客户的需求，将生产的产品或提供的服务提供给国外的客户，最终获得利润的贸易活动。这种国际商业行为，既受到世界经济技术发展的影响，又受到目标市场国家或地区政治、社会、文化、法律等营销环境的影响。

三一集团国际化
非洲发展历程

2. 国际化的特征

1）营销环境的复杂性和适应性

企业在国外市场开展营销活动，是在相对陌生的营销环境中进行的，环境因素的变化会对企业营销活动产生一定的影响。当环境因素影响到企业决策时，有经验的营销人员一般都会做出一定的适应性反应，即营销人员须对国际营销环境的复杂性有足够的认识。

2）营销战略的整体性和协调性

国际企业的市场营销战略无论是从战略的思考、制定，还是实施、完善等方面，都比仅在国内市场生存发展的企业的营销战略的要求要高，对于企业是否要跨国营销、究竟去哪一个国家、采取什么方式、选择什么产品及营销组合、构建什么样的组织体制和管理机制等问题都要进行全面、整体的考虑。

3）营销策略的针对性和灵活性

国际市场营销活动是受双重环境影响的，特别是对所去的目标国市场的环境，其在很大程度上是国际营销活动直接和主要的影响因素。如产品国际质量认证标准 ISO 9000 系列，当没有通过该认证的企业生产的产品销到国外时，会被很多国家拒之门外，这些环境因素也会对国际市场营销组合策略产生很大的影响，使得决策内容有很大的不同。

3. 国际化的原因分析

1）国内市场逐步饱和

工程机械属于强周期性行业，因为机械设备维修或更新迭代周期一般是 6 年甚至 8 年，整机替换则需要更久。在行业弱周期来临之际，海外市场在一定程度上是"拯救"或"提振"行业周期性低迷的一剂良方。与此同时，国内工程机械行业同质化竞争也是愈演愈烈，故企业需要寻找新的市场和增长点。

2）国内企业竞争力增强

国内相关龙头企业在具备一定的海外市场渠道、服务能力、代理商体系等的基础上，通过不断投入研发成本，使得企业在技术、性能和品质上都有了很大的提升，这为企业走向国际化提供了有力支持，核心产品得以快速进入国际市场。

• 同步拓展

2020 年，中国工程机械产品的出口额为 209.69 亿美元。

2021 年，国内工程机械再次延续了 2020 年的好成绩，出口市场用"强劲"这两个字形容再合适不过了，一度创下了历史新高，出口额达 340 亿美元，首次突破了 300 亿美元的大关。

2022 年，中国工程机械在国际市场上的竞争优势继续提升，出口额达到 443.02 亿美元，同比增长 30.2%，极大地对冲了内销的下滑态势。

3）国际市场的需求和潜力巨大

随着全球经济的发展和城市化进程的加速，国际市场对工程机械的需求不断增加，企业可以通过国际化拓展更大的市场和商机。通过在国际市场上的表现和推广，企业可以提高其品牌知名度和声誉，从而在国内市场上获得更多的竞争优势和市场份额。

4）政策对国际化的支持和鼓励

我国政府一直在鼓励企业国际化，为企业提供了一系列的政策支持和优惠措施，如税收优惠、融资支持等，这些政策支持为企业国际化提供了良好的环境和条件。"一带一路"为中国工程机械搭建了重要平台，国内工程机械企业的海外核心布局区域正是沿线国家与地区。

任务评价

1. 根据任务的内容，对任务进行评分。

序号	考核要点		所占分值	评价标准	得分
1	能力层面	拜访礼仪	20 分	拜访尊重文化的习俗，错误扣分	
2		方案完整有效	20 分	方案的流程完整且有效	
3		拜访流畅	20 分	流畅自然，卡顿和停滞扣分	
4	沟通层面	客户沟通	20 分	沟通中获取有效信息，打消疑虑	
5	知识层面	基础概念的识记与理解程度	20 分	了解工程机械国际化的概念与内容	
总分					

2. 掌握技能与知识。

3. 新的体会及感悟。

4. 其他收获。

任务二 熟悉国际营销人才的素质要求

学习目标

1. 知识目标
（1）了解国际营销人才的素质要求。
（2）熟悉不同国家文化的差异。
2. 能力目标
（1）能够掌握国际营销人才的素质要求。
（2）能够知晓各国文化差异，并根据其差异有效开展工作。
（3）素养目标
具备跨文化交流的能力，能够理解并尊重不同国家和地区的文化差异，与不同背景的客户进行沟通。

任务内容

海外营销部开展全面培训，培训内容包括国际市场分析和调研、跨文化沟通和交流、国际营销策略和推广等内容。李小明发现国际营销对个人综合素质的要求较高，此次培训要求每名海外营销专员模拟与中东国家客户初次交往的场景，以小组为单位查阅资料并探讨，说明与中东客户交往的注意事项，并上台展示。

任务要求：班级4人一组，通过情景模拟的方式演示整个接洽过程，接洽过程符合中东文化习惯，整个过程接近真实接洽流程，且过程流畅。

任务实施

1. 任务准备

查阅中东的风俗习惯；了解中东客户背景信息；制定客户接洽的方案；确定接洽所需的人员、步骤、资料、设备和演示工具。

2. 任务操作

（1）角色划分。安排2人扮演中东客户，其中1人为采购经理、1人为办公室文员；2人扮演公司营销人员，其中1人为营销经理，1人为营销助理，角色分工明确。
（2）营销人员在接洽前检查个人形象，并检查所需资料。
（3）模拟接洽前的预约场景，首先与办公室文员预约，然后到公司拜访。
（4）模拟接洽后的场景，如见到中东采购经理的场景，模仿与其沟通，直至告别。

3. 任务提示

（1）提前熟悉客户信息，在拜访前提前演练，面对客户才能做到游刃有余。
（2）客户拜访前应再次进行检查，注意细节，比客户提前5 min到达洽谈场所。

知识链接

1. 国际营销人才素质要求

目前国际营销人才稀缺，主要原因是营销人员需要具备国际化视野和知识结构，即国际营销不是简单地只要懂外语，沟通交流就可以，要对客户有深刻的理解，并有效呈现公司的价值，同时能够进行有效的跨文化沟通并适合团队作战，才能应对复杂的国际市场。海外营销人才需要具备以下知识和能力：

1）国际市场分析和调研

了解目标市场的经济环境、政策法规、行业竞争格局和竞争对手等，能够收集和分析市场数据，了解市场需求和趋势，制定相应的国际化营销策略。

2）跨文化沟通和交流

具备良好的跨文化沟通与交流能力，了解不同文化背景下的商务礼仪、沟通方式和价值观，能够与国际市场的合作伙伴、客户和供应商进行有效的沟通，并建立良好的合作关系。

3）国际营销策略和推广

了解国际市场的市场定位、品牌建设和市场推广渠道等，能够制定针对性的国际营销策略和推广计划，吸引和拓展国际市场的客户群体。

跨文化沟通的注意事项

4）跨国业务管理

具备跨国业务管理的能力，包括了解国际贸易的相关政策和规定，了解国际贸易的流程和操作要点，能够处理跨国交易的各种问题和挑战。

5）团队合作和领导能力

具备团队合作和领导能力，能够有效地组织和协调团队成员，推动国际化营销项目的实施和执行。

6）语言能力

具备流利的英语或其他目标市场语言的沟通能力，能够与国际市场的相关人员进行无障碍的交流。

● 知识拓展

口语沟通的注意要点：
- 使用最简单、最简洁的语法。
- 避免使用有歧义的词汇。
- 尽量避免使用带有偏见的说法。
- 重复基本观点，确保意思有效传递。
- 别忘了对方可能和你一样，英语也非母语。
- 注意逻辑，善用连接词。
- 用礼貌用语，避免指挥式语气。

7）国际贸易和法律知识

了解国际贸易的相关法律和规定，了解国际商务合同的法律要求和风险，确保国际交易的合法性和安全性。

项目十　熟悉工程机械国际化营销

8）创新和适应能力

能够及时调整营销策略和应对市场变化，寻找新的商机和发展方向。

以上是国际化营销人员所要具备的一些重要知识和能力，这些能力将有助于营销人员在国际营销中取得成功。

● 知识拓展

➢ 融入东道国文化的提示。
➢ 熟练掌握一门语言。
➢ 参观若干生活区。
➢ 参与一项当地活动。
➢ 结识至少一个工作以外的海外朋友。
➢ 阅读当地的新闻、报刊或杂志。

2. 国际营销人才跨文化沟通

在企业国际化的过程中存在种种问题，最大的问题来自文化差异，可见文化差异对国际市场营销活动的影响之深远。文化对国际市场营销的影响遍及整个营销活动，包括定价、促销、分销、产品等环节，市场营销活动是否适应当地文化决定着市场营销活动的成败。因此，国际营销人员必须学习异国文化。

1）文化的概念

文化是一种社会现象，它是由人类长期创造形成的产物，同时又是一种历史现象，是人类社会与历史的积淀物。确切地说，文化是凝结在物质之中又游离于物质之外的，能够被传承和传播的国家或民族的思维方式、价值观念、生活方式、行为规范、艺术文化、科学技术等，它是人类相互之间进行交流的普遍认可的一种能够传承的意识形态，是对客观世界感性上的知识与经验的升华。

● 知识拓展

"洋葱"文化观点

第一层（最外）：象征物（Symbols），如服装、语言、建筑物等，人肉眼可见的。

第二层：英雄人物（Heroes），人们所崇拜英雄的性格代表了此文化里大多数人的性格，英雄的性格＝民族性格。

第三层：礼仪（Rituals），是每种文化里对待人和自然的独特的表示方式，如中国的座次、日本的鞠躬。

第四层（最里）：价值观（Values），人们相信什么是真善美的抽象观念，也是文化中最深邃、最难理解的部分。

2）文化差异的维度

文化差异的维度理论是由荷兰学者霍夫斯特德在 20 世纪 70 年代末提出的。

（1）权力距离：即在一个组织中（家庭、学校和社区等），权力的集中程度和领导的独裁程度，以及一个社会在多大程度上可以接受这种权力分配的不平等。（研究社会成员的价值观，就可以判定一个社会对权力差距的接受程度。）

（2）不确定性避免：即文化成员对于不确定的或是未知的情况所感觉到的恐慌程度。

相对而言，在不确定性避免程度高的社会，人们更注重情感，有一种高度的紧迫感和进取心；而在不确定性避免程度低的社会中，人们倾向于反送的生活态度和鼓励冒险的倾向。

（3）个体主义和集体主义：个体主义——松散的社会结构组织，照顾自己和自己的家庭，重视个人自身的价值与需求，依靠个人努力来为自己谋取利益；集体主义——结合紧密的社会组织，以"在群体之内"和"在群体之外"来区分，从出生就与内部集团结合并希望受到照顾，以及保持绝对的忠诚。

（4）男性度与女性度：即社会上居于统治地位的价值标准。男性社会，统治地位有男性气概（如自信武断、进取好胜、执着而坦然）；女性社会则反之。一个社会对男子气概评价越高，男子与女子之间的价值观差异也就越大。

3）文化差异的内容

（1）语言。

语言是一种文化区别于其他文化的最明显的标志。企业在同国外市场打交道时，经常会碰到语言障碍，这种障碍导致沟通不畅、营销困难。比如：同一国家可能有多种语言，例如加拿大和新加坡。另外，即使语言相同，但由于地区不同、文化背景不同，语言的含义会有所不同。此外，了解当地语言并给以恰当的翻译，对于产品顺利进入目标市场也不容忽视，因为字典上的释义往往不同于习惯上的释义。

（2）美学。

美学通常是指一种文化的审美观念和审美能力，不同国家的民族和地区，由于长期的生活习惯和传统文化的不同，审美观点也各不相同。美学对于市场营销的影响主要表现在企业设计产品、包装和广告时，要注意不同国家的审美差异。

（3）社会组织。

社会组织是指一个社会中人与人之间的联系方式。社会组织通常表现为两类：一类是以血缘关系为基础，而另一类是按年龄、性别或共同的兴趣组成的群体。不同国家，其家庭大小及结构大不相同，欧美、日本这些经济发达程度较高的国家通常是表现为小型家庭比较多；而有些国家，则非常看中几代同堂的大家庭。

（4）教育。

教育水平的高低会对国际营销的产品、定价、分销和促销策略产生重大影响。就产品来说，现代化的产品需要有较高文化程度的人来使用和维护，受教育程度高的人，愿意接受新事物，且接受新事物的能力也比较强，他们常常是新产品的率先使用者。就营销来说，受教育程度高的消费者对报纸杂志、多媒体的需求高，接受的宣传工具多，获得的产品信息量大，消费者容易接受文字宣传的影响，广告投放的媒体选择余地大，效果好；而教育水平较低的国家，一般则不宜采用文字宣传，更适合选择广播、电视、图片广告等较为直观、简洁的媒介。

（5）宗教。

宗教直接影响着人们的生活态度、价值观念和风俗习惯，从而影响人们的消费行为。企业要成功进入某一个目标市场，尤其是宗教信仰观念浓厚的国家，必须了解当地的教规，尊重当地的宗教信仰，并可以适当加以利用。在宗教因素上，企业进行国际营销中应注意宗教禁忌：不同的宗教对动物、烟酒、肉食等的需求和使用有不同的禁忌。

（6）消费习俗。

不同国家对工程机械的消费习惯存在巨大的差异，具体情况如下：

①付款方式。

在国际间的设备交易中，采用的主要付款模式为银行汇款或开具信用认证，可以全款支

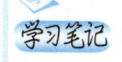

付，也可以通过银行担保做按揭或做融资租赁。但是跨国进行的设备交易，没有能够提供国际间担保的信用平台，故客户只能全款支付。

②价格敏感度。

欧美等发达国家的客户，对价格的敏感度较低，他们更加看重的是品牌、可靠性和售后服务。来自欧美地区的客户往往多年从事工程机械设备的经营工作，对设备的熟悉程度和专业水平较高，采购设备时也更为理性。首先都是选择国内知名度较高的大品牌，而且在下决心采购设备之前，都要先带领技术专家到这个品牌的国内厂区进行考察，再做最后的决定。

有些国家经济水平相对落后，对价格极为敏感，例如：东南亚地区的客户由于本土制造业不发达，需要到中国来采购工程机械设备，这些地区的客户相对价格敏感度较高，在毫厘上也会斤斤计较。

（7）个性化需求。

①风俗习惯和宗教信仰。

中东地区伊斯兰国家的客户，对于机械设备的涂装就有着独特的要求。这些国家的人们一般喜好白色，所以，出口到这些国家的设备往往应根据客户的要求，被涂装上白色。

②特殊的地理条件。

俄罗斯属于高纬度国家，冬天发动机起动非常困难，就需要厂商在出口的机械上加装低温起动装置，为发动机预热。地处沙漠地区的国家和地区，工作环境较为恶劣，还需要为设备配备沙漠空气滤清器。

（8）人际交往。

在人际交往和商业习俗上的差别。例如：中东人和拉美人谈话时喜欢离对方很近，阿拉伯的距离为 2 ft[①]；美国人则认为应该有"个人空间"，两人交谈的舒服距离应该为 5～8 ft。

任务评价

1. 根据任务的内容，对任务质量进行评分。

序号	考核要点		所占分值	评价标准	得分
1	素养层面	流程完整	20 分	拜访客户流程，缺失扣分	
2		拜访礼仪	20 分	拜访尊重文化的习俗，错误扣分	
3		客户沟通	20 分	沟通中获取有效信息，打消疑虑	
4	能力层面	方案完整有效	20 分	方案的流程完整且有效	
5	知识层面	基础概念的识记与理解程度	20 分	能够熟知跨文化交流的各种主要概念	
		总分			

2. 掌握技能与知识。

---

① 1 ft = 0.304 8 m。

3. 新的体会及感悟。

4. 其他收获。

任务三　掌握国际营销的业务流程

学习目标

1. 知识目标
（1）了解国际营销的业务流程。
（2）掌握国际客户的沟通技巧与方法。
2. 能力目标
（1）能够熟练处理国际营销的问题。
（2）能够独立开展国际营销项目。
3. 素养目标
（1）能够熟练掌握国际营销中各种业务流程的实际操作技能。
（2）理解各个业务流程环节之间的相互联系和影响。

任务内容

到达德国后，经过短暂的熟悉，上级便安排李小明独立开展工作，要求搜索柏林地区的项目信息，并对海外潜在客户进行拜访。李小明发现自己对于海外营销的流程并不了解，便向上级请教，上级耐心地把整个流程介绍给他，要求他根据流程找到潜在客户，并制定一份德国柏林区挖掘机产品的营销行动方案。

任务要求：根据国际营销的流程步骤，每位同学制定一份德国柏林区的营销行动方案，并以情景模拟的方式呈现拜访客户的场景。

任务实施

1. 任务准备

通过互联网、书籍、视频等方式搜集潜在客户信息；确定潜在客户，并与其沟通；了解客户背景信息；制定接待客户的方案，了解客户有价值的信息；准备所需资料、设备和演示工具。

2. 任务操作

（1）角色划分。安排 2 人扮演德国客户，其中 1 人为采购经理、1 人为办公室文员；2 人扮演公司营销人员，其中 1 人为营销经理，1 人为营销助理，角色分工明确。

（2）搜集潜在客户信息，制订与客户接洽的方案和计划。

（3）与客户预约，并首次拜访客户，根据客户诉求，为客户介绍产品信息，客户对产品不认可。

（4）二次拜访客户，进行客户跟进，了解客户疑虑，并及时打消疑虑。

（5）客户认可产品，与客户签订销售合同。

项目十　熟悉工程机械国际化营销　211

3. 任务提示

（1）在沟通过程中，面对客户疑虑，进行有效的沟通，及时打消疑虑。

（2）营销人员对于产品性能、价格、参数要十分熟悉，对于竞争对手的产品信息也要了解。

知识链接

国际营销业务流程如图10-1所示。

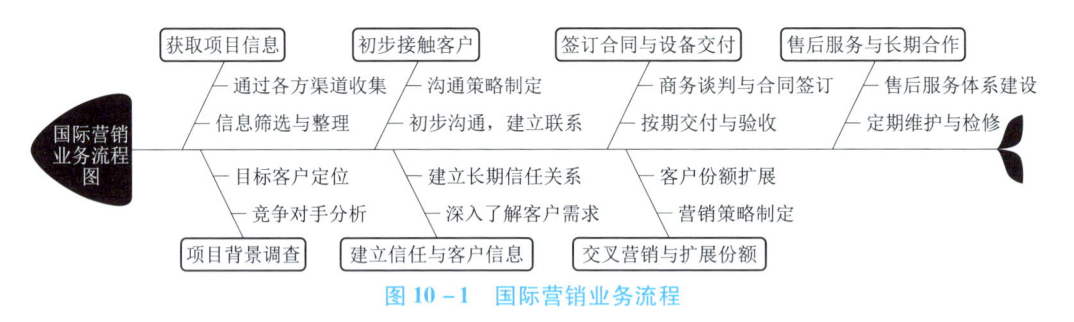

图10-1 国际营销业务流程

鱼骨图：国际营销业务流程图
- 获取项目信息：通过各方渠道收集、信息筛选与整理、目标客户定位、竞争对手分析、项目背景调查
- 初步接触客户：沟通策略制定、初步沟通，建立联系、建立长期信任关系、深入了解客户需求、建立信任与客户信息
- 签订合同与设备交付：商务谈判与合同签订、按期交付与验收、客户份额扩展、营销策略制定、交叉营销与扩展份额
- 售后服务与长期合作：售后服务体系建设、定期维护与检修

1. 通过各方渠道获取项目信息

通过关注政府网站、行业网站、参加行业活动、与同行共享信息等方式，获取项目信息，以便采取下一步的行动。

2. 全面进行项目背景调查

（1）调查项目的基本情况，包括名称、规模、地点、工期、预算等详细信息。

（2）调查客户对工程机械的需求和要求，包括设备类型、数量、规格、性能等，以便为客户提供定制化的产品和服务。

（3）调查客户的信誉和财务状况，以便评估客户的信用风险和支付能力。

（4）调查项目所在地的市场竞争情况，包括竞争对手的类型、规模、实力等，以便制定有效的市场策略。

3. 初步接触客户进行沟通

与客户的决策者建立良好的第一印象，挖掘客户背后的需求，在较短的时间内说清楚各种信息，通常可以采取以下几种方式：

（1）邮件或在线信息发送

通过电子邮件或在线信息发送工具（如领英私信），可以向目标客户发送关于公司和产品的介绍，展示企业的专业能力和优势。在信息中，可以简要阐述企业产品的特点和应用场景，并邀请客户进一步沟通和了解。

（2）电话或视频会议

通过电话或在线视频会议工具（如 Zoom、Skype 等），可以与目标客户进行实时沟通。在沟通中，需要确保语言表达清晰、专业，并准备好回答客户可能提出的问题。

（3）社交媒体互动

通过社交媒体平台（如 Facebook、Twitter 等），可以与目标客户进行互动，分享相关内容，并在适当的时候邀请客户进一步沟通和了解。

网络寻找海外客户的方法

（4）参加行业活动

参加与目标客户相关的行业活动，如研讨会、座谈会等，通过活动现场的交流，与客户建立联系，并进行初步沟通。

4. 了解客户信息，建立信任

全面了解客户对所需工程机械的类型、数量、预算、现有设备等信息，另外对于客户的品牌偏好、使用习惯、回款情况也要进行深入了解。在了解的基础上，有的放矢为其提供服务，建立起与客户的信任关系是与其合作的关键环节。

5. 签订合同，设备按期交付

在与客户签订合同时，确定明确的交付时间表，并在合同中明确约定交付日期和相关条款，确保客户和供应商都清楚地了解交付时间和期望，以及设备能够准时到达客户手中；提供及时可靠的售后服务，包括安装调试、培训和维护保养等，对机械设备的使用和维护有充分的支持，减少故障和延误的可能性。

6. 交叉营销，扩展客户份额

工程机械营销的交叉营销是将不同类型、不同用途的工程机械产品打包销售，或者在销售一种工程机械产品的同时，向客户推荐其他相关产品，以实现销售增长和客户满意度提升的一种营销策略。例如：一家工程机械销售公司可能会向购买挖掘机的客户推荐购买装载机，或者向购买推土机的客户推荐购买平地机。这种策略的优点是可以满足客户的多元化需求，提高销售额，同时也有助于提高客户满意度和忠诚度。

7. 做好售后服务，建立长期合作

提供设备的维修、保养、升级等技术支持，确保设备的正常运用；提供客户培训、操作手册、在线支持等；同时提供便捷、快速的配件更换服务。

任务评价

1. 根据任务的内容，对任务质量进行评分。

序号	考核要点		所占分值	评价标准	得分
1	素养层面	流程完整	20 分	拜访客户流程，缺失扣分	
2		拜访礼仪	20 分	拜访尊重文化的习俗，错误扣分	
3		客户沟通	20 分	沟通中获取有效信息，打消疑虑	
4	能力层面	方案完整有效	20 分	方案的流程完整且有效	
5	知识层面	基础概念的识记与理解程度	20 分	能够熟知跨文化交流的各种主要概念	
总分					

2. 掌握技能与知识。

3. 新的体会及感悟。

学习笔记

4. 其他收获。

项目实施

熟悉工程机械国际化营销项目工作单

姓名：_____ 班级：_____ 学号：_____

所查阅资料情况

序号	资料内容	资料来源	备注

三一重工在跨文化沟通的手段

序号	主要手段方式	所起到的作用	备注

项目过程中出现问题	解决办法

项目评价

序号	考核要点		所占分值	评价标准	得分
1	素养层面	团队合作与沟通表达	10分	良好的沟通能力和团队合作能力	
2		创新意识	20分	市场洞察力和创新能力	
3		勤奋与进取精神	10分	持续学习和自我提升的意识	
4	能力层面	能够开展跨文化沟通	20分	能够分析国外沟通对象，进行跨文化的沟通	

工程机械市场营销

续表

序号	考核要点	所占分值	评价标准	得分
5	基础概念的识记与理解程度	15 分	了解国际化的基本概念	
6		15 分	掌握国际营销人才的素质要求	
7		10 分	熟悉跨文化沟通的相关知识	
	总分			

拓展项目

一、任务描述

班级分成若干小组,假设你作为一名海外营销专员,在派往片区之前需要全面了解负责片区的文化差异情况,请查阅资料进行总结,以 PPT 的方式进行呈现

二、任务要求

1. 在任务过程中通过小组分工查询资料,得到全面的报告。
2. 内容要求详细、翔实,条例清晰,具有逻辑性

三、任务实施

1. 组建小组,3~4 人为一小组,选出组长。
2. 围绕负责片区文化差异,分工查阅资料。
3. 根据查询资料,对数据进行整理分析,得出调研结论。
4. 根据分工编写 PPT 汇报材料。
5. 对汇报材料进行练习,选出 2 个代表进行汇报

四、任务评价

序号	考核要点	所占分值	评价标准	得分
1	上交情况	15 分	推迟提交,按推迟天数扣分	
2	文档完整	30 分	PPT 不少于 10 张,图文并茂	
3	PPT 精美程度	20 分	PPT 美观程度,大方美观	
4	演讲呈现	35 分	完成对 PPT 的演讲	
	总分			

五、指导老师评语

日期: 年 月 日

项目训练

1. 单项选择题

(1) (　　) 是一种社会现象，它是由人类长期创造形成的产物，同时又是一种历史现象，是人类社会与历史的积淀物。

A. 历史　　　　　　　　　　B. 文化

C. 科技　　　　　　　　　　D. 地理

(2) 有些国家经济不发达，对价格敏感，下面哪个地区客户价格敏感度较高 (　　)。

A. 中东地区　　　　　　　　B. 北美地区

C. 东南亚地区　　　　　　　D. 欧洲地区

(3) (　　) 是企业根据国外顾客的需求，将生产的产品或提供的服务提供给国外的顾客，最终获得利润的贸易活动。

A. 无人化　　　　　　　　　B. 数字化

C. 国际化　　　　　　　　　D. 自动化

(4) 口语沟通的注意要点，不包括 (　　)。

A. 避免使用有歧义的词汇

B. 尽量使用带有偏见的说法

C. 使用最简单、最简洁的语法

D. 重复基本观点，确保意思有效传递

(5) 与客户的决策者建立良好的第一印象，可以采取的方式不包括 (　　)。

A. 邮件或在线信息发送　　　B. 电话或视频会议

C. 社交媒体互动　　　　　　D. 直接闯进客户家里

2. 多项选择题

(1) 国际市场分析和调研需要了解目标市场的 (　　)。

A. 经济环境　　　　　　　　B. 政策法规

C. 行业竞争格局　　　　　　D. 竞争对手

(2) 文化差异的内容包括 (　　)。

A. 语言　　　　　　　　　　B. 美学

C. 社会组织　　　　　　　　D. 教育

(3) 不同国家对工程机械的消费习惯存在巨大的差异，主要包括 (　　)。

A. 宗教习俗　　　　　　　　B. 用途偏好

C. 付款方式　　　　　　　　D. 价格敏感度

(4) 文化差异的维度是包括 (　　)。

A. 权力距离

B. 不确定性避免

C. 个体主义和集体主义

D. 男性度与女性度

(5) 国际化的原因包括 (　　)。

A. 国内市场逐步饱和

B. 国内企业竞争力增强

C. 国际市场的需求和潜力巨大

D. 政策对国际化的支持和鼓励

3. 判断题

（1）了解客户需求后，与客户建立信任是营销成功的关键环节。（   ）

（2）获取到项目信息后，直接接触客户即可，并不需要背景调查。（   ）

（3）经济发达的国家对于工程机械产品的价格不敏感。（   ）

（4）工程机械属于强周期性行业，周期一般为 6~8 年。（   ）

（5）交叉营销指的是将不同类型、不同用途的工程机械产品打包销售，或者在销售一种工程机械产品的同时，向客户推荐其他相关产品，以实现销售增长和客户满意度提升的一种营销策略。（   ）

4. 案例分析题

柳工是中国工程机械行业的龙头企业，也是全球第一大装载机制造商，2002 年，柳工提出了走国际化道路的构想。"打造开放的、国际化的柳工"，是这家企业在战略转折中寻求突破的一次重要选择。2005 年，国际化被列入到企业首个规范化、专业化的发展战略之中，吹响了向世界级企业迈进的集结号。然而国际化的进程中并不顺利，柳工在国际市场上遇到各种各样的困惑与问题。2006 年春节期间，因为新、旧代理商的更替存在误解和分歧，一封来自土耳其的邮件被送到柳工高层的手中。信里，旧代理商措辞激烈，扬言要把柳工告上法庭，在未来的十年都不得进入土耳其。在具体分析和反复沟通之后，柳工花了两个月的时间，终于平息了冲突和矛盾。

然而没过多久，出口土耳其的一批产品又出现了重大问题。因为产品过热，不熟悉产品性能和保养的土耳其客户，要求柳工全款退货，包括误工费、维修费，等等，否则还是法庭上见。柳工为了最大程度保证客户的权益，甚至自掏腰包租赁了其他设备供其使用。同时，柳工用最快的时间排查解除设备故障。十五天，从散热器重新设计，到寻找零部件替代厂家，再到设备空运至土耳其，整套解决方案看得客户、代理商目瞪口呆、心悦诚服。在不到的一年时间里，柳工土耳其团队经过不懈的努力，先后成功地进入政府采购名录，赢得了土耳其农业部项目订单，中标土耳其电网集团起重机项目和该国最大建筑公司艾莱卡大型设备项目。之后三年，柳工在土耳其市场中脱颖而出并迅速崛起，成为中国品牌的出口首位。

思考题：柳工为什么能在土耳其市场脱颖而出，成为客户信赖的品牌？

参 考 文 献

[1] 菲利普科特勒．市场营销原理［M］．北京：清华大学出版社，2019．

[2] 周栩．关于《中国法》四版市场营销学类目设置的几点考虑［J］．图书馆学研究，2005（9）：57－58．

[3] 陈积敏．正确认识"一带一路"［J］．商业观察，2018（07）：72－75．

[4] 唐懿．卡特彼勒数字技术战略与金融服务体系合力推动产融合作［J］．矿冶装备，2016（6）：42．

[5] 曹相儒．我国工程机械企业进入国际市场的模式研究——以三一重工为例［D］．湖南大学，2016．

[6] 刘晓华．论顾客忠诚营销理论与常旅客计划［J］．空运商务，2018（6）：50－52．

[7] 孙伟健．文化走出去面临的认同壁垒［J］．长江丛刊，2019（4）：47－48．

[8] 葛腾．基于心理学的全方位品牌传播体系研究［D］．陕西科技大学，2007．

[9] 程继爽．基于企业战略选择的平衡计分卡应用探讨［J］．财会通讯，2009（10）：37－38．

[10] 黄红霆．企业综合优势竞争战略研究［D］．南宁：广西大学，2010．

[11] 戬浩东．G&C 公司发展的战略研究［D］．上海：复旦大学，2002．

[12] 兰力．入世后中国三大产业核心竞争力分析与战略对策［D］．北京：对外经济贸易大学，2003．

[13] 苏宏然．A 公司进入印度市场的战略选择及实施策略研究［D］．上海：上海交通大学，2012．

[14] 刘建强．现代中国企业国际化经营发展战略研析［J］．现代经济信息，2010（21）：1－2．

[15] 崔丽媛．柳工：研谨创新直面行业新常态［J］．工程机械，2015（8）：82－83．

[16] 谢磊．我国营销人员综合素质现状及应对策略探讨［J］．商场现代化，2016（18）：82－83．

[17] 郑丽娜．建筑工程机械设备安全管理探讨［J］．工程科技Ⅱ，2024（03）：76－78

[18] 周鹏．中国轿车工业的市场研究［D］．天津：天津大学，2002．

[19] 蒋冬青．客户关系管理机器在工程机械企业中的应用［J］．产品与市场，2005（12）：202－204．

[20] 陶应虎．当前影响顾客忠诚度因素探析［J］．市场周刊·理论研究，2020（3）：31－32．

[21] 企业国际营销的文化差异和文化适应［J］．商业时代，2007（8）：25－26．

[22] 盖永波．经济新常态下中小企业人力资源战略环境分析［J］．2015（8）：77．

[23] 汤健．我国企业并购中的文化整合研究［D］．上海：复旦大学，2008．

[24] 耿露．基于文化差异的在华境外非政府组织跨文化管理研究［D］．长沙：湖南大学，2017．

[25] 魏婷．企业国际营销的文化差异和文化适应［J］．商业时代，2007（8）：25－26．

[26] 陈文玲．共建一带一路十年的成功实践、经验和启示［J］．经济与管理科学，2023 年．

[27] 徐奔．试析现代营销行为的认为操作市场营销［J］．科技资讯，2008（9）：223－224．

[28] 肖飞．论营销观念的演进［J］．中国农业银行武汉培训学院学报，2005（5）：59－62．

[29] 赵云鹏．中国工程机械行业的发展前景［J］．无线互联网，2014（2）：186－186．

[30] 陈华荣．中联重科国际化营销战略研究［D］．长沙：中南林业科技大学，2011．

[31] 尹继瑶．工程机械市场营销八大要素［J］．建筑机械化，2005（3）：10－14．